21 世纪全国高等院校旅游专业现代应用型系列教

总主编　叶骁军

旅游学导论

主　编　马洪元
副主编　陈建军　王雅红
编　者　祁　伟　高雯雯

南开大学出版社
天　津

图书在版编目(CIP)数据

旅游学导论 / 马洪元主编. —天津：南开大学出版社，2008.6(2009.2重印)

ISBN 978-7-310-02926-6

Ⅰ.旅… Ⅱ.马… Ⅲ.旅游 Ⅳ.F590

中国版本图书馆 CIP 数据核字(2008)第 069593 号

南开大学出版社出版发行

出版人：肖占鹏

地址：天津市南开区卫津路 94 号 邮政编码：300071

营销部电话：(022)23508339 23500755

营销部传真：(022)23508542 邮购部电话：(022)23502200

*

天津泰宇印务有限公司印刷

全国各地新华书店经销

*

2008 年 6 月第 1 版 2009 年 2 月第 2 次印刷

787×960 毫米 16 开本 16.25 印张 294 千字

定价：28.00 元

如遇图书印装质量问题，请与本社营销部联系调换，电话：(022)23507125

21世纪全国高等院校
旅游专业现代应用型系列教材
编撰指导委员会

（按姓氏笔画排列）

21世纪全国高等院校
旅游专业现代应用型系列教材
编写组

总前言

旅游,最时尚的活动。

旅游,最让人钟情的积极休闲方式。

当旅游成为一种产业,而且是世界最大的产业的时候,关于她的研究,关于她的人才培养——专业教育,便纷至沓来……

中国的旅游业离不开世界的土壤,中国的旅游教育是世界旅游教育的有机组成部分。中国最初的旅游教材主要是在借鉴国外教材的基础上编撰的。最初的教材,她们,是中国旅游教材的弹词开篇;她们,是中国旅游教育的奠基石;她们,是国产旅游教材的阶梯……

其后,旅游教材如雨后春笋,茁壮成长。

旅游科学是理论与实际密切结合的科学。中国高等教育已进入大众化时代,它要求每一个大学毕业生必须既具有高度的理论基础,也必须具备实际的工作能力。旅游教材应跟上现代社会的发展,告别一支粉笔一本书的时代,告别仅给教师一本书让教师自己制作 PPT 的时代,告别学生纸上写作业的时代,进入电脑网络教学的时代,进入通过现代教学手段实现理论与实践教学密切结合的时代。

我们这套教材是为适应高等教育大众化时代,要求本科教育培养现代化应用性新型人才的大趋势而产生的。她是由国内多所高等院校旅游类专业的资深教师联合编撰的最新旅游类专业新概念系列教材。

本教材适合旅游类专业(包括旅游管理、饭店管理、导游、餐饮与烹饪等专业)本科生使用,同时也适合于广大的旅游爱好者及相关培训使用。

教材具有以下特点：

1. 系统性。全套教材每本约 30 万字，包括旅游理论、旅游资源、旅行社管理、酒店管理、财会管理等模块。

2. 时效性。它采用了 21 世纪最新的体系、理论、观点、数据、资料和案例。

3. 统一性。全套教材体例统一，教学要素完整，章节层次脉络清楚。各章节有内容提要和练习。其他教学要素如教学大纲、重要概念、图片、表格、阅读材料、资料卡片等刻制在光盘中。

4. 实践性。重视实践活动，有书面及电子实训和练习。可用电脑和网络进行作业和实训。

5. 方便性。为了方便教师课堂教学和学生课后学习的需要，本书配有与教材相配套的网页式辅教光盘。光盘采用 Frontpage 软件制作，版面活泼，色彩丰富，使用方便。内容包括课程教学大纲、全书各级目录、主要内容、重要概念、图片和表格、练习和思考，以及超级链接：扩展知识面的阅读材料、资料卡片等，生动、形象、直观，可与纸质教材相互配合使用。大幅度减轻教师负担，特别是基本免除教师板书之劳。

作者

2008. 04

内容简介

本书是21世纪全国高等院校旅游专业现代应用型系列教材之一。主要内容包括:旅游学研究的对象、内容和研究方法,旅游的产生与发展,旅游活动的主体、客体和介体,旅游区及其构景要素和产品,旅游活动产生的各种影响,旅游产业政策和各类旅游组织,旅游的发展趋势、发展战略等。全书结合国际、国内旅游发展的特点和趋势,参考旅游学科最前沿的理论、观点,引用最新的有关资料,对旅游学研究的各个方面作了全面、系统的阐述,内容翔实,文字精炼。

本书配有教学光盘,其内容包括教学大纲、全书目录和主要内容、重要概念、丰富的图片和图表、模拟试卷及参考答案以及拓展阅读材料等,方便教师课堂教学和学生课后学习的需要。

本书不仅适合旅游专业本、专科教学,也可作为高校本科生跨专业公共课程的选用教材,以及旅游行业高级管理人员的培训教材。

目　录

绪　论

本章提要

旅游是当今世界规模最大的社会活动，对人类社会的生产和生活均产生了重大影响。作为一种经济文化活动，旅游既有特殊的经济活动规律，更有深刻的文化内涵和错综复杂的社会关系。因此，旅游学是以旅游活动中的各种矛盾因素为研究对象，研究旅游的本质特点、社会作用、内外条件和发生发展规律的边缘学科，具有独特的研究方法。

第一节　旅游的概念

一、旅游概念的由来

在世界范围内，旅游活动已成为人们日常生活的一个重要组成部分，“旅游”一词亦成为人们十分常见与常用的一个普通概念，但关于“旅游”一词的科学概念和定义至今并无一公认的说法，一般认为是从英文 Tourism 翻译过来的。Tourism 这个单词首次出现是在 1811 年出版的《牛津词典》中。在此之前，于 1800 年出版的英文《牛津词典》中还出现了 Tourist 一词。不论 Tourism，还是

Tourist，都是从 Tour 这个词引申而来的。在英语和法语里，Tour 都含有巡回的意思，而其语源皆出于法文的 Tourer。由 Tour 发展为 Tourist，是指以观光游览为目的的外来游客，以区别于为职业或其他特定目的而旅行的旅客(Business traveler)；至于 Tourism 原意是指游览的嗜好，而后才引申为指有关游览的学问。

在我国古代的文献中，与“旅游”相近的有“观光”和“旅行”两个词。“观光”一词最早出现于二千多年前的《易经》和《左传》。《易经》中有“观国之光，利用宾于王”之句，《左传》中有“观光上国”之语。在这里，观光可理解为观看、考察一国的礼乐文物、风俗人情，即旅行游览的意思。“旅行”一词是指我国古代帝王巡游、官吏的宦游、和尚道士云游、文人墨客漫游、学者的考察以及群众性的踏青等活动。

到魏晋南北朝时，一些诗人在诗歌中开始使用“旅游”一词，如南梁诗人沈约的《悲哉行》中就有这样的诗句：“旅游媚年春，年春媚游人”。唐代以后，“旅游”一词的使用频率就高了，有唐代诗人韦应物《送姚孙还河中》的“上国旅游罢，故园生事微，风尘满路起，行人何处归”；张籍《岭表逢故人》中的“过岭万余里，旅游经此稀”；白居易《宿桐庐馆同崔存度醉后作》的“江海漂漂共旅游，一樽相劝散穷愁”等。唐代孔颖达的《周易正义》中的“失其本居而寄他方，谓之为旅”，“谓闲暇无事于之游”，可以说这是我国最早给旅行、游览下的定义了。由此可以看出，我国先民很早就已觉察到旅游是一项必须在闲暇时间进行，并离开常住地到异地进行的活动。

“旅游”一词在我国的正式出现则比较晚。1931 年编写的《辞源》中只有“旅行”一词，其解释是：“今泛称外出做客”。这说明，那时虽然有旅游活动，但旅游作为一个普遍的概念还没有形成，更没有流行。1959 年完成初稿、次年印行的《现代汉语词典》中关于“旅游”的解释是“旅行游览”，实际上是将它作为一个复合词来理解的。直到 1979 年修订的《辞海》，1981 年截稿的《辞海》增补本都没有“旅游”一词的条目，仍只有“旅行”一词，其概念为：体育活动的手段之一，也是文化休息的良好活动内容；有游览、参观、行军等形式；可以步行或利用各种交通工具；旅行能增长知识，扩大眼界，锻炼身心。

实际上，自 1964 年 11 月国务院召开了第一次旅游工作会议以后，我国相继成立了中国旅游出版社、中国旅游报社和上海旅游专科学校等机构，“旅游”一词在生活与文献中已被广泛使用。1982 年，国家将最高旅游行政管理机构由“中国旅行游览事业管理总局”更名为“中华人民共和国国家旅游局”，正式肯定了“旅游”一词的客观存在性。

二、旅游的定义

旅游就其含义而言,包含"旅"和"游"两个方面的内容,旅是指旅行,游是指游览。旅行是旅行者从常住地到达目的地的空间位移。旅行者旅行的动机是多种多样的,有的是为了探亲访友,有的是为了某种业务活动,有的是为了参加会议,有的是为了参观游览,等等。与旅行不同,游览是一种休息、消遣的活动,是以游览、欣赏对象为条件,其主要目的是满足人们在精神、文化方面的需要。就旅行和游览的关系而言,旅行是手段,游览是目的。旅行使旅游的主体——旅游者从常住地抵达目的地,形成空间的位移,游览则使旅游的主体——旅游者达到休息、消遣等目的。旅行和游览相结合所形成的这种活动,就是旅游活动。

但是,现代旅游活动的发展,已形成一个相当复杂的人类社会活动系统。因此,对这一概念的正确认识和全面理解已成为国际旅游组织和学术界十分关注的问题。长期以来,国内外许多学者和有关国际组织给旅游这一概念下过多个定义,其中最具有代表性的定义有如下几种:

1. 瑞士学者汉泽克尔(Hunziker)和克拉普夫(Krapf)在 1942 年提出的定义:"旅游是非定居者的旅行和暂时居留而引起的现象和关系的总和。这些人不会导致长期定居,并且不从事任何赚钱的活动。"该定义用"非定居者"强调了旅游活动的异地性,用"这些人不会导致长期定居"强调了旅游活动的暂时性,用"不从事任何赚钱的活动"强调了旅游的非就业性,用"引起的现象和关系的总和"强调了旅游活动的综合性。显然,这个定义从消遣性旅游的研究角度,较好地把握了旅游的本质属性,因而在世界各地的旅游学界都有很大影响。这一定义于 1972 年被旅游科学专家国际联合会 IASET(International Association of Scientific Experts in Tourism)所采用,故又习称"艾斯特"(IASET)定义。

2. 美国参议院领导的一个研究小组在其《国家旅游政策研究最后报告》(National Tourism Policy Study Final Report)中提出:"旅游是人们出于日常上班工作以外的任何原因,离开其居家所在的地区,到某个或某些地方旅行的行动和活动。"该定义用"日常上班工作以外的任何原因"强调了旅游活动的业余性,这种业余性不同于"艾斯特"定义中的非就业性,显然兼容了日常上班工作以外的赚钱活动;用"旅行的行动和活动"强调了旅游活动的综合性。可以说,这个定义强调了消遣性旅游的特征,而没有排斥商务性旅游。

3. 联合国的"官方旅行机构国际联合会"(AIGTO)认为:"旅游是指到一个国家访问,停留超过 24 小时的短期旅客,其旅游目的属于下列两项之一,①悠逸(包括娱乐、度假、保健、研究、宗教或体育运动);②业务、出使、开会等。"该定义强调了旅游活动的暂时性、异地性和消遣性,同时也强调了公务旅游、商务旅游和探亲访友等旅游活动。这个定义强调了“停留超过24小时”，主要是出于方便统计和技术性需要，有合理的成分，也有不尽合理的地方。如当今比较活跃的边境旅游，游客既跨国界又当日往返，就有可能不超过24小时。

4.我国著名经济学家于光远在《旅游是现代人的特殊生活方式》一文中指出：“旅游是现代社会中居民的一种短期性的特殊生活方式，这种生活方式的特点是异地性、业余性和享受性。”该定义强调从社会学的角度概述旅游活动，把旅游活动定义为一种“特殊生活方式”，它是对旅游需求和旅游消费日益大众化、生活化和个性化趋势的高度概括，反映了旅游活动的社会学意义。

5.谢彦君在《基础旅游学》中把旅游定义为：“旅游是个人以前往异地寻求愉悦为主要目的而度过的一种具有社会、休闲和消费属性的短暂经历。”这样定义旅游，显然把以往习惯上被认定为旅游的大量现象（如探亲访友、商务旅行、会议旅行、体育比赛旅行，等等，不一而足）都拒之门外了。

6.李天元在其主编的《旅游学》中将旅游的定义概括为：“旅游是非定居者出于和平目的的旅行和逗留而引起的现象和关系的总和，这些人不会导致在旅游地定居和就业。”这一定义突出了旅游的社会背景，强调了非就业和非定居，明确界定了艾斯特定义中容易引起误解的表述。

7.赵长华主编的《旅游概论》充分考虑了旅游业的蓬勃发展和世界经济全球化趋势的密切关系，提出“旅游是人们以满足某种精神和物质需要为目的，离开常住地到异国他乡作短期停留，但不要求定居和就业所引起的一切现象和关系的总和。它既是一种文化生活，又是一种综合性的经济活动。”该定义针对近几年涌现出的具有营利性特征的旅游现象，如现代商务旅游、会议展示旅游、贸易旅游等，强调了旅游活动的经济性质。

8.申葆嘉主编的《旅游学原理》通过论证旅游起源于旅行的分化而将“艾斯特”定义略作调整和补充为：“旅游是产业革命以后分化自旅行的非定居者在地域上的移动和暂时逗留所引起的关系和现象的总和；他们不会导致长期居留，并且不利用旅游从事任何赚钱的活动。”该定义强调了旅游与旅行这两种现象在形成背景、形态、结构、特征和性质上的差异，认为这种差异以及旅游现象本身都是市场经济发展的产物，以此解释旅游现象发展的过程，以及在特定背景下发展中出现的一系列复杂关系现象。

9.王洪滨主编的《旅游学概论》认为：“旅游是人们离开常住地到异国他乡的非定居性旅行和暂时停留所产生的审美、社交、求知等综合性消闲活动的总和。”该定义明确了旅游的根本目的在于参与审美、娱乐和社会交往活动，这是旅游的本质内容和核心所在。

10.世界旅游组织（WTO）在1991年6月的“旅游统计国际大会”上对旅游

基本概念重新作了定义："旅游是指一个人旅行到他或她通常环境以外的地方，时间上少于一段指定的时段，主要目的不是为了在所访问的地区获得经济效益的活动。"1995 年，世界旅游组织和联合国统计委员会对该定义作了修改，表述为："旅游是人们为了休闲、商务和其他目的，离开他们惯常的环境，到某些地方去以及在那些地方停留的活动"，并为统计上的鉴别确定了在外地暂时停留"不超过一年"的标准，同时指出"访问的主要目的不应是通过所从事的活动从访问地获取报酬。"与"艾斯特"定义不同，该定义将不够确切的"不从事任何赚钱的活动"的提法舍去，以"访问的主要目的不应是通过所从事的活动从访问地获取报酬"来作为区分游客和其他旅行者的标准，在概念上也将商务旅游包容在内。世界旅游组织的统计手册中也指出：游客在惯常环境以外进行这种商务旅行"是因为与他的职业或与所工作单位的经济活动有关"，而且对许多商务游客来说，"出行及其出资的决定往往不是本人做出的"。虽然商务旅游本身可能是为了游客所在企业的经济利益即"从事赚钱"，但这与"通过所从事的活动从访问地获取报酬"的劳工和移民等非旅游者具有明显差别。所谓"报酬"是指为劳动而取得的酬劳，与笼统的"赚钱"一说有所区别。因为商务旅游者虽然也会从本次旅行所从事的商务活动中取得自己应得报酬，但这些报酬是因其为所在企业付出劳动而由本企业发给，而不是从访问地获得。

世界旅游组织的定义还强调旅游是离开惯常环境的旅行，所谓惯常环境，是指一个人的主要居住地区以及所有常去的地方，这一概念包含"常去"和"距离"两个方面。对于一个要乘坐铁路列车通勤的职工，每日上下班可能距离较[illegible]他并没有离开自己的惯常环境；而离一个人的居住地很近的地方，即使他很[illegible]去，也属于他的惯常环境。虽然惯常环境对于不同国家和地区、不同的人有不同的标准，但从统计的角度仍须有一个可以操作的定义。

三、旅游定义的归纳

综上所述，可以发现，尽管各家之说表述方法不同，形式各异，但实际上却大同小异，都强调了从时间过程、空间位移、行为目的、活动性质的角度来研究旅游活动，至少在以下四方面已经达成了共识：

1. 旅游是人们离开自己的定居地，去异国他乡访问的活动。这一点反映了旅游活动的异地性。

2. 旅游是人们前往旅游目的地，并在那里作短暂停留的访问活动，这种短期停留有别于移民性的永久居留。这一点反映了旅游活动的暂时性。

3. 旅游的主要目的是寻求新的感受和愉悦，而不是为了谋生、就业、获取报酬。这一点反映了旅游活动的享受性。

4. 旅游是人们的旅行和暂时居留而引起的各种现象和关系的总和，它不仅包括旅游者的活动，而且涉及这些活动在客观上所产生的一切现象和关系。这一点反映了旅游活动的综合性。

四、旅游活动的类型

关于旅游活动及其主体的范围，有狭义与广义之分。狭义的旅游活动是指“观光、度假”等，即指旅游者以游览为主要目的所从事的各种活动。广义的旅游活动既包括旅游者的游览活动，也包括旅游开发者所从事的开发活动、旅游经营者所从事的经营活动和旅游管理者所从事的管理活动等，即旅游活动是指与旅游有关的各种活动的总称。因此，在不同的场合和具体情况下，旅游活动的含义是有区别的。例如，在旅游系统研究内容中，将旅游主体（旅游者或游客）所从事的各种活动简称为旅游活动，是从狭义而言的；而在论述人类旅游活动与地理环境的关系或旅游系统与环境的关系时，旅游活动是从广义而言的。

（一）按旅游地域划分

按此标准可以分为国际旅游和国内旅游。

国际旅游指的是一国公民到另一国家或几个国家的旅游，包括出境旅游和入境旅游两部分，主要根据旅游地的国界和旅游者的国籍划分。不过在我国大陆（内地）旅游统计资料上，将一国内实行不同社会制度的港澳台游客赴大陆（内地）旅游也纳入入境国际旅游。

国内旅游指的是在正常情况下，一国公民在本国境内常住地以外的其他地区进行的旅游，又可分为区域性旅游和全国性旅游。一般而言，旅游发展都按先近后远、先国内后国际的规律进行，所以国内旅游是国际旅游发展的先导，国际旅游是国内旅游发展的延伸，两者相互促进。

国际旅游与国内旅游之间最根本的差别在于旅游者是否跨越国界。除此之外，两者还有以下一些具体的差别：

第一，从消费程度方面看，国内旅游消费一般较低，国际旅游消费通常较高。

第二，从逗留时间方面看，国内旅游者在旅游地的逗留时间一般较短，国际旅游者在旅游接待国的逗留时间一般比国内旅游长。

第三，从便利程度上看，国内旅游一般很少存在语言障碍，而且不需要办理手续；国际旅游多有语言障碍问题，而且必须办理各种旅行手续，例如出入境证件（护照与签证）、海关的报送验关、卫生检疫、货币兑换、机动车辆入境手续等。

第四，从经济作用方面看，国内旅游消费只是促使国内财富在地区间的重新分配，其总量并不增加（假定不考虑这些消费对有关生产部门的刺激）；而国际旅游则是旅游者将其在本国的收入用于其在旅游接待国消费，所以造成国家之间的财富转移。对旅游接待国经济来说,入境旅游者的消费构成一种外来的经济“注入”。此外,旅游接待国还可将其从中获得的旅游外汇净收入用于弥补国际收支逆差。

(二)按旅游目的划分

旅游者外出旅游的动机和目的各不相同,由此可分为观光旅游、度假旅游、商务旅游、会议旅游、探亲访友旅游、宗教旅游、购物旅游、特种旅游等。

(三)按旅游者消费水平划分

这是根据旅游者经济承受能力和消费高低进行划分的一种方法。旅游者的收入水平和支付能力,不但影响旅游行程远近和停留时间长短,而且决定着外出享受服务的水平和舒适程度,如乘坐什么类型、档次的交通工具,下榻哪一星级的宾馆,在什么标准的餐厅就餐等等,由此产生了旅游活动中的高、中、低档之分,或豪华和大众旅游之分。

(四)按活动内容划分

旅游活动可以划分为单纯旅游活动和连带旅游活动,单纯旅游活动包括游览、消遣、娱乐、参观、度假等;连带旅游活动包括参加会议、科学考察、宗教朝拜、体育比赛、探亲访友、修学等。单纯旅游活动是以观光游览为直接的或唯一的目的;而连带旅游活动,除了他们的直接目的之外,还往往包含有观光游览的目的和内容。把旅游活动划分为单纯旅游活动和连带旅游活动的目的是说明旅游主体的多样性和旅游活动内容的复杂性。

除了上述分类法以外,还有按旅游路程长短划分的近距离旅游和远程旅游;按旅游接待形式划分的团体旅游和散客旅游;按旅游者年龄划分的青年旅游、中老年旅游;按旅游费用来源不同划分的自费旅游、公费旅游及奖励旅游;按使用交通工具不同划分的汽车旅游、游船旅游、自行车旅游、热气球旅游、徒步旅游等。总之,随着旅游发展和人们需求的变化,旅游的种类逐渐增多。

但是,从中也可看出,应用任何一种标准所划分出来的旅游类型都会与其他标准划分出来的类型发生交叉或联系。所以,划分类型本身只是一种手段而不是目的。在旅游类型划分方面,了解有哪些常用的划分标准是必要的,但更重要的是如何根据自己的研究需要去选用恰当的划分标准以及针对所划分出来的旅游类型去分析其需求特点和行为特点,否则也就失去了划分旅游活动类型的意义。

五、旅游发展衡量指标

世界旅游组织和各旅游接待国或地区在统计旅游发展状况及进行旅游研究时,往往需要较为一致的指标,以对不同国家或地区进行比较,了解旅游的客流规模以及对本国或本地区经济的直接影响,使政府在制定旅游政策以及调控旅游业时便于参考。目前最常用的衡量指标有三种，即旅游人数、旅游收入和支出、旅游者停留天数。

(一)旅游人次

旅游人次一般分为来访人次和出访人次两个指标。在对来访旅游人次的统计工作方面，各国的做法不尽相同。以国际旅游为例，有的国家是根据边防入境登记，对入境旅游者进行数量统计；有的国家则是通过抽样调查或根据旅馆的住宿登记去测算某一时期内的旅游入境人次。但是，无论是哪一种统计方法，都难免有其不足之处。例如，根据边防入境登记进行统计时，势必会将中转过境者和边境地区的外国边民入境人数也包括进去，而这些人实际上都不属于来访的旅游者。根据旅馆住宿登记进行统计时，则会将来访的一日游游客以及在亲友家中住宿的来访旅游者排除在外。因此，在旅游研究中需要特别注意的是，除非两个国家所采用的统计口径和统计方法基本相同，否则不能就其统计结果进行比较。

在出境旅游人次的统计方面，通常是由本国在这些出境旅游者回国入境时，通过抽样调查的方法进行统计。

(二)旅游收入和支出

旅游收入是指在一定时期内(通常为一年)，旅游目的地国家或地区因接待来访的国内外旅游者，向其提供各种商品和服务而获取的直接收入。笼统地讲，旅游收入在数额上等于同期内国内外旅游者在该目的地国家或地区的消费总额。

实际上，旅游收入通常分为国内旅游收入和国际旅游收入两个指标。

国内旅游收入是指全国或国内某一地区在一定时期内因接待国内旅游者，向其提供各种商品和服务而获取的直接收入。国内旅游收入的统计都是通过抽样调查的方法进行的。

国际旅游收入通常是指一定时期内，一个国家或地区因接待国际来访旅游者，向其提供各种商品和服务而获取的直接收入。但是，一个国家的国际旅游收入中一般不包括国际间的交通客运收入。例如某些国际旅游者搭乘中国国际航空公司的班机来华旅游和离华返回，这些机票收入一般不列入中国的国际旅游收入。

旅游支出通常都是指国际旅游支出。所谓国际旅游支出是指一定时期内(通常以年计算)，一个国家的居民出国旅游期间在国外购买商品和服务的消费总额。同样，一个国家的国际旅游支出中一般也不包括国际间交通的开支。

对于国际旅游收入和国际旅游支出的统计，各国的做法也不尽相同。其中最常见的方法是银行报告法。这种方法是由国家中央银行通过对经授权受理外币兑换业务的各银行和其他代理机构的交易登记进行汇总，然后计算出某一时期内本国的国际旅游收入或国际旅游支出。这类统计数字往往依据的是币种，而不是来自哪个客源国。如果有些国家的旅游者由于种种原因，在出国旅游时所持的货币不是本国货币，而是美元，就会计入美国的国际旅游支出。因此，银行报告法所提供的按客源国划分的旅游收入数据难免会存在不可靠的问题。

另外一种统计方法是抽样调查统计法。在统计国际旅游收入时，通常采用的方法是在来访旅游者结束访问离境时，就其在接待国逗留期间的消费开支情况进行抽样调查。在统计国际旅游支出时，通常采用的做法是在本国居民出国旅游归来入境时，就其在外旅游期间的消费开支情况进行抽样调查。同其他方法相比，应用这种方法统计出来的数字最为可靠。

(三)人均停留天数

指来访旅游者在目的地的平均停留天数，亦可用人均过夜次数表示。这一指标的设计主要是为了配合来访旅游人次这一指标，以更全面、准确地说明来访旅游活动的需求规模。在某些时期，由于受某些因素(例如主要客源国经济不景气)的影响，人们虽然仍会参加旅游活动，但由于存在某种顾虑，往往会减少在旅游目的地活动的天数。因而对于旅游接待国或旅游接待地区来说，所接待的来访旅游人数可能不会减少，甚至可能会有所增加，但是其旅游收入未必相应增多，甚至可能会有所减少。造成这种情况的主要原因就是在于，在来访旅游人次不减甚至有所增多的同时，旅游者的平均停留天数却已减少。因此，如果将旅游者的人均停留天数与来访旅游人次相配合，计算来访旅游活动的人天数(来访旅游人次×人均停留天数)，则可以更全面而准确地反映来访旅游活动的实际需求规模或目的地接待来访旅游的实际状况，并且更便于同往年的情况以及同其他旅游接待国或地区的同期情况进行有意义的比较。

除了上述三种常用的指标之外，人们出于规划工作的需要以及为了对不同面积、不同人口及不同发达水平国家或地区之间的旅游发展情况进行比较等原因，有时还使用一些社会标准测定旅游接待的发展状况。例如，人们有时不光计算所接待的旅游人次或来访旅游者的停留天数，而且还计算它们分别同接待地区居民人数的比例。再如，计算接待地区的游客密度，即平均单位面积接待旅游者的人次。

第二节 旅游的性质与特征

一、旅游活动的性质

旅游究竟是什么性质的活动？早在20世纪30年代至40年代，德国的格吕克斯曼和瑞士的汉泽克尔、克拉普夫就提出了旅游现象属于非经济性质活动的观点。第二次世界大战后，一些社会学家、历史学家、文化界人士也持文化论看法。但是，从20世纪60年代起，不少西方学者提出："旅游是属于经济性质的一种社会现象"。此后，在相当长时间里，旅游被普遍视为一项具有重要经济意义的活动，这一认识深刻地影响着学术界，尤其是经济学界的思想。不过，近期来有越来越多的学者已注意到旅游现象的非经济性本质的东西，即使一些原来持经济论的专家学者也开始扬弃自己的观点，建议广泛使用文化人类学和社会学的方法研究旅游。从旅游发展的历史进程看，旅游是人类社会经济和文化发展到一定阶段的产物，自然它必须具备文化活动和经济活动的性质。同时，旅游活动是旅游者在具体的社会环境中进行的，所以又必然会综合反映社会环境中的多种复杂现象。

首先，旅游在根本上是一种主要以追求愉悦和享受为目的的审美活动过程，是人类社会发展到一定阶段时生活中不可缺少的活动。人在物质需求之外，还要追求精神享受。其中，审美享受是最有价值的部分。旅游过程中充满了为人们所津津乐道的自然美、艺术美、生活美等多种美的成分，人们可通过欣赏和享受各类异域文化之美，而达到欢娱的目的，提高生活的质量和自身的修养。当然，这需要旅游的主体具有一定的文化素质。因此，旅游本身是一种大规模的文化交流活动，旅游者不仅汲取游览地文化，同时也把所在国的文化带到游览地，使地区间的文化差别日益缩小。尽管旅游者的出游动机是各种各样的，而且在旅途中要消耗大量体力，但其最终目的是要通过旅游饱览优美宜人的自然景色，观赏历史悠久的名胜古迹，驱除疲劳和紧张，身心获得完全放松，从而进入心旷神怡和可以随意塑造自我的意境。

同时，旅游活动的客体——旅游资源也包含不同的社会政治、经济、宗教、历史、科学、艺术和民俗风情等因素，这些都涉及社会文化因素，必然具有本国、本民族、本地区的文化色彩；即使是自然景观，在开发中一经装饰，总会带上该地区的社会文化印记,从而具有文化内涵。正如我国古人所云"山不在高,有仙则名。"又如由于苏东坡的《题西林壁》诗:"横看成岭侧成峰,远近高低各不同。不识庐山真面目,只缘身在此山中。"使庐山的自然景观添上文化的色彩,更吸引人们去庐山旅游。可见具有深厚文化内涵的旅游资源是最吸引人也是最有价值的旅游资源。

另外,作为旅游的媒体——旅游业的旅游设施和服务,不论是住宿、饮食、导游,还是购物、交通、娱乐,同样与社会文化有着密切的关系,尤其是各国的饮食文化更是丰富多彩;至于旅游接待国和接待地区所提供的一系列服务,更是从形式到内容上表现出特定环境、特定地域的历史文化和当代社会道德风貌,无论经营者、管理人员,还是服务人员,他们的一言一行、一举一动,乃至服饰礼仪,都显示了一个国家或地区的民族文化特色。

所以,旅游活动主要是文化活动,旅游本身可以说是一种文化交流,它必然随着社会文化的不断发展,而使旅游的文化内涵更加丰富。

其次,旅游具有自由交际的优点,是一种积极而健康的人际交往形式。虽然每个人的交往途径是多渠道的,但与工作和学习上的固定交往相比,在旅游活动过程中可以自由选择交往对象,走向社会更广阔的空间,不受地域、种族、性别和年龄的限制。

在旅游中,自然界的美景和丰富的社会场景,开阔了人们的胸襟,调动了人际交往的主动性;自然、大方、融洽、畅所欲言和轻松愉快的气氛,容易使人抛弃某些固有的偏见,沟通彼此的思想感情,产生任何其他的交往形式所达不到的积极效果。因此,旅游活动又是重要的社会活动。

第三,旅游是一种消费水平较高的活动,这是由旅游客体的价值所决定的。旅游者为了达到审美和享乐的目的,需要占用非生产的时间,动用自己的劳动积累,去异地旅游,购买当地的旅游产品,在食、住、行、游、购、娱的旅游全过程中,支出超过日常生活所需的钱财。旅游客体的价值含量越高,旅游者的消费就会不断地增长。因此,旅游本身虽然是以追求精神享受为主的活动,但必须与社会的诸方面发生经济上的联系,如通过货币交换获得食、宿、行等方面的需要。除此之外,某些旅游活动本身就具有经济的内容,如商务旅游等。据此,旅游活动还具有经济活动的性质。但和文化活动相比,文化活动是基本的和主要的。对绝大多数旅游者来说,他们虽然不能避开旅游活动中经济方面的内容,但一般都不是把经济活动看成旅游活动的目的,而只是一种条件。他们的旅游活动主要还是文化活动。更有学者认为,经济对于旅游这种本质上属于审美与愉悦范畴的现象只是一种外部支持条件,不是内在本质构成。也就是说,没有这种经济上的外部支持,仍可以有旅游,否则就无法解释古人靠两腿的推动而旅游,今人靠自制的或早先购入以备他用的交通工具外出旅游的情形。如果认定旅游本质上具有经济属性,那么它就必须是旅游须臾不可或缺的东西。

综上所述,旅游的性质可表述为:旅游是以不同地区人员流动为基础,涉及社会、经济、政治等诸方面的综合性文化活动。

二、旅游活动的特征

随着社会发展和时代进步,旅游的形式和内容有了很大变化和拓展,但是旅游活动的本质特征不会因时光流逝而改变,它始终贯穿于人类旅游活动的全过程。

(一)异地性

旅游的异地性特征是指旅游活动的发生要以行为主体的空间移动为前提。由于追新求异、猎奇求知是人的本能,是人的一种天性。人们总想去感知周围生活环境中所未看见过、未听到过的东西。在长期生活的环境中,人们往往对自己日常所熟悉的事物和氛围感到平淡无奇,而对一个陌生地方、陌生事物的信息则会引起特殊的悬念和联想。旅游者空间位移的方向是由旅游客源地向旅游资源地移动,使旅游者作这一空间移动的是富有吸引力的旅游资源。人们离开自己的定居地到另一地方作短时期暂时性逗留,去观赏异地风光,或去国外体验异国风情,享受异地的特色饮食文化等,使身心得到放松和休息。可以说,一个地区的旅游资源异地性越强,对旅游者的吸引力就越大,旅游者逗留游览、购物的时间就越多,感受也会越深,旅游业的经济效果就越显著,对本地区社会经济发展的带动作用就越大。因此,中国丰富的自然景观、文化遗产对境外旅游者的吸引力更大;民族风情旅游地如西藏拉萨、云南西双版纳等少数民族地区,总是能引起异国异地旅游者的关注。

当然,在理论上表述"异地"的含义并不难,而在实践中却有大量难以认定的现象。其原因在于人们很难对所谓"常住地"的空间区划给以清楚的界定。城镇大小不一,社区也是一样,不管按什么标准,都难有统一的结果,但也只有异地的自然风光、风土人情、民俗生活才能使旅游者获得在常住地所得不到的新知识、新感受、新快乐。这一对外界客观世界认识和了解的向往决定了旅游的异地性特征。

由于旅游活动是在远离居住地的旅游目的地进行的,虽然异地旅游给了旅游者很好的旅游环境空间,没有了生活的喧嚣和嘈杂,能够更好地放松自己,获得极大的身心享受。但是,旅游活动的异地性也会给旅游者带来生活的不方便,因此要求当地的旅游业能提供相关的配套设施来满足旅游者的需求。

（二）暂时性

旅游是人们一种特殊的生活方式，是旅游者从可自由支配的闲暇时间中抽出一部分，脱离自己正常的生活轨道，离开自己的日常生活圈，到异国他乡游览，作一种短暂的逗留，而非永久的移民。旅游者的旅游时间，仅仅是他漫长人生中的一小段。所以，对旅游者来说，旅游永远是短时间的个人行为，而对旅游目的地来说，旅游者永远是一种短暂的过客。在经济发达的现代社会中，时间是一项最宝贵的资源，是一项失去后就再也无法得到的资源。人生有涯，时不我待，现代社会紧张的生活节奏带给人们紧迫的时间感受。旅游者在紧张的生活中，抽出一定的时间，购买一段旅游经历，因此旅游者格外重视旅游中的时间效率，要求花在旅行上的时间越短越好，而用于游览的时间则要尽可能地多一些，即人们常说的"旅速游缓"。由此，旅游活动的内容应予合理组合。

（三）享受性

通常，人们通过自己的辛勤工作和劳动，创造了社会财富，必然需要社会的回报，需要享受有益于自己身心健康的物质和精神资料。因而人们在闲暇时间需要观赏、享受自己的劳动成果，以及人类创造的五彩缤纷的现代文明世界、科学文化成就、名胜古迹，乃至去各地品尝名菜名点等。旅游就可以满足人们的这种享受需要。在旅游活动中，审美感受贯穿于全过程。无论是自然界中的壮丽山河、绚丽风光，还是异国他乡的戏剧绘画、音乐舞蹈、园林建筑……乃至各种适应旅游者求新、求奇、求险需要而出现的娱乐活动，无不使旅游者得到极度的精神享受。就连烹饪，在人们追求美食美饮中也成为一种艺术。旅游者外出品尝菜肴，不仅讲究菜点本身的色、味、形、意、趣，而且讲究饮食器具的造型、质地和饮食环境，包括环境布置、餐桌摆设、宴席配乐、服务艺术等。在旅游活动过程中，尽管也有维持生命系统的活动，但大部分活动，如观光、游览、摄影、体育运动、观看表演、欣赏音乐、人际交往、观赏花卉……几乎都是平时在家里享受不到的特定内容，因而参与性、刺激性强的娱乐活动更被旅游者看好，既能使旅游者得到放松，恢复体力，增进健康，又能愉悦身心，增长知识，更能培养兴趣，陶冶情操。总之，通过旅游的行、食、宿、游、购、娱，人们享受了劳动后的社会回报和大自然的美妙，使身心愉悦。这种享受需要的实现，使人们活得更充实，更能激发他们的工作热情，更努力更有效地去创造美好的未来。

同时，旅游在其全过程中几乎不会为旅游者个人增加任何资产，相反，却消费大量旅游者以往的积蓄和他人的劳动成果。即使在比较极端的情况下，如仅限于流连山水、陶醉于大自然美的恩赐，他也是在消磨本可以用来创造财富的生产时间。虽然旅游消费不会完全超脱于一般的日常消费，然而，从消费的导向和构成上看，旅游消费确有大不同于日常消费之处，突出地表现在重视精神内容、追求愉悦体验，甚至在某些方面表现出对日常生活消费的畸变，这些均取决于旅游的享受性特征。

最后，从旅游的效果看，人们旅游归来，或满意，或不满意，都是由其文化享受是否得到了满足而决定的。人们常说，购买旅游，就是购买人生经历，正是这个意思。这种情况是由旅游产品的特性决定的。从旅游者的角度来看，一个旅游产品，就是一次完整的游览经历，旅游者为购买这种异地、异时、不同于日常生活的活动，不仅要付出一定的货币，更要付出一定的时间和精力。他所购买的并不是一件实物，而是一个过程，是一种无形的美妙的精神享受。在旅游过程中，人们所得到的完全不同于日常生活中的物质享受，而是一种精神文化的享受。例如，只有旅游者亲自登上黄山，才能体会到黄山作为“天下第一山”的雄伟气势，才能领悟“黄山归来不看岳”的豪迈气概；再如人们到西安旅游，那古朴无华的黄土风情和大量印烙着我国历史轨迹的文化遗存，会让他们得到一种在其他地区得不到的无与伦比的审美享受，使人浮想联翩，心潮翻腾。只有亲临其境，才能产生精神占有的满足感。而这种精神生活的享受和体验，只有通过旅游才能获得。

（四）综合性

旅游活动的内容十分广泛，它涉及政治、经济、文化等领域的方方面面，如和平交往、科技合作、文化交流、贸易往来、会议展示、学术考察、商务活动、体育比赛、宗教朝圣等。旅游者的旅游消费也涉及政治、经济、文化等方面，构成一项综合性的社会活动。从旅游活动运行的全过程来看，其综合性特征更为清楚。旅游者做出出游的决定，是一个综合决断的结果，受其社会、文化、价值观念的支配；旅游者在旅途中组成的临时社会，也会产生各种各样复杂的需求；旅游者来到异国他乡，目的地社会各相关部门（包括政府在内）也要为满足旅游者的需求提供精神和物质各方面的服务，组成了一个庞大而复杂的支撑系统；在与当地居民交往的过程中，旅游者带来的异质文化对当地传统文化产生种种正面的或负面的影响；在生态环境、经济发展、社会治安等方面，都会有一系列反应。由于旅游活动总是在具体的社会环境中发生和进行的，旅游者在旅游过程中总是同社会环境中的许多方面接触和打交道，社会环境中的一切现象都程度不同地表现于旅游者的旅游活动之中，因而旅游过程中将产生各种复杂的关系，发生各种社会影响，旅游活动也便成了社会环境中多种现象的综合反映。可以说，在整个旅游过程中，任何一项单独活动都不能构成旅游；同时，缺少某些方面也不能成为旅游。各种有关的社会活动互为条件、互为依托、互相支持，才能构成旅游。

第三节 旅游学研究的对象、内容和方法

一、旅游学研究的对象

旅游活动最早呈现出来的现象,是个体的人对自然、对社会生活的一种生活体验,一种追求美和欢愉的生活需求。旅游者的动机、旅游目的地的选择、旅游方式、旅游感受及旅游中的人际关系,引起了人们的思考,并产生了数量不菲的游记、传记、回忆以及社会学、人类学、历史学等方面的著作。在世界范围内,旅游的学术研究开始于近代社会,相对于其他比较成熟的学科而言,属于十分年轻的学科。在历时不过一个世纪的旅游学科发展史中,不管是在研究对象的认定和研究方法的选择与运用上,还是在研究内容的组合或理论与概念的架构上,旅游学研究经历了较为复杂的演进过程。旅游学研究的历史进程足以说明,旅游学是一个富有生命力的新兴学科,是一个具有广泛社会应用背景的研究领域。

对旅游现象的研究最早始于19世纪末至20世纪初。随着资本主义工业化生产的进一步发展,西方国家的旅游业也以较快的速度向前发展。旅游业在国民经济中的地位,特别是在平衡国际收入关系中的作用,开始引起人们的注意和重视。因此有关如何促进旅游活动和旅游业发展的研究也开始风行起来。作为当时的重要旅游接待地的意大利,其有关政府官员和学者首先对国际旅游作了研究。1899年,意大利政府统计局的鲍迪奥(L. Bodio)发表的《在意大利的外国人的移动及其消费的金钱》一文,是可见到的最早从学术角度研究旅游现象的文献。1927年,意大利罗马大学旅游经济教授马里奥蒂公开出版了他的《旅游经济讲义》。这是第一次对旅游经济进行系统化研究的尝试,其内容不仅限于国际旅游,而且对本国的旅游状况、旅游统计、旅游代理商以及旅游中心点问题,进行了广泛研究。此后,德国的博尔曼在1931年出版了《旅游业概论》。1933年,英国人奥格威尔所著的《旅游活动》一书,引起了人们的重视,这部著作用数学统计方法,科学地研究了旅游者的流动规律,并从经济的角度给“旅游者”下了定义。1935年,德国学者、柏林商科大学旅游所所长吕克斯曼出版《旅游业概论》,内容涉及旅游的经济和社会作用以及促进旅游的手段,即旅游政策和宣传。同年,英国学者诺尔瓦勒的《旅游事业论》出版。

第二次世界大战后,国际政治形势相对稳定。随着世界经济的恢复和发展,

旅游也迅速地发展起来。尤其是20世纪60年代后，国际旅游业在全世界范围内展示出越来越广阔的前景。各国政府对旅游业的经济作用更加重视。旅游学科的研究，也取得了更多的成就。这一时期的旅游学研究有两个特点：一是实践性更加鲜明，旅游学研究的一切理论、问题和观点都来源于旅游活动的实践，又反过来为旅游发展服务；二是多学科倾向加强，即旅游活动渗透到各个领域，各种学科都从其不同的侧面研究旅游，并组成一个完整的旅游学科体系，包括旅游经济学、旅游市场学、旅游地理学、旅游心理学及饭店管理等。

由于人们所处的历史时代不同，各时期社会经济发展水平不一，对旅游的认知、确定旅游概念的角度与方法均存在差异，因而对旅游的定义和内涵有不同的诠释。20世纪60年代之前，人们主要是从经济的角度去研究旅游的活动过程，因此功利主义的倾向十分突出，学科的渗透性也不强。20世纪60年代中期至80年代末，随着大众旅游和旅游业的迅速发展，旅游研究也进入了全面发展阶段。现代旅游学概念的形成以及对旅游学体系的探讨也都发生于这一时期。多学科渗透到旅游研究领域中，丰富旅游学的理论，是这一时期的发展特点。在此期间，哲学、经济学、社会学、心理学、数学、地理学、环境科学、生态学、管理学、服务学、符号学、政治学、史学、文学、美学、规划学、建筑学等学科的理论、方法和概念，都为旅游学研究的发展建设做出了贡献。进入20世纪90年代后，在继续对旅游进行全面研究的同时，西方旅游研究的重点开始向非经济领域倾斜，其目的是研究如何使旅游和旅游业能够持续、健康地发展下去。

中国的旅游学学术研究始于20世纪80年代。1981年，国家旅游局编辑出版了《兴旺发达的世界旅游业》丛书，系统地介绍了31个国家发展旅游业的经验，对发展我国旅游业提供了宝贵的资料。1987年，成立了政策研究室，集中一些专家和实际工作者，潜心研究国际旅游市场的动向及其发展规律，结合中国旅游发展的实际，探讨具有中国特色的旅游业的方针政策。后来编印了《中国旅游动态》、《旅游调研》、《旅游信息》等刊物，并陆续发行了《国外发展散客旅游的一些基本做法》、《关于我国发展国际旅游业论证的报告》、《中国旅游事业发展规划》(1986年～2000年)等。

在学术界，最初对旅游进行研究的是地理学界和经济学界。1979年，北京大学陈传康先生最先开始了对旅游现象的探索，从地理学的角度对旅游地理、旅游资源、园林风景等作了阐述。此后学术界出版了不少旅游地理学方面的著作，如保继刚的《旅游地理学》、傅文伟的《旅游资源评估与开发》等。经济学界对于旅游基础理论研究的开山之作是邓观利等于1982年编写的《旅游概论》，此后出版了不少这方面的著作。20多年来，我国的旅游学科研究取得了重大的进展，产生了大量的专题论文和专著，涉及我国旅游业发展的各种问题，对实际工作有一定的指导作用。但是,我国旅游研究也还存在着理论落后于实践的滞后现象和定量分析不足的问题。

由于旅游活动是一项涉及社会、政治、经济、文化等方面的综合性活动,它的产生条件、实现过程及其效果受到许多因素的制约。旅游活动本身又对社会生活的许多方面产生重大影响,每一门学科和旅游的分支学科,都只不过是比较专门地担当了旅游活动某一方面中某一层次的研究。而这些方面和层次都同旅游学这一整体有着内在联系。仅从某一个具体方面来研究是不够的,必须有一门学科来研究旅游的产生和发展的内在规律、本质和特点、构成要素的相互关系、经济和社会意义等,这些就成为旅游学的研究对象。

二、旅游学研究的内容

旅游学作为一门学科,其研究内容应是与旅游活动相关的问题。由于旅游活动涉及面相当广泛,研究内容也极为丰富。目前,旅游学研究的主要内容包括:从旅游和社会经济的关系出发,对旅游活动的产生发展、旅游活动的要素构成(主体——旅游者,客体——旅游资源,介体——旅游业)、旅游业的构成、旅游市场、旅游的经济和社会影响等多方面的问题,做出比较科学、系统的阐述。

1.阐述旅游的本质和特征,揭示旅游活动产生、发展规律以及和社会经济发展的关系。人们容易对旅游作肤浅的理解,以为旅游是人类随意的行动。其实,如果缺少了实现旅游的那些社会经济条件,尤其是交通、住宿等与旅游有直接关联的设施,作为社会现象的旅游就不复存在,而旅游所产生的经济意义和其他社会影响也就无从谈起。

2.研究旅游活动的基本要素以及各要素之间的关系。旅游活动基本上是由旅游主体、旅游客体和旅游媒介三要素构成的。旅游主体亦即旅游者。并不是任何人都可以成为旅游者,只有当他们具备了一定的条件,才能成为旅游者。在人们具有了旅游的强烈愿望和要求之后,还必须有使这些欲望得以满足的旅游客体,称之为旅游资源。旅游主体的积极性愈强烈,它和旅游客体的联系就愈密切;旅游客体的吸引力愈大,它激发旅游主体的积极性就愈高。旅游资源的规划和开发也是旅游学要加以研究的重要课题。有了旅游主体和旅游客体,还必须有使二者能够接近和结合的条件、信息和移动手段,称之为旅游媒介,亦即旅游业。旅游业包括的范围很广,但其中主要的还是旅行社、旅游交通和旅游饭店。这些旅游信息、旅游手段和旅游设施的存在及其作用的发挥,是现代旅游迅速发展的重要保障。

3.研究旅游业的性质、结构和组织。旅游学虽然不去研究各旅游企业经济管理的方法和技艺,但必须对旅游业的性质、结构和组织做出总体的介绍;正确认识旅游业和其他行业的关系、旅游业内部的结构及各部门的职能和作用。

4.旅游市场研究,包括旅游市场的供给和需求研究、旅游调研和预测、旅游促销等。

5.研究旅游活动所产生的各种影响。旅游是一种复杂的社会现象,对社会政治、文化和经济会产生广泛的影响。在一个国家或地区旅游业发展的初期,人们较多地看到旅游业所带来的积极作用。而当旅游业的发展进入成熟期和兴旺期,外来旅游者大批涌入,旅游的需求和供给出现矛盾,人们就会较多谈论旅游业的消极影响。旅游学要帮助旅游业的组织者和经营者自觉地认识发展旅游业可能产生的各种影响,在拟订发展计划的时候将各种因素考虑进去,从而使旅游者和当地居民的利益都能得到满足,使旅游业能够顺利地发展。

6.阐述旅游组织和旅游政策的决策过程,分析国家旅游政策形成的各种社会因素和科学依据。旅游业的发展涉及到政治、经济文化的许多方面,必须作为一项系统工程加以规划和部署。同时旅游业还涉及到国与国之间的政治和经济关系,因此国家的旅游行政组织和旅游行业组织在发展旅游业中具有十分重要的作用。

7.探讨旅游的发展趋势,包括国际、国内旅游发展的条件分析、前景展望及趋向,为各级政府相关部门和旅游企业的规划和发展提供宏观的依据。

三、旅游学和其他学科的关系

旅游学是近几年伴随着我国旅游业的发展而兴起的一门新学科,正处于不断形成和发展之中。即使是在旅游业相当发达的西方国家,旅游学作为一门独立的学科在学术领域中也尚未得到完全的确立,它的知识领域仍在不断扩大,学科体系也在变化中发展。多学科参与对旅游活动和旅游业的研究,已成为当前旅游学研究的必然趋势。这不仅反映在旅游学使用一些其他学科的概念和术语上,更重要的是出现了一大批新的边缘学科,如旅游经济学、旅游心理学等。旅游科学研究的这种多元性、专门性和互相包容性,并不意味旅游学科体系已经形成,而是在许多学科的影响下正在不断形成并发展。

出现这种众多学科向旅游学领域广泛渗透的现象,主要有两方面的原因:第一,20 世纪 50 年代以来,旅游活动大规模兴起和旅游业的蓬勃发展,向人们提出了一系列新的课题。旅游活动涉及各个领域,不能不引起各门学科研究者的重视。他们都借助于某一学科的理论和方法,从一个侧面来揭示旅游活动的规律;第二,当代科学的发展,常常使某一门学科有一种超越自己原有的视野去拓宽研究领域的趋势。毫不夸张地说,当今社会科学中几乎每一门学科对旅游活动这一大规模的社会现象都有着强烈的兴趣,都想在其中占领一席之地。许多学科对旅

与之有关的条件和因素进行综合的考察分析，才能得出正确结论。例如通过观察各种类型旅游者的日常旅游活动，可以了解他们的动机、需求和爱好，经过综合分析，找出市场变化的规律性。再如对旅游资源的评价与开发，就必须综合地考虑一定区域内自然旅游资源和人文旅游资源的种类构成、地域组合、价值功能以及开发前景等因素，同时还要分析旅游资源所在区域的区位条件、经济基础和社会条件等因素，才能得出客观的、公正的评价结论，制定出合理的、可操作的开发规划，从而将旅游资源的潜在优势转化成现实的经济优势。

(二)统计资料分析法

这是旅游学的基本研究方法之一。旅游统计资料是旅游活动最客观、最现实的反映，它对研究旅游活动的规律性具有重要作用。例如在调查研究一个国家和地区的自然景观和旅游资源时，必须运用大量的基本统计资料，进行分类评价与分析。只有做好旅游统计资料的分析工作，才能正确地评价旅游资源，科学地规划旅游开发方案，有效地开发旅游资源。又如在研究旅游业的发展问题时，往往需要掌握旅游者各年各月入出境的人数，各个旅行社接待游客的人数，各省市旅游区接待旅游者的人数、年龄和性别结构、职业构成，旅游收入和创汇，拥有接待旅游者的饭店数、房间数、床位数、交通运输条件和从业人员数等统计资料，然后对其进行分析，才能了解旅游市场的变化规律，把握现状基础和发展趋势，进行科学的决策和管理。由于旅游的最基本特征是其活动的空间移动性，各类统计资料分析的结果以及各类景区、景点和旅游线路、旅游设施等都可用不同符号在图上表示。在现实的旅游活动中使用旅游图是常用的手段和方法。导游图、交通图、资源分布图、旅游线路图以及各类专题旅游图等，是旅游开发者、管理者、欣赏者、研究者必备的工具和资料。

(三)抽样调查法

这是社会科学研究中常用的一种方法。旅游是一种综合性现象，涉及文化、经济、政治和社会的许多方面，动态性强，采用随机的抽样调查法，研究旅游的某个方面问题往往是最经济、最省时、最有效的方法。如在一些国家的饭店、机构、过境处备好请旅游者填写的表格，向旅游者征询意见或做调查，从这些调查资料的分析研究中，掌握旅游者的动机、兴趣、线路选择要求等，从而了解客源市场的现状，预测变化趋势。也可在一段时间内，通过对某一个体旅游者、旅游群体或旅游组织的连续调查和了解，研究其旅游活动的全过程。

(四)模式分析法

通过对旅游发展的常规道路(例如欧美的许多国家)和非常规道路(例如西太平洋地区的许多国家)的成功经验的分析，寻找发展中国家旅游业发展的规律性。旅游学是研究旅游活动的产生、发展和一般规律的，各个国家无论属于何种社会制度和社会经济形态，都有其共性，这是旅游学研究的出发点。但是，由于各个国家的历史条件不同，其现实的社会状况、意识形态和风俗习惯也不尽相同，发展旅游业的道路和措施也不会完全一样。

思考与练习

1. 试析第一节中几种旅游概念的相同点和不同点。
2. 旅游活动有哪些共同的特点？认识这些特点有何具体意义？
3. 根据你的经历划分旅游活动的类型。
4. 查阅有关材料，列举旅游学研究的新内容。

第一章　旅游的产生与发展

本章提要

人类的旅游活动有着悠久的历史，但是，完整的旅游体系直到近代才真正形成。不同时代的旅游活动具有各自的特点，了解和掌握这些特点，有助于加深对旅游活动本质特征的认识和理解。

第一节　古代旅游

一、旅游的产生

(一)人类的迁徙活动

在原始社会的早期阶段，人类所有的活动都是围绕着生存这个核心目的进行的。这些活动主要表现在借助天然或打制的石头等简陋的工具，在自然分工的基础上，从事采集和渔猎活动。由于生产工具的落后和生产能力的低下，其劳动所获数量稀少，人类的生存无时不处在饥饿、自然灾难侵袭的威胁之中。人类为了获取生活资料和躲避自然灾害，经常从一个地方转移到另一个地方，这种迁徙完全是被迫的，是为了生存的需要，根本不具有任何意义上的旅行含义。

即使后来到了新石器时代，随着以磨制石器为代表的生产工具的改进，生产效率有了较大的提高，并且原始农业和原始饲养业也逐渐开始出现和发展，从而出现了人类历史上的第一次社会大分工，但所有这些并没有改变人类社会生产的落后面貌，人们的劳动所获除了供自己食用之外，几无剩余，人类的活动基本上也只限于氏族部落范围内。

（二）人类旅游活动的萌芽

到了原始社会的新石器时代晚期，金属工具开始问世，生产技术因此而进步并导致生产效率的提高和劳动剩余物的出现。随着金属工具的推广和改良，农业和畜牧业有了较快的发展，手工业也逐渐发展起来。原始社会末期，手工纺织技术已发展到使用简单的织机，与此同时，冶金、建筑、运输和工具制造等方面也都开始发展。社会生产力的加速发展，促使手工业日益成为专门性的专业，从而出现了人类历史上的第二次社会大分工，即手工业同农业和畜牧业的分离。它促使劳动生产率进一步提高，使商品经济得到发展，并促进了私有制的形成。最重要的是，社会分工的发展意味着承担不同分工的人们出于生活和生存的需要而必须交换他们的劳动产品。例如，终日忙于制造陶器的手工艺人没有时间去种植和收割庄稼，这就要求制陶者必须通过以货易货的方式用陶器从专门从事农耕的劳动者那里换取粮食；反之亦然。

实际上，早在第一次社会大分工，即畜牧业和农业的分工之后，游牧部落与农业部落之间因生活而易货的旅行现象便已开始萌芽。但由于当时生产力低下，劳动剩余物较少，这种易货交换并不普及。随着第二次社会大分工的出现，由于社会分工范围的扩大，特别是由于生产技术的进步和生产率的提高，劳动剩余产品数量增多，从而使货物交换的品种范围和数量得以扩大，并且逐渐发展为很多物品的生产目的就是为了交换。因此，交换很快便成为一种重要的社会职能。

随着生产分工和交换的扩大发展，到了原始社会瓦解和奴隶制社会开始形成之时，专门从事贸易经商的商人阶级开始出现，这便是第三次社会大分工，即商业从农、牧、手工业中分离出来。当时这些专门从事商品交换的商人，为了了解其他地区的生产与需求状况，为了到异地他乡交换产品，就成了最早的旅行者。在其旅行过程中所附带的游览活动，可视为人类旅游活动产生的萌芽。

二、西方的古代旅游

公元前20世纪初，生活在地中海、爱琴海的腓尼基人建立了奴隶制城邦。腓尼基人以航海、贸易、殖民著称，被认为是世界上最早的旅行者之一。他们西越直布罗陀海峡，东到波斯湾、印度，北至波罗的海，南达亚速尔群岛。此后，波斯帝国（公元前533年—公元前330年）是较早兴起商务旅行的国家。公元前6世纪中叶，波斯帝国修建了两条“御道”，一条从帝国首都直抵地中海，全长约 2400 千米，并沿途设有驿站和旅舍 100 多处；另一条自巴比伦城直到大夏和印度边境，这条路后来成为“丝绸之路”西段的基础。这两条御道的修建为当时人们的外出活动提供了便利，商贾、学者、游客络绎不绝。同时，古希腊时代也被认为是古代宗教旅游的鼎盛时期，提洛岛、特尔斐等都是著名的宗教圣地，而奥林匹亚竞技会是当时世界上最大的宗教和体育盛会，吸引了大量的参赛者和参观者。这种活动一直延续至今，发展成为现代奥林匹克运动会。

西方古代旅行的全盛时期是古罗马帝国时代，其疆域辽阔，北至现在欧洲的英国、德国、奥地利、匈牙利和罗马尼亚等地，东至西亚的幼发拉底河，南面包括非洲的埃及和苏丹北部，西临大西洋。当时，地中海变成了帝国的内海，海上运输十分畅通。出于政治和军事上的目的，全国境内修筑了许多宽阔的道路，为欧洲各国之间的旅行提供了方便。由于道路分段由当地部门管理，并有军队保护，社会治安逐渐好转。与此相应，随着外出旅行的人数逐渐增多，沿途出现了许多旅店，多数是在政府所设驿站的基础上发展起来的。设置这些驿站的最初目的是供政府公务人员中途歇息，后来也开始接待往来的民间旅客。

古罗马帝国政治统一，经济强盛，交通便利，货币统一（全国使用统一的古罗马铸币），没有语言障碍（希腊语和拉丁语为官方语言），国家提倡和鼓励旅行活动，旅行活动得以顺利发展。当然，当时的旅行活动大多是在古罗马帝国境内进行，特别是以较近距离的旅行为主，但也有跨国界的远程旅行。这些跨国界的远程旅行基本上是经商旅行，大多是贩运粮食、酒、油、铅、锡和陶器等基本生活物资，有些商旅也贩运各地生产的奢侈品，例如北欧的琥珀、非洲的象牙、东方的宝石、香料、茶叶等。中国的丝绸通过当时的“丝绸之路”，也远销于古罗马帝国。中国史籍中曾有古罗马帝国使节和商人多次经陆路和海路到访中国的记载。例如据《后汉书》记载，桓帝延熹九年（公元 166 年），大秦（古罗马帝国）王安敦遣使经日南（今之越南中部）送来象牙、犀角，并和中国建立了通商关系。另外，在“三国”和“两晋”时期，也有古罗马遣使来中国的记载。

到公元 5 世纪，随着罗马帝国的衰亡，一直到中世纪，欧洲大陆的陆路交通没有进一步的发展，而且道路因没人管理也日渐破损，行路不再方便。更由于道路盗匪的出现，使得旅行安全得不到保障。各地之间的贸易数量缩小，商务旅行者数量也随之急剧减少。因此，该时期西方旅行活动的规模甚至不如古罗马帝国时期。

到 13～14 世纪，西欧的社会经济有了巨大的进步，农业技术的改进和荒地的开垦使农业产品进一步增加。随着城市的形成和发展，工商业也逐渐兴盛起来。专职的工商业者离开乡村，聚居在堡垒、寺庙附近和交通道口等处，日渐形成工商业城市。但是由于受无休止的封建混战影响和教会思想的统治，旅行活动的开展仍不及古罗马帝国时期的水平。

14 世纪到 16 世纪欧洲爆发的文艺复兴运动，矛头直指教会与封建专制统治，在反对禁欲主义、摆脱教会对人们的思想束缚、宣扬资产阶级的个性解放方面起了一定的进步作用，是欧洲文化和思想获得大发展时期，以但丁、薄伽丘、达·芬奇、莎士比亚、塞万提斯、拉斐尔等为代表的文艺复兴运动和以哥白尼、布鲁诺、伽利略、开普勒等为代表的科技创造发明，改变了人们以往对宇宙、对世界的认识，使人们以新的视角观察、认识生存的空间环境。他们创造的学说以及个人的旅游经历，无疑有力地推动了当时旅游活动与旅馆业的发展。尤其重要的是，此段时期内的地理大发现打通了欧、亚、非、美之间的海上交通，扩大了世界市场，使世界连成了一个统一的整体。新航线的开辟，极大地推动了旅游活动，并因此产生了一大批探险家、航海家、旅行家。

16 世纪中叶，或者可以说是从 1558 年英国女王伊丽莎白一世继位起，到西欧封建社会结束这段时期内，旅游活动又有新的发展。1562 年，有位医生谈到英格兰、德国和意大利的天然温泉对各种体痛症有疗效，此举引起很大的轰动，不仅当时已有的温泉顷刻间闻名全国，而且促使人们在欧洲各地寻找新的温泉，从而形成了温泉旅游的潮流。这一潮流此后一直延续了近两个世纪才开始向海水浴转移。除了这种以保健为目的的温泉旅游之外，以教育和社会考察为目的的旅游活动在这一时期也开始发展。人们从一些名人的经历中，认识到旅游在增加对异国他乡事物的了解和开阔眼界方面所起的作用。当时有一个名叫利普西斯的人曾经记载道，“古往今来，伟人名士皆有旅游经历。而通过这种求知旅游，增加了对异国他乡风土民情、生活方式以及政体组织等方面的了解，从而开阔了视野。”这种以教育和求知为目的的旅游活动在以纯消遣娱乐为动机的旅游流行之前延续了好几个世纪，并在不同程度上延续至今。但是这种教育旅游的真正高潮则是在封建社会结束后的 18 世纪。这便是欧洲旅游发展史上有名的“大游学”(Grand Tour)。

三、中国的古代旅游

中国是具有五千年悠久历史的文明古国，与古罗马、古埃及、巴比伦等人类文明发源地一样，也是世界旅游活动产生最早的国家之一。

我国有文字记载的旅游活动，可追溯到商周时代。我国第一部诗歌总集《诗经》、古籍《山海经》及《史记》，有许多关于先民旅游的记录。夏禹被认为是我国最早的探险家和旅行家。周穆王(约公元前 1001～前 947 年)是最早出游的帝王之一，他经常外出巡狩，乐而忘归，发誓要在天下各处留下他的车辙马迹。

商朝时，奴隶制经济已很繁荣，商人活动频繁。到了春秋时期，商贾已被统治阶级正式列为“士、农、工、商”四民之一。战国后期，商务旅游已很流行。另外，春秋战国时期，社会上兴起投师问学之风。学问渊博的思想家授业解惑，聚徒讲学，而天下好学之人不辞辛苦，纷至沓来。传说孔子有弟子三千、贤人七十二，教育旅游声势之浩大，可想而知。

秦汉时期是中国统一的中央集权封建统治建立和发展时期。秦始皇执政时，“驰道”、“直道”建成。驰道以咸阳为中心，直道从咸阳北的云阳直通今天的包头附近。在西南边疆，还筑了“五尺道”，在今之湖南、江西、广东、广西之间修筑了“新道”，形成了以咸阳为中心、四通八达的道路网。秦始皇利用这些便利的交通，五次出巡，周游全国，并和其儿子多次登泰山举行祭祀封禅活动。汉武帝时代，两次派张骞出使西域，到达大宛、康居、月氏、大夏、安息等国，与西域各国建立了友好关系，并把各国使节带回汉朝。汉武帝又派了很多使臣去这些国家，打开了中国通往西域的道路，使中国的丝绸从这条道路源源运往西方，因而称这条路为“丝绸之路”。汉朝时期，国内众多圣贤之士，为创万世之业，读万卷书，行万里路。他们通过长期艰苦的实地考察旅行，在科学技术、文学、史学等方面均获得很大的成就，同时也成为了著名的旅行家。例如，司马迁在他20～40岁的近20年中，游览考察了江、浙、皖、湘、鲁、鄂等地，收集了大量的历史、地理以及文献资料等，为他以后编写《史记》奠定了基础。

魏晋南北朝时期，可以说是中国古代真正意义上旅游行为的开始。这个时期是中国封建社会大分裂和民族大融合时期，是政治最混乱、社会最痛苦的时代，也正是由于时局变乱，世风日下，人心空虚，道玄盛行，致使士人、士大夫归隐之风盛行天下。隐逸文化开启了人们直接“玩物审美”的“山水意识”，游山玩水、渔猎躬耕、品茗饮酒、谈玄务虚、吟诗赋文、营园作画、书墨抚琴、品藏文玩、坐禅求道的肆兴放情成了隐士们最外在的行为表现。例如，魏晋时的阮籍、嵇康等7人，常千里聚会，联袂出游，纵酒悠游于竹林之中，时称“竹林七贤”；东晋的王羲之首创兰亭游集，与谢安等41人会于会稽山阴之兰亭，流觞曲水、畅叙幽情、游目骋怀，写下流芳百世的《兰亭集序》；南朝的谢灵运足登“谢公屐”，遨游山水，被誉为我国山水诗的鼻祖；大诗人陶渊明不愿为五斗米折腰，“解绥去职”，与山水为伴，悠闲的隐居生活成为他田园诗创作的源泉，《桃花源记》开创了中国诗坛田园诗的清新风格。与此同时，宗教旅游也开始兴起。曹魏时代的朱士行是中国佛教史上第一个西行求法的人，在他身后的三四百年中，约有50多位僧人前往印度、西域等地求法，其中最为著名的是法显的西行。其他旅游活动中，既有慧远等名僧在自然山水中居静修行、清谈佛理的释游，道士葛洪、陆修静追求长生不老、孤岛寻仙的探游，又有郦道元探查江河的考察旅游、三国东吴康泰和朱应出使南洋的航海之行等。

隋唐是我国封建社会的鼎盛时期，水陆交通都十分发达，国外可西通波斯、大食和地中海之滨，南抵印度和南洋群岛；国内大运河的开凿，贯通了南北的交通，陆上形成了以首都为中心的四通八达的交通网。隋文帝时期首先开凿了山阳渎，打通了淮水连通长江的水路。在隋炀帝时期，又相继开凿了通济渠、邗沟、永济渠和江南河，从而构成连通华北与江南的运河网。由此，水路交通日盛。唐朝也利用隋代所开的运河开展水路运输，江南的物资多是经长江、邗沟、淮水、汴河、黄河，溯洛水而运至洛阳，再由洛阳溯黄河上行，经渭水直抵长安。封建社会时期水路交通的发展虽然是由国家发展漕运所致，但客观上也便利了人们利用水路旅行往来。在陆路上，自秦统一之后，历朝道路建设都有新发展，这反映在驿站制度的不断完善上。以唐朝的驿制为例，当时每隔 30 里设一驿。据《新唐书·百官志》记载，唐朝设驿站计 1639 所。照此推算，仅设有驿站的道路里程便达 25000 千米。唐代士人远游成风，出现了李白、杜甫、张籍等一批杰出诗人兼旅行家。隋唐时期，国际旅游也十分活跃，来华使者、商人、僧人、学者络绎不绝，与日本、阿拉伯、印度、南洋各国的交往频繁，商务旅游、宗教旅游、观光旅游极其盛行，并涌现了一批旅游文学作品。唐代的玄奘、鉴真是最著名的代表。玄奘于贞观元年(公元 627 年)从长安出发，西出玉门关和阳关而去印度，历时 18 年，行程 5 万余里，在贞观十九年(公元 645 年)回到长安。根据他的口述和记载，其弟子写成了《大唐西域记》，记述了他在 28 个国家的所见所闻。鉴真于唐玄宗天宝元年(公元 724 年)东渡日本，历尽艰辛，前 5 次均遭失败。天宝十二年(公元 753 年)与弟子 34 人第六次东渡成功，于第三年抵达日本京都、奈良。他不仅将佛教传入日本，同时也将中国的文化、艺术、建筑等传入日本。

宋元时期，科学技术、医学、文学均有显著发展。中国的四大发明陆续传至西方，尤其是指南针应用于航海，对促进各国航海业和后来海上丝绸之路的开辟，以及加强与西方国家贸易、旅游交往做出了很大贡献。旅行家、旅游文学作品层出不穷，如范仲淹和他的《岳阳楼记》，苏轼和他的《赤壁赋》、《石钟山记》，欧阳修和他的《醉翁亭记》，陆游和他的《水龙吟·登建康赏心亭》等。

明代处于封建社会走向衰落、资本主义开始萌芽时期。这时期国内科学考察旅游极盛，学术成就颇丰。著名的旅行家有郑和、徐霞客、李时珍等。清代由于朝廷腐败，经济衰落，旅游活动与前相比，已不景气。

可以说，我国古代最早的旅游活动始于夏商，隋唐宋元进入鼎盛时期。明清时代，旅游活动开始衰退。

四、古代旅游活动的特点

第一，旅游活动的兴起和发展同一个国家或地区的政治、经济状况有直接关系。不同历史时期，受社会生产力的制约，旅游活动的范围、规模、内容和形式不同。某个朝代政治安定、经济繁荣、国家统一，旅游活动就会发展，反之则会停滞或倒退。

第二，随着社会发展旅游活动呈现多样化，有商务旅游、宗教旅游、帝王巡游、士人漫游、学术考察旅游、外交公务旅游等。其中以经济为目的的商务旅游居主导地位，参与人数多，涉足地域广。在非经济目的的旅游中，宗教旅游活动活跃，但是对于消遣性的非经济目的旅游来说，其参加者多为帝王、官僚、封建贵族、地主等统治阶级及其附庸阶层人士。他们人数不多，没有普遍的社会意义。广大劳动人民由于受政治和经济上的双重压迫，客观上没有能力参加旅游活动。

第三，封建社会以农业经济为主，农村人口占统治地位，农业劳动忙闲有致的季节性特点及其对人们生活方式的影响，使得人们在主观上缺乏对旅游度假的要求和习惯。

第四，古代旅游服务项目单一，设施简陋，旅游活动范围比较小，主要以近距离的国内旅游活动为主，远距离的洲际旅游较少。

第五，伴随旅游的发展和人数的增加，为旅游服务的交通、旅店、饭店、商贩也不断增加，成为现代旅游业的前身。

第二节　近代旅游

就整个世界的发展情况而言，到19世纪时，旅游活动的发展在很多方面都开始具有了今天意义上的旅游的特点。这主要表现在：第一，因消遣目的而外出旅游的人数大量增加，在人数规模上已经超过了传统的商务旅游，从而使这种活动开始具有较为普遍的社会意义；第二，随着商业性客运服务的发展，人们大都借助这类专业性的商业服务来完成自己的旅行和游览活动。而这种定期运行的客运业务在19世纪以前几乎是不存在的；第三，团体旅游开始发展。在英文中，“旅游”(Tourism)一词也于此时开始问世。该词的最初含义与当今旅游研究中的专业用法不尽相同，作为人们的日常用语，只是指因消遣目的而离家外出的旅行和在外逗留期间的全部活动。该词在19世纪初出现，说明当时消遣性旅游活动已经发展到具有社会意义的规模。这一变化情况之所以发生于19世纪，主要原因是当时的社会经济有了极大的发展。

一、产业革命与近代旅游

产业革命亦称“工业革命”，指以手工业为基础的资本主义工场手工业过渡到采用机器的资本主义工厂制度的过程，是历史上资本主义发展的必然产物。它于18世纪60年代首先发生于当时资本主义最发达的英国，到19世纪30年代末，在英国基本完成。美、法、德、日等国的产业革命也都在19世纪内先后完成。这场产业革命既是生产技术的巨大革命，又是生产关系的深刻变革。它促进了资本主义生产力的迅速发展，提高了生产的社会化程度，使资本主义制度建立在机器大工业的物质基础上，并最终战胜封建制度而居于统治地位。产业革命的发展使人类社会发生了巨大的变化，火车、轮船的出现，使人类活动的空间移动更加方便，也使旅游活动发生了质的变化。

第一，产业革命加速了城市化进程，改变了人们的工作性质和生活方式，并使得很多人工作和生活地点从农村转移到了工业城市，从而形成了庞大的城市工薪阶层，刺激并强化了旅游需求。产业革命后，大量的农村人口流向城市成为产业工人，单调、枯燥、机械的大机器工业生产取代了忙闲有致的多样化农业劳动。由于城市的迅速发展，导致人们需要适时逃避紧张、拥挤、嘈杂的城市工作和高度的生活压力，促使了人们产生返回宁静、自由的大自然，放松身心、恢复体力的需要，以及能在终年如一日的紧张状态中获得更多的喘息和解脱的机会。

第二，产业革命的成功，使资本主义国家的生产力获得极大的解放。市场经济体系建成，社会经济发展，产品丰富，经济实力增强，社会平均收入普遍提高，为近代旅游发展奠定了物质基础。同时，资本主义经济的发展，需要寻求新的销售市场和原料基地，全球性的商务、公务旅游活动成为社会发展不可缺少的必要活动之一。

第三，产业革命带来了阶级关系的新变化。在产业革命之前，往往只有封建贵族和大土地所有者才有财力和时间参与非经济目的的消遣旅游活动。产业革命造就了工业资产阶级，从而使社会生产的财富不再只流向封建贵族和大土地所有者，也流向了资产阶级，从而扩大了有财力参与外出旅游的人数。此外，产业革命使社会结构发生根本变化，在造就工业资产阶级的同时，也产生了出卖劳动力为主的无产阶级。随着社会生产力的提高和工人阶级为维护自身权益而进行的不懈斗争，迫使资产阶级作出一定妥协和让步，增加工人的工资和带薪假期，使一部分工人有可能加入到旅游行列。另外，在资产阶级和无产阶级之间，还逐步产生了一批高级职员，即“白领阶层”，后来形成为一个中产阶级，他们在竞争和紧张之余，渴求外出旅游，导致旅游需求大增。

第四，产业革命推动了交通工具的革新，为近代旅游活动规模的扩大、区域的拓展作好了技术上的准备。

1769年，詹姆斯·瓦特发明了蒸汽机并很快应用到交通运输上。18世纪末，以蒸汽机为动力的轮船开始问世，但当时这种轮船的使用并不普遍，而且其应用范围只限于内河航运。进入19世纪后，蒸汽动力轮船在运输中的应用迅速普及和发展。1807年，美国的"克莱蒙特"号轮船已经在哈德逊河上开始经营定期航班运输业务。此后5年中，欧美两地相继有50余艘蒸汽轮船投入内河航运。1816年，横渡英吉利海峡的客货航运业务首次开始使用蒸汽轮船，并从1820年开始正式开办定期航班轮渡业务。在截止到1840年的20年中，英吉利海峡轮渡的客运量平均每年达10万人之多。在远程海运方面，1838年英国"西留斯"号轮船横渡大西洋的成功，使欧美之间旅行的时间距离较前大大缩短。

对近代旅游活动发展影响最大的是铁路运输的出现。1825年，享有"铁路之父"之称的乔治·史蒂文森在英国建造的斯托克顿至达林顿的铁路正式投入运营。此后，各地的铁路建设开始迅速发展。有关资料表明，1835年，全英铁路总长仅为471英里。1845年发展为3277英里，1855年增至13411英里，1865年则发展到21382英里，30年中增长了大约45倍。但是在铁路运营的最初几年中，所经营的业务只是货运，并无定期客运班次。1830年，首例定期客运班次出现在英国城市利物浦至曼彻斯特的线路上。它实际上也并非是专门的旅客列车，而是客货混合列车。此后，各铁路公司相继开办客运业务。

二、托马斯·库克与近代旅游业的诞生

英国人托马斯·库克在世界旅游业发展史中具有重要的地位，被誉为旅游业的先驱。他在开展旅游业务方面的很多首创都对后来的旅游业务经营，特别是对旅行社业务的经营产生了很大的影响。

1841年7月5日，托马斯·库克与米德兰县铁路公司签订了一份合同，包租了一列火车，并以牧师的身份，组织自己的教友，进行了一次从英格兰中部城市莱斯特出发到洛赫伯勒德的大规模团体旅游活动，全程往返24英里，费用1先令，包括来回交通费、供应一顿午餐和午后茶点，另派一支乐队演奏。参加者共570人，他们来自各阶层、各行业，甚至包括家庭妇女。活动的目的是为了参加基督教会组织的禁酒大会，库克从中获得5%的报酬。这次活动普遍被认为是世界上第一次团体火车旅游，并被认为是近代旅游业开端的标志。

1845年，托马斯·库克开始创办旅行代理业务，并以职业代理商的身份组织了一次真正意义上的消遣性团体观光旅游。旅程从莱斯特到利物浦，共有350

人参加活动。出于商业经营目的考虑，库克为这次旅游制定了周密的计划，并进行前期实地线路考察，确定旅游活动的内容以及食宿安排，还为游客编写了《利物浦之行手册》。整个旅游活动中，库克全程陪同并兼做导游，这也是历史上最早的导游。他还首创了沿途聘请地方向导的做法。这次旅游活动被认为是开创了近现代旅行社业务的基本模式。

1851年，托马斯·库克先后组织16.5万人前往英国伦敦，参观在"水晶宫"举行的第一届"世界博览会"；1855年托马斯·库克组团去法国巴黎参观博览会，参加者在巴黎停留和游览4天，全程实行一次性包价，其中包括在巴黎停留期间的住宿和往返交通费，共计36先令。当时的《曼彻斯特卫报》称此举是"铁路旅游史上的创举"。事实上，这也是世界上首例包价出国旅游。此后，托马斯·库克的旅游业务在欧洲大陆得到迅速发展。如1856年推出欧洲大陆游，从伦敦出发，途径安特卫普、布鲁塞尔、滑铁卢、科隆、莱茵河、美因滋、法兰克福、海德堡、巴登——巴登、斯特拉斯堡，最终到达巴黎。

为了扩大业务，托马斯·库克于1863年在瑞士成立了一个营业所，专门受理和经营赴瑞士旅游的团体业务。1864年，托马斯·库克组织的旅游活动参与人数累计达100多万人次。1865年，他与儿子约翰·梅森·库克联合，成立了托马斯父子公司。以后相继在美洲、非洲、亚洲设立分公司，成为当时世界上最大的一家旅游企业。

1867年，为消除游客因旅途中携带大量现金而带来的不便，托马斯·库克提出让旅游者事先付款取得保证书，以用于指定饭店的费用支付，最后再由库克公司与饭店结算。不久，库克发明了一种带有货币兑换功能的旅馆联券；1874年，库克正式推出了可在外国饭店、银行、商店、餐厅使用的流通券，这就是旅行支票的前身。

1872年，库克首次组织由9人参加、为时222天的环球旅游。这次周游世界之旅使库克旅行社美名远扬，"托马斯·库克"成为欧美大陆家喻户晓的旅游代名词。法国著名科幻小说家儒勒·凡尔纳以此为题材，创作了轰动一时的小说《八十天环游地球》，后被拍成影片，这对宣传旅游产生了很大影响。1878年库克退休，将公司业务交给儿子约翰·梅森·库克经营。

19世纪下半叶，许多类似的旅游组织在欧洲大陆上纷纷成立。1857年，英国成立登山俱乐部，1885年又成立了帐篷俱乐部。1890年，法国、德国也成立了观光俱乐部。到20世纪初，美国"运通公司"和以比利时为主的"铁路卧车公司"成了与托马斯·库克公司齐名的三大旅行代理公司。至1939年，托马斯·库克创办的旅行社已在世界各地设立了350余处分社。

托马斯·库克曾从事过多种职业，但在1841年～1878年的37年里，他凭着对旅游事业的满腔热忱，积极开创发展近代旅游事业。他为世界旅游和当代旅行社的发展做出了不可磨灭的贡献，主要表现在：第一，托马斯·库克旅行社的建立，具有开拓性的世界意义，标志着一个新行业——旅行社的诞生；第二，其流传下来的经营旅游代理业务的做法已成为后来旅行代理业务中的传统做法，即便在当今也还是旅行社业务的运行模式，如“包价旅游”等；第三，“方便游客，一切为游客着想”的经营指导思想。正是在这种思想启发下，库克先后推出了导游、陪同、导游手册、流通券和旅行支票等方便游客的明智措施，解除了游客的后顾之忧。因此，托马斯·库克被公认为近代旅游业创始人或近代旅游业之父，是推动近代旅游活动发展的先驱者。

三、中国的近代旅游

近代中国的旅游是指 1840 年鸦片战争以后到中华人民共和国诞生前这段时期的旅游。这个时期的中国由独立的封建国家逐渐沦为半殖民地半封建国家。国家性质的变化使社会各个领域、各个方面都发生了深刻的变化，旅游活动也随之变化，其特点是：第一，由于西方文化的介入，使中国人的旅游观念发生了深刻的变化，平民阶层开始步入旅游队伍；第二，由于近代交通的发展，旅游活动的空间得到进一步拓展，参加旅游的人数越来越多，去的地方越来越远，国际旅游交往也有增加；第三，为旅客服务的民间旅游组织逐渐形成一个独立的行业。

鸦片战争后，西方的商人、传教士、学者和一些冒险家来到中国，进行他们各自的活动。有的还在中国的风景名胜地建造房屋别墅，作为居住、度假之地，例如北戴河海滨、庐山等地。与此同时，中国人出国旅行的人数也大大增加，其中有的是出国考察，有的是出国留学、经商等等。

英国的通济隆、美国的运通旅游公司也于 20 世纪初先后来中国建立旅游经营机构，为来华的外国人员和中国的出境人员办理各种旅行手续。

1923 年，在上海商业储蓄银行任经理的陈光甫，为适应旅行游览的发展需要，在该银行中附设了“旅行部”，其业务范围是代办国内外火车票、轮船票和飞机票，并在苏州、杭州的分行设立旅行部柜台。由于能满足一些人的旅行需要，业务有了一定的发展。从 1923 年 8 月起的五年内，上海商业储蓄银行旅行部的业务扩展迅速，开创了中国旅游发展史上四个第一：办理第一艘旅美学生专轮；举办国内第一个游览团；组织第一个国外游览团；发行中国第一张旅行支票。旅行部以诚挚的态度和良好的服务赢得了游客的好评与信任。1927 年 6 月 1 日，旅行部从上海商业储蓄银行独立出来，正式领取了营业执照，成立了中国旅行社，这是我国第一家旅行社。此后的 10 年，中国旅行社获得了更大的发展，并在苏州、无锡、镇江、杭州、蚌埠、徐州、济南、青岛、天津、北京、沈阳、西安、武汉、广州、南昌15个城市设立分社和支社。此外,中国旅行社还先后在纽约、伦敦、河内设立“中国旅行分社”,承办外国人来华旅游事宜。其业务范围与之前相比增加了办理留学生出国手续、设立避暑区服务站、组织短程的团体游览、组织境外旅游等。

1927年,中国旅行社创办了我国旅游行业的第一本专业季刊杂志——《旅行杂志》。杂志甫一问世,即深受读者欢迎,销路十分看好,创刊号仅一个月不到即售完,所以从1929年第三季起,改季刊为月刊。此刊物一直出版到1954年。1933年11月起,中国旅行社又在上海发行《行旅便览》月刊,内容以报道舟车路线、船期、时刻、票价为主,免费向游客赠送。为配合客运和游览业务,中国旅行社还在1931年到1937年期间出版了中外游记和导游等书籍20多种。

当时,除了中国旅行社以外,还有其他的一些旅游组织和旅行社,如“铁路游历经理处”、“国际旅游协会”、“精武体育会旅行部”、“萍踪旅行团”、“现代旅行社”等等。这段时期我国旅游业不仅在旅行社业方面有了很大发展,旅馆、饭店和交通客运业也有了一定的规模。一些中国的大城市、商业城市、交通枢纽城市纷纷掀起了一股建造旅馆饭店的热潮。铁路、公路大规模地扩建修筑,民航公司、远洋航运企业也不断地扩充航线。

以中国旅行社为首的一批旅行社的诞生、现代饭店的兴起和交通客运的迅速发展,标志着中国旅游业作为一个新兴的行业产生了。但是由于当时经济落后,人民生活水平低,社会各种基础设施条件差,所以中国的近代旅游发展是十分缓慢的,以游览、消遣、娱乐为主的旅游活动仍是社会上少数人的事,大多数人都迫于生计,无力支付,也无暇参与旅游活动。旅游作为一种产业,虽说已形成,但是,它的规模小、水平低,对国民经济的作用十分有限。

第三节 现代旅游

现代旅游时期是指第二次世界大战结束以来的旅游发展时期。第二次世界大战结束后,世界经济逐渐得到恢复与发展,尤其进入60年代,和平与发展逐渐成为时代主流。各阶层人民收入的增加、闲暇时间的增多、宏观环境的改观,为现代旅游的兴起和普及创造了前所未有的良好条件,旅游活动也出现了前所未有的快速发展,旅游业成为战后发展势头最为强劲的行业之一。

一、现代旅游兴起的原因

第一，二战后，各国都致力于恢复和发展经济，医治战争创伤，重建家园。虽然战后相当一段时间里，局部战争仍时有发生，但就全球而言，和平与发展已占据主导地位，成为世界潮流。许多国家的经济迅速恢复，并获得了大幅度的增长。经济的发展使得众多国家的人均收入，或者更确切地说，使得众多国家居民的家庭平均收入迅速增加，尤其是在那些原先经济基础就较雄厚的西方国家更是如此。到20世纪60年代，这些国家开始形成所谓的"富裕社会"。由于整体经济环境的优化，全球经济增长达到了周期性的最高点，使得众多国家的GDP迅速上升，人均可支配收入增加，国民支付能力普遍提高。

第二，战后世界人口迅速增长，城市化进程加快，旅游需要产生。在战后初期，全世界人口仅约25亿人。到20世纪60年代，已增长到36亿人。在短短的20年中，世界人口增加了44%。世界人口基数的扩大成为战后大众旅游人数增加的基础。战后，几乎在所有的经济发达国家中，农村人口都在不断下降，绝大多数人口聚居在城市，绝大多数劳动者都在从事单调乏味的重复性工作。这些都使得城市居民，特别是劳动就业人员的身心承受着极大的压力。他们需要定期使自己紧张的体力和神经得到放松，从而更向往重返没有城市污染和工业污染的大自然，向往能使人耳目一新的异域环境。人口增长，城市化进程加快，成为战后旅游度假迅速发展的重要心理诱因之一。

第三，交通工具的进步和革新，为旅游创造了更为便利的条件。第二次世界大战结束以来，铁路和轮船虽然在不少国家中仍为人们的重要旅行方式，但就世界范围来讲，特别是在经济发达的工业化国家中，这些传统的旅行方式逐渐为汽车和飞机所代替。在欧美发达国家中，拥有小汽车的家庭比例不断增大，长途公共汽车运营网络也不断扩大和完善，汽车成为人们中、短途外出旅游的主要交通工具。这种旅行方式所具有的自由、方便、灵活等特点自然缩短了人们旅行过程中的时间距离。50年代喷气式飞机的诞生和投入使用，和后来超音速飞机的问世，更推进了现代旅游的发展。它使世界的时空距离大为缩小，使出国旅游、洲际旅游、环球旅游不再是一个梦想，而是可望而可及的现实。交通运输工具的进步，缩短了旅行的时空距离，交通运输工具种类的丰富、数量的增加和性能的完善，使人们外出旅游的安全度、舒适度提高，旅游交通费用减少，越来越多的人开始长距离的国际旅游。

第四，科学技术的突飞猛进，使生产自动化取得长足进步，生产率极大提高，人们的劳动时间得以缩短，可自由支配的闲暇时间有了增加，产生了外出旅游的需求。到60年代以后，很多国家都在不同程度上规定了带薪假期制度，劳动者享有的带薪假期达每年2～6周。这种变化使人们的闲暇活动得以更多地发展，作为闲暇活动重要形式之一的外出旅游也有了时间上的保证。由于劳动者在不减少劳动收入情况下有供自己支配的余暇时间，使更多劳动者加入了旅游者行列，从而使现代旅游具有很强的大众化特征。

第五，各国教育事业的普及和深度发展，提高了人们的文化和审美素养，增加了求知欲。了解异地文化、体验异地风情，开始成为人们的普遍向往。而好奇心的增长，直接诱发了人们的旅游动机，这是实现旅游行为的原生因素之一。

第六，从旅游供给角度，至少还有两项重要因素推动了战后旅游活动的蓬勃发展。一是廉价团体包价旅游的提供和发展；二是很多国家的政府为了发展本国的旅游业，特别是为了吸引和便利国际旅游者来访而采取的支持态度和鼓励措施。例如，支持和参与旅游资源的开发、放宽出入境限制、支持和组织旅游宣传等。

二、现代旅游的主要特点

现代旅游除了具有旅游的一般特征外，还具有自身的某些特征。

（一）旅游发展的持续性

二战后的半个多世纪，现代旅游获得了惊人的高速发展，而且持续不衰。当然，某些国家或地区，在某些时期会因经济危机、恐怖活动、战争爆发、自然灾害、疾病传染等因素导致旅游发展出现一定的波动性，甚至下降或停滞，如非洲部族冲突、中东战争、东南亚金融危机、美国“9·11”恐怖事件和美英伊拉克战争，都给当地旅游业造成致命打击，对全球旅游发展也有阶段性的影响。但是，由于整个世界政治、经济处于和平发展阶段，现代旅游活动始终保持稳定、持续的发展，旅游经济的增长速度远远超过世界经济的增长速度，被誉为是21世纪的朝阳产业。世界旅游组织称旅游业是“世界上最富活力的经济增长点”，是“经久不衰的经济部门”。

（二）旅游活动的普及性

现代旅游活动的普及性，首先是指旅游主体即旅游者范围已经扩展到普通劳动大众群体。第二次世界大战以前，虽然已有一些普通劳动者开始参与近代旅游活动，但旅游者的主体还是占社会少数的富裕人士，旅游活动是一种奢侈性的高消费活动。战后，特别是20世纪60年代以后，这一情况有了根本性的改变。社会劳动生产率的不断提高，国民经济的持续增长，家庭收入、闲暇时间的逐渐增多，使更多的平常百姓有能力参与旅游活动。旅游活动开始成为普通大众人人享有的权利和人类社会基本需要之一。其次，现代旅游普及性是指旅游度假已发展成为人们生活的必要组成部分，成为现代人的一种生活常态和重要的休闲方式。

现代旅游的普及，首先得益于有组织的团体包价旅游的开展。旅游者在旅行社的组织和安排下，依靠各类旅游企业提供的产品和服务，按照预约的时间、路线、活动内容，实现自己的旅游活动计划。由于这种形式既省时、省钱、省力，又很安全，所以旅游活动队伍不断扩大。其次，得益于“奖励旅游”和“社会旅游”的实施。奖励旅游于60年代率先从美国兴起，它被公司、企业作为鼓励员工积极努力工作和表彰成绩卓著者的一个手段，后来很快被跨国公司、组织机构和其他国家企业采用。奖励旅游往往经过精心挑选和安排，大多数都是平时员工没有条件和能力去的地方，这种旅游既是一种荣誉，又是一次难忘的经历，更是激励员工奋发工作的动力。奖励旅游已成为现代旅游的一个重要市场，而且已成为高级旅游市场的一个组成部分；社会旅游是由国家或地方政府、工会、企业或户主所属组织团体提供资助或补助的一种旅游形式，参加者多为经济发达国家的下层劳动群众。针对因生活贫困而难以外出旅游的民众，一些国家规定由政府、机构、单位出资组织他们旅游。社会旅游一般都是有组织地进行，目的地都选择在国内，消费水平相对较低；采取的方法有多种，有的设立度假储金会，有的发放度假补贴，有的减免收费，还有由政府或公司团体资助建造度假村或度假中心。

（三）旅游范围的集中性

科技的发展、交通与通讯工具的进步，尤其是信息时代的到来，使世界的每一个地方都留下了旅游者的脚印。然而，统计资料表明，旅游者并不是均匀地分布在世界各地，而是集中在某些地区、某些国家，甚至还往往集中在某些景点。由于旅游资源吸引力的不同和地理分布的差异，客观上形成了旅游者的流量、流向的相对集中性，即旅游者集中在某些国家或地区、某些旅游城市乃至某些旅游线路和景点活动，致使一些国家、地区成为旅游热点、热线。根据世界旅游组织资料统计显示，欧美地区在现代旅游中一直居于主导地位。

（四）旅游产品的多样性

经济的发展、社会的进步，使人们的消费观念逐渐发生转变。人们以新的视野、新的思路来审视和认识旅游活动，而不再抱着传统观念不放。旅游作为经济与文化的互动，引发了旅游与商业设施的结合、旅游与环境发展的结合、旅游与高科技的结合等一系列的旅游新概念，旅游的需求也越来越多样化。人们从传统的“景点＋观光”、“景点＋饭店”之类的自然风光旅游，逐渐转向度假型的休闲旅游。20世纪末，为了满足旅游者不断增长的需要，旅游产品开发趋于多样化。同时，诸如绿色旅游、生态旅游、农业旅游、森林旅游、修学旅游、寻根旅游等专项（主题）型旅游活动也越来越受人们青睐；新兴的体育健康旅游、休闲娱乐享受旅游和探险、斗兽等刺激性旅游产品层出不穷，旅游活动的内涵得到了扩展和丰富。

(五)旅游时间的季节性

现代旅游活动的季节性是指大众旅游者活动时间的分布上具有不均衡性,导致旅游市场出现明显的淡旺季差异。在旅游经营中,人们一般把一年中旅游者来访人数(或某地人口中外出旅游的人数)明显增多的时期称为旺季,明显减少的时期称为淡季,其他时期称为平季。旅游活动季节性的变化在任何国家或地区以及旅游景区都是普遍存在的。旅游季节性形成的因素来自旅游目的地与旅游客源地两方面。就旅游目的地而言,主要是该地的气候条件即季节变化(这一因素对以自然资源为主要吸引物的国家或地区表现得尤为明显),或者是目的地动态的旅游吸引因素,如重大节庆活动等;在旅游客源地,最主要的因素是旅游者出游目的和带薪假期。当消遣性旅游、度假休闲型旅游在旅游市场中占较大比例时,这一季节性特点更为突出。当然,对商务旅游者来说,季节性就不那么明显了。然而,就全球范围来看,旅游活动又具有明显的不间断性,即季节性差异在缩小。一方面,家庭事务型旅游和传统节日旅游,较少受季节性的影响,而且商务旅游占据旅游市场的份额呈逐渐上升趋势;另一方面,随着社会进步、经济发展和收入提高,外出旅游休闲已经成为人们生活的常态,第二假期、分期度假等分散带薪假期形式的出现,以及旅游目的国或地区采取积极措施使旅游"淡季不淡",即所谓的"削峰填谷"(削减旅游旺季的流量,使之流向淡季和平季)或"填谷不削峰",促使旅游活动在全球范围内长期处于不间断的状态。

(六)旅游经营的集团化

为适应旅游业高速发展的需要,也为了在旅游市场上加强竞争实力,一些旅游企业尤其是大型的旅游企业与公司,不仅在行业内与其他企业实现联合,而且还组建跨行业、跨国界的企业,实行集团化的经营。在饭店业,出现了饭店连锁集团和饭店合作集团;在旅行社行业,则有世界著名的卡尔森和瓦根里特两家大旅游公司的洲际联合;而跨国企业比比皆是,如喜来登集团、假日集团、希尔顿集团、麦当劳公司、迪斯尼公司等。这种合作联盟和合并的目的是进一步扩展企业自己的业务网络,为旅游者提供更完善的服务。集团化经营可以说是战后现代旅游业发展的方向。

(七)旅游模式的多样化

现代大众旅游是从规范化的团体包价旅游开始起步的,而且这种规范化的旅游活动模式,在相当长的时间内占有支配地位。同时,它也成为20世纪旅游业发展的主导模式,推动了现代旅游活动的快速发展。规范化的大众旅游活动模式,因手续简便、价格低廉、方便易行、安全系数高等特点成为人们出游的首选。旅行社依据旅游市场的需求特点,以及所拥有的旅游资源、旅游设施情况,事先设计、组织、编排旅游活动项目,向社会推出包揽一切有关旅游服务工作、并以总价格的形式一次性收取费用的旅游产品，然后组织旅游者按照预定的时间、线路、活动内容，有计划地进行旅游活动。但是，随着旅游者旅游经验的积累和旅游目的地的成熟，这种组团缺乏灵活性、产品无差别的大众旅游模式，开始被高自由度、多样化、个性化的散客旅游、自助旅游等形式所取代。

(八)旅游影响的多元化

现代旅游活动是一种以大规模的人员流动为特征，普及于全世界各地的社会化活动，它必将给旅游接待国(地区)、旅游客源产生国(地区)的社会、经济、文化、环境等方面发展带来积极或消极的多元影响。

三、中国的现代旅游

1949 年新中国成立后，由于国内和国际的经济、政治等各种原因，旅游没有发展的条件，在“文化大革命”时期，更不具有旅游发展的可能。实际上，我国现代旅游的发展是从 1978 年后正式开始的。尤其是 20 世纪 90 年代以来，中国旅游业进入了一个新的发展时期。旅游业不仅成为发展最快、产出较高的产业，而且成为国民经济新的增长点。

我国旅游业取得的巨大成就，具体表现在以下几个方面：

第一，健全和完善了各级旅游管理机构，从中央到地方形成了一整套管理体制。1982 年 8 月 23 日，中国旅行游览事业总局改建为中华人民共和国国家旅游局，各省、市、自治区也相应成立了旅游局，以加强对全国旅游业统一领导，更有效地贯彻党中央和国务院有关发展旅游业的一系列方针政策。

第二，经营体制多元化，竞争机制增强。80 年代开始，旅游业和国内其他行业一样，经营体制由原来的国家经营逐渐转向多元化经营，出现了以国有旅游企业为主导，集体企业、中外合资企业、中外合作经营企业、独资企业、私有企业等多种形式并存的竞争态势，极大地调动了各个方面的积极性，同时加快了旅游业的发展步伐。

第三，实行政企分开。新中国成立以来，旅游行业一直扮演着政府部门外事接待工作的角色。1984 年 10 月，中国国际旅行社等真正成为国有企业单位。旅游业实现了从事业型向企业经营型的转变。通过扩大企业自主权，推行责任制，提高了企业经营的积极性，同时也提高了旅游企业总体经营管理水平。

第四，产业规模不断扩大，形成全国旅游市场网络。自改革开放至今，旅游供给全面增长，旅游生产力得到全面快速发展，配套设施明显改善。这一时期，旅游者大量增加，使得旅行社快速发展起来。同时，我国旅游业的迅速发展，与旅游饭店建设迅速发展是密不可分的。各级旅游管理部门在发展旅游业中也注意了加快旅游涉外饭店的建设。

我国旅游交通运输业的发展也相当迅速。民航已形成以枢纽航线为主、城市航线为辅的航线结构;铁路部门为适应我国旅游事业蓬勃发展的需要,积极采取措施,努力增加旅游专线和旅游专列,而且形式多样。铁路运输经过几次提速,运行速度大大加快;旅游餐饮、旅游娱乐、旅游购物也在旅游需求刺激下,在数量和质量上都有增加和提高。

第五,旅游人才的培养方面成绩显著。当代旅游业的迅速发展,对旅游行业从业人员的素质提出了更高的要求,为了有计划、有组织地培养人才,上海旅游高等专科学校、北京旅游学院率先以独立的旅游院校形式开始了我国的高等旅游教育。同时,南开大学、西北大学和杭州大学等,也设立了旅游系(专业)。此后,受蓬勃发展的旅游产业吸引和国家政策的鼓励,大量院校开始兴办旅游专业。

我国现已被公认为世界上旅游业发展最快的国家,在二十多年中实现了从旅游资源大国向旅游经济大国的历史性跨越,跻身于世界旅游十大接待国和十大创汇国行列。

思考与练习

1. 列举你所知道的古代旅游活动的典型例子。
2. 托马斯·库克的贡献主要有哪些?
3. 现代旅游的主要特征在我国有何体现?

第二章　旅游活动的主体

本章提要

在旅游活动三大要素中，旅游者是其中的主体，决定着旅游活动的规模和构成。旅游者的形成有着相当多的条件和制约因素，其中尤以可自由支配的收入、闲暇时间和旅游动机最为重要。当这些条件成熟后，旅游者会遵循一定的运行范式从事旅游活动，根据各自不同的兴趣爱好和需要形成不同的旅游类型，组成不同的旅游客源市场，并呈现出较为普遍的客流规律。

第一节　旅游者的概念

旅游是人的活动，是人类社会实践活动的一部分。可以说，没有旅游者就没有旅游活动，更不能使旅游活动发展成为社会现象，更谈不上有旅游业了。因此，作为旅游者的人是旅游活动的主体。

旅游主体的概念有广义与狭义之分，狭义的旅游主体是指旅游者。而广义的旅游主体则是所有参与旅游活动的、并起重要作用的人的总称，包括旅游者、旅游管理者、旅游资源开发商、旅游业从业人员、旅游经销商、旅游批发商等，都属于旅游主体的范畴。但是，对于旅游业的发展起到较大作用的主要还是旅游者，因此,本书中的旅游主体特指旅游者。

如果从抽象的理论角度给旅游者下个定义,那就是:不是出于谋生或移民目的,离家外出到异国他乡旅行的人。但这一定义对政府有关部门和旅游行业来说,无法借以统计和研究,还必须要有一个技术性强、可操作的定义。半个多世纪来,许多国际组织和国家的有关部门作了大量努力,以求有一个为大多数国家所认同并可操作的定义。

一、国际旅游者的定义

最早有关国际旅游者的定义是在 1937 年由临时国际联盟统计专家委员会(the Committee of Statistic Experts of the Short-lived League of Nations)提出的。该委员会把旅游者定义为"离开定居国到其他国家访问旅行超过 24 小时的人"。并将下列几种人列入旅游者:

(1)为了消遣、家庭事务及身体健康方面原因而外出旅行的人;

(2)为出席会议或作为公务代表而出国旅行的人,包括科学、管理、外交、宗教、体育等会议或公务;

(3)为工商业务原因而出国旅行的人;

(4)在航海沿途停靠,即使停留时间不足 24 小时的人。

不能列入旅游者的人员为:

(1)抵达某一国家担任某一职业,不管其本人是否签有合同,或者从事商业活动者;

(2)到国外定居者;

(3)到国外学习,膳宿在校的学生;

(4)凡属边境地区居民及落户定居而又越过边界去另一国家工作的人;

(5)临时过境而不停留的旅行者,即使在境内时间超过 24 小时者。

国际联盟统计专家委员会的这一定义,对旅游统计、市场研究与推销,以及战后国际旅游业的发展起了重要作用,但显然有其不完善之处,如不适用国内旅游者,定义内涵过于宽泛等。

1950 年,世界旅游组织的前身——国际官方旅游组织联盟(the International Union of Office Travel Organizations,简称为 IUOTO)对上述定义做了修改,包括将以休学的形式旅游的学生视为旅游者,以及界定了一个新的旅游者类型"International Excursionists"(通常译为"短途国际旅游者")。

1963 年,联合国在意大利罗马召开国际旅行和旅游会议,即罗马会议。因统计工作需要,会议提出采用"游客"(visitor)这一总体概念,下分两类,一类是过夜的旅游者,称为"旅游者"(tourist),另一类是不过夜的当日往返的旅游者,称为“短程游览者”(excursionist)。具体定义为:游客,指除为获得有报酬的职业外,基于任何原因到一个非常住国去访问的人。包括:(1)旅游者,指到一个国家进行短期访问,停留时间至少24小时的游客。其目的可以是:①消遣(包括娱乐、度假、疗养、保健、学习、宗教、体育运动);②工商业务、探亲、公务出差、会议。(2)短程游览者,指到一个国家作短期访问,停留时间不足24小时的游客(包括乘船旅行者)。(简称罗马定义)。

1968年,联合国统计委员会和国际官方旅游组织联盟先后正式通过罗马定义。

在1976年联合国统计委员会召开的有世界旅游组织以及其他国际组织代表参加的会议上,进一步明确了游客、旅游者和短途旅行者的技术性定义,成为世界大多数国家使用的旅游者定义并具体应用于旅游者统计工作。其具体内容如下:

国际游客指到一个国家并且其目的符合下列条件的人:

(1)出于娱乐、医疗、宗教、探亲、体育运动、会议、学习或过境的目的而访问他国的人;

(2)中途停留在该国的外国轮船或飞机乘客;

(3)逗留时间不到一年的外国商业或企业人员,包括安装机器设备的技术人员;

(4)国际团体雇用不超过一年或回国短暂停留的侨民。

下列人员不属于游客:

(1)为移民或获得一个职业而进入其他国家的人;

(2)以外交官或军事人员身份访问该国的人;

(3)上述人员的随从;

(4)避难者、流浪者或边境往来工作人员;

(5)逗留时间超过一年的人。

国际游客又分为国际旅游者和国际短途旅游者两类。前者指在目的地国家的接待设施中度过至少1夜的游客。后者是指利用目的地国家的接待设施少于1夜的游客。国际短途游客包括那些居留在巡游船上仅上岸游览的乘客,但不包括那些虽落脚于他国但未在法律意义上进入该国的过境乘客(如乘飞机在某国中转的乘客)。

1991年6月,世界旅游组织在加拿大召开了“旅游统计国际大会”。世界各国的旅游专家、学者经过三天的讨论,完成了《旅游统计国际大会建议书》。该书对旅游的定义和其他一些基本概念重新统一了认识:旅游是指一个人旅行到他(或她)通常环境以外的地方,时间少于一段指定的时段,主要目的不是为了在所访问的国家或地区获得经济效益的活动。“通常环境”排除了那些在居住地以内的旅行和日常休闲;“少于一段指定的时段”则排除了长久居留行为。因此把这种人们离开居住地,在所访问地停留时间超过 24 小时的旅行、游览行为称为旅游活动(tourism),从事该活动的人被称为旅游者(tourist)。

需要特别说明的是,在我国,对出入境旅游者的界定有特殊情况。从严格意义上讲,无论是港澳台地区的居民前来大陆地区旅游,还是大陆地区居民赴港澳台地区访问,都不应属国际旅游者。但是在目前台湾同祖国尚未统一,香港、澳门虽已回归,但作为特别行政区实行高度自治的情况下,特别是考虑港澳台同胞来大陆旅游时需交付外币以及这些外汇收入对大陆地区经济的意义,所以迄今为止,港澳台同胞来大陆地区旅游仍被视为入境旅游者。出于类似原因,我国大陆地区的居民前往港澳台地区访问亦被列为出境旅游者。虽然近些年来,我国有关部门在港澳台同胞来大陆旅游问题上避开了“国际”一词而采用了“海外”的说法,但在对外宣传中,例如在《中国旅游统计年鉴》中,“海外”游客的英译实际仍表述为“国际”游客。

目前在我国来华旅游人次统计方面,界定如下:

凡纳入我国旅游统计的来华旅游入境人员统称为(来华)海外游客。

海外游客是指来我国大陆观光、度假、探亲访友、就医疗养、购物、参加会议或从事经济、文化、体育、宗教活动的外国人、华侨、港澳台同胞。在这一界定中:

华侨指持有中国护照但侨居外国的中国同胞;

港澳台同胞指居住在我国香港、澳门地区和台湾省的中国同胞。

来华海外游客是指因上述原因或目的,离开其长住国(或地区)到我国大陆访问,连续停留时间不超过 12 个月,并且在我国大陆活动的主要目的不是通过所从事的活动获取报酬的人。其中,长住国(或地区)是指一个人在近一年的大部分时间所居住的国家(或地区),或者虽然在这一国家(或地区)只居住了较短时间,但在 12 个月内仍将返回的这一国家(或地区)。

按照在我国大陆访问期间停留时间的差别,海外游客划分为以下两类:

1.海外旅游者,即在我国大陆旅游住宿设施内停留至少一夜的海外游客,又称为过夜游客。

2.海外一日游游客,即未在我国大陆旅游住宿设施内过夜,而是当日往返的海外游客,又称为不过夜游客。

下列人员不属于海外游客:

(1)应邀来华访问的政府部长以上官员及随从人员;

(2)外国驻华使、领馆官员、外交人员及随行的家庭服务人员和受赡养者;

(3)在我国驻期已达一年以上的外国专家、留学生、记者、商务机构人员等;

(4)乘坐国际航班过境,不需要通过护照检查进入我国口岸的中转旅客;

(5)边境地区(因日常工作和生活而出入境)往来的边民;

(6)回大陆定居的华侨、港澳台同胞;

(7)已经在我国大陆定居的外国人和原已出境又返回我国大陆定居的外国侨民;

(8)归国的我国出国人员。

二、国内旅游者的定义

对于国内旅游者的定义目前尚不完全统一。各国在参照世界旅游组织所提供的国内旅游者定义的基础上,针对本国情况又分别给出了自己的定义。

世界旅游组织认为:国内旅游者是指在本国某一目的地旅行超过 24 小时而少于一年的人,其目的是休闲、度假、运动、商务、会议、学习、探亲访友、保健或宗教。与对国际游客所做的划分类似,国内游客也被区别为国内旅游者和国内短途旅游者。国内短途旅游者是指基于以上任一目的并在目的地逗留不足 24 小时的人。

北美的美国和加拿大是以出行距离为标准来区别是否属于国内旅游者的。如美国国家旅游资源评价委员会用至少 80 千米(单程)作为衡量是否为国内旅游者的临界尺度,而美国旅游数据资料中心和美国人口普查局则坚持用至少 160 千米的标准。加拿大统计局和加拿大旅游局在旅游调查中,使用了最小距离为 80 千米的标准,但有些省份也在使用自己确定的标准,如安大略省用 40 千米。另外,值得注意的是,所有这些定义多数只强调旅游距离的远近而不考虑逗留时间的长短。

与北美国家不同,以英、法等国为代表的一些欧洲国家,在判断是否属于国内旅游者时所采用的标准不是出行距离,而是在异地逗留的时间长度。例如,英国旅游局在每年一度的旅游调查中,将国内旅游者定义为:基于上下班以外的任何原因,离开居住地外出旅行过夜至少一次的人。而法国旅游总署的定义则是:凡因以下原因离开自己的主要居所,外出旅行超过 24 小时,但不超过 4 个月的人均可视为国内旅游者。属于旅游者的出行原因是:消遣(周末度假或假期);健康(温泉浴或海水浴治疗);出差或参加各种形式的会议(体育比赛活动、讨论会、朝圣或代表大会等);商务旅行;改变课堂教学的休学旅行(如海上课程或滑雪课程)。相应地,下列人员不属于国内旅游者:外出活动不超过 24 小时的人;不论是否有劳动合同,凡前往某地是为了就职、就业或从事职业活动的人员;到某地区定居的人员;在寄宿学校或一般学校读书的学生或现役军人;到某一医疗单位治疗或疗养的人员;在各自应享有的规定假期内,为家庭事务(疾病或死亡)而探亲访友的人员。

中国国家统计局对国内游客的界定是：国内游客是指为休闲、娱乐、观光、度假、探亲访友、就医疗养、购物、参加会议或从事经济、文化、体育、宗教活动而离开长住地到我国境内其他地方访问连续停留时间不超过6个月，并且在其他地方的主要目的不是通过所从事的活动获取报酬的人。国内游客包括在我国境内长住一年以上的外国人、华侨、港澳台同胞。

国内游客分为两类，国内旅游者和国内一日游游客。国内旅游者是指我国大陆居民离开常住地在境内其他地方的旅游住宿设施内至少停留一夜，最长不超过6个月的国内游客；国内一日游游客是指我国大陆居民离开常住地10千米以上，出游时间超过6小时，不超过24小时，并未在境内其他地方的旅游住宿设施过夜的国内游客。同时规定，下列人员不在国内游客统计之列：

(1)到各地巡视工作的部以上领导；

(2)驻外地办事机构的临时工作人员；

(3)调遣的武装人员；

(4)到外地学习的学生；

(5)到基层锻炼的干部；

(6)到境内其他地区定居的人员；

(7)无固定居住地的无业游民。

从这个定义我们不难看出，该定义所界定的国内游客标准与罗马定义所采用的标准基本是一致的。实际上，国内旅游与国际旅游的本质区别就在于是否跨国界，除此之外并没有其他的重要差异。因此，对国内游客没有必要再进行新的定义，即使在需要根据国情另定义的情况下，也应参照罗马定义，以求国际间统计数字的可比性。

第二节　旅游者的形成条件

旅游，是人们为求知、享受、自我陶冶等目的而到他乡异国旅行的行为。旅游是一种比较特殊的、比较高级的消费。所以，旅游消费者的产生有别于一般商品的消费者。旅游行为的产生，是外部旅游条件和旅游者内部心理因素相互作用的结果。旅游行为的主体是旅游者，他们的产生既取决于旅游者所具有的客观条件，又取决于旅游者本人的主观条件。

旅游者产生的客观条件涉及到社会生活的各个方面，但最直接的客观条件是可自由支配收入和闲暇时间。

一、可自由支配收入

一个国家的旅游需求是否产生，受该国经济水平等因素的影响。旅游是一种社会经济现象，是建立在经济收入基础之上的活动。因此，某一国家或地区的富裕程度和经济发展水平往往就成为其是否能够产生旅游者的首要条件。但经济水平和富裕程度并非全部反映在旅游活动中。所以，确切地说，是其可自由支配收入在影响着旅游的需求。

通常，一个人的消费支出可分为日常生活(衣、食、住、行等)必备支出、纳税及社会消费(如健康人寿保险、老年退休金、失业补贴的预支等)等。可自由支配收入是指一年总收入扣除掉上述部分后剩余的部分。这部分开支是能够由个人意愿所自由支配的。可自由支配收入越多，人们选择旅游的可能性越大，二者成正相关关系。

首先，可自由支配收入的多少与一个国家或地区的社会生产力水平有着直接的关系，社会生产力水平越高，社会总财富越多，人均国民生产总值也越多，其所支配的收入也越多。

其次，可自由支配收入的多少与人所处的年龄阶段有较大联系。少年时期不创造财富，其出游消费主要是靠父母；年轻人，尤其是有了较好的工作但还未养育子女的人群出游能力较高；中年人中有一部分人家庭负担较重，上有父母，下有子女，往往不太愿意过多旅游；退休后的人群是一个出游能力较高的群体。

再次，不同国家的传统生活方式也会对可自由支配收入的多少产生影响，例如，美国青年在成人后都要离开家庭独立生活，购买房屋、汽车等，生活支出较大。

最后，“基本开支”在中西方有不同的标准，可参照“恩格尔系数”(指一个家庭收入中用于基本生活支出的比例系数)，系数越低(小)，说明可自由支配收入水平越高，旅游者越多，出游距离越远，消费越大。1986 年，中国该系数为 50%左右，日、美等国约为 25%。因而，西方发达国家公民能出国旅游，犹如中国公民能出省旅游。

总之，可自由支配收入的多少是决定一个人是否能成为旅游者的必要物质条件。研究表明：当一个国家或地区家庭的收入不足于购买生活必需品时，该家庭很少会出外旅游；但其收入超过这一临界点，则该家庭用于旅游的消费就会逐步增长。当然，这一收入临界在各国并不相同。在 20 世纪 80 年代初的美国，这一临界收入约为年收入 15000 美元。美国人口统计局、美国旅游资料中心以及很多市场调研公司的调查结果都表明，人们外出旅游与家庭收入水平有着直接的关系。例如，在美国，年收入在15000美元以上的家庭外出旅游的可能性，比年收入低于这一水平的家庭大两倍。此外，收入水平不仅影响着人们的旅游消费水平，而且会影响到人们的旅游消费构成。例如家庭富有的旅游者会在食、宿、购、娱等方面花较多的钱，从而使交通费用在其全部旅游消费中所占的比例减小；而在经济条件次之的旅游者消费构成中，交通费用所占的比例肯定较前者为大。其原因在于食、宿、购、娱等方面节省开支比较容易，相比之下要想在交通代步方面省钱则较为困难。

当然，对于各类公费旅游者、奖励旅游和社会旅游的参加者来说，由于其费用报销或享受资助或补贴的缘故，个人或家庭的收入水平则不再是构成实现旅游活动的必要条件。

二、闲暇时间

闲暇时间是旅游者产生的另一个条件。一般讲，人的时间可以划分为六个部分：

(1)用于满足人的生理活动时间，如吃饭、睡眠等。

(2)必要的生计(工作)时间。

(3)用于家务或杂事等时间。

(4)用于如购物、加班、处理不可预知的突发事件等的时间。

(5)用于社会交际活动的时间。

(6)完全由个人意愿支配，不受其他条件制约的时间——闲暇时间。

在上述时间中，只有闲暇时间对于旅游是有意义的时间。相对于“可自由支配的收入”而言，闲暇时间也称“可自由支配的时间”，通常指扣除正常工作、生活、家务、社交以外时间。在联合国专门颁发的《消遣宪章》中，认为“闲暇使人们能够放松身体，欣赏艺术和自然，丰富了人类生活，找到了作为社会成员的价值”。

闲暇时间又可继续划分为零碎的每日闲暇时间、每周的周末公休时间、公共假日时间、带薪假期时间、其他法定的休息时间等。每日的闲暇时间产生得最多，但这部分时间较为零散和不确定，虽然可以用于娱乐和休息，却不能用于旅游活动。相比较而言，周末公休时间和公共假日的时间段较长，是完全可以进行旅游的时间。带薪假期时间是目前大多数经济发达国家规定的对就业员工实行的带薪休假制度。带薪假期较长，又有相应经济支持，因此是进行旅游的绝好时机。国际上有很多国家都实行了带薪休假制度(见表3-1)。我国的香港和台湾地区也有带薪休假的相应规定。带薪休假制有利于提升人们的休闲品质、灵活安排个人休假时间、保护旅游资源和生态环境，是一件利国利民的好事。其他的法定休息时间主要指从事某些行业的人群，如教师、海员、部分铁路或航空工作人员，这些人员在某一段时间会有较长的休闲时间，可以用来进行旅游活动。

表 3-1　欧洲共同体各国的休息日及带薪假期状况

国别	休息天数	带薪假期天数	
		法律规定	团体协议
比利时	10 天	24 天	团体协议
丹麦	9 天(无法定假日)	30 天	—
德国	10 天～14 天	18 天	5 周～6 周
希腊	13 天	24 天	—
西班牙	14 天	30 天	—
冰岛	8 天	3 周	4 周
意大利	4 天(国家法定)11 天(其他规定)	无天数规定	5 周～6 周
荷兰	6 天+1 天(5 年 1 次)	4 周	5 周～6 周
葡萄牙	12 天	21 天～30 天	—
英国	无法定假日，英格兰惯例为 8 天	无法律规定	20 天～27 天
卢森堡	10 天	25 天	26 天～28 天
法国	11 天	30 天(其中 12 天为连休)	—

旅游活动需要一定数量并且集中的闲暇时间。因此，闲暇时间的长短制约了旅游者产生的可能。闲暇时间越长，可能进行旅游的机会就越多。于是，闲暇时间的产生和延长就成为旅游业发展的必要条件。闲暇时间的长短与社会生产力水平有着直接的关系。社会生产力水平的提高，可以缩短社会必要劳动时间，从而缩短个人的谋生时间和家务劳动时间，增加闲暇时间。

现在除发达国家对就业职工实行带薪休假制度外，亚洲、拉丁美洲等一些发展中国家也积极推行带薪休假制度。亚洲国家有的通过法律规定带薪假期，如韩国、泰国等规定企业与雇员之间存在一年以上雇佣关系的，必须提供 6 天以上休假。劳动时间的普遍缩短，带薪休假的普遍实行，使劳动大众获得了外出旅游的时间保障，也是大众旅游能够兴起和发展的最根本条件之一。20 世纪 60 年代以后，越来越多的人利用假期选择出行，摆脱工业化进程给人带来的压力和压抑，追求阳光、蓝天、空气、沙滩、海水。正因为如此，旅游业在短短几十年中成为成长最快的产业。

三、旅游动机

如果说，可自由支配收入和闲暇时间是旅游者形成的主要客观条件，那么，旅游动机是旅游者形成的主要主观条件。所谓旅游动机，是指推动人们参加旅游活动的内在动力和原因。在旅游者形成过程中,旅游动机的作用主要是:对旅游行为的启动;对旅游过程的规范;影响旅游行为的变化。

(一)旅游动机的成因和类型

通俗地讲,人类天生具有好奇心,寻找新的感受是在基本需要(生存、安全)得到满足之后的必然要求。心理学家认为,人的各种活动都是由动机引起的,动机支配着人的行为。因此,总有一种驱动力在激发人们进行旅游活动,这种驱动力就是旅游、地理、心理等专业的众多学者所研究的旅游动机问题。到底是什么力量在驱使旅游者产生大规模的空间移动,旅游需求的产生来源于什么,人们出于什么样的目的进行旅游活动,为什么有一些人收入相当高却不愿意出去进行旅游活动,旅游活动的激发是否与人的性情有关等问题,是目前旅游动机研究的焦点。

关于旅游动机,不同学者提出了不同的旅游主体空间行为动机理论,主要有:

1.亚伯拉罕·马斯洛的人类需求层次学说。动机是激励人去行动以达到一定目的的内在原因。动机产生于人的需要,人为了满足或实现某种需要就产生了行为的动机。旅游动机研究理论基础是人类需求层次学说,是由美国著名心理学家亚伯拉罕·马斯洛(Abraham Maslow)提出的。他将人的需求分为五个层次:第一、基本的生理需要,是人类最基本的需求,如衣、食、住、行等,也是最低层次的需求;第二,安全的需要,在满足基本需求的同时,人类希望自身能够不受到伤害,生活能够有保障,处于一种安全的状况;第三,社会的需要。人类希望得到感情交流,得到爱,需要有归宿感。第四,尊重感的需要,需要尊重别人,也同时能够被别人和社会所尊重;第五,自我实现的需要。当一些低层次的需求满足后,"人为什么活着"就成为人类经常思考的问题。人们出于对人生的看法,希望实现对理想的追求,这种需求是最高层次的需要。

马斯洛认为,上述五个层次的需求水平是逐个上升的,当较低层次的需求满足后,就产生高一级的需求。在这五个层次中,后两种的需求可用于解释旅游动机的产生机制,前三种相对来讲作用较小。人们在物质水平达到一定程度后,就会去追求高层次的、享受性的精神生活。人们在旅游的过程中满足自己,升华自己,从而敬重和尊重人生自我价值的实现。但是,有的学者对此种说法产生疑义,认为在人生需求的不同阶段都可能产生旅游的动机。比如,有一些并不富裕的人骑自行车到离家较近的旅游地游玩,不用花费很多的金钱,也很难说就是为了理想。再比如,炫耀自己到过某些地方旅游,可以短时间地受到人们的羡慕,但威望和受尊重程度往往需要人们长时间的接触了解才会获得。

2.麦金托什的旅游动机论。美国著名旅游学教授罗伯特·麦金托什提出,旅游动机可以划分为四种基本类型:①身体健康方面的动机。希望获得健康的身体,在旅游中通过身体的活动得到精神的放松,以此消除紧张、烦躁的心理,包括度假、登山、医疗、休闲、体育活动、娱乐活动等。②文化方面的动机。了解欣赏异地文化,进行文化交流,具有较强的求知性,包括舞蹈、音乐、工艺品、语言、风俗习惯、宗教、武术、绘画、艺术等。③交际方面的动机。希望接触他人,摆脱日常生活的压力和家庭事务的繁杂,包括探亲访友,在异地结识新朋友。④地位和声望的动机。关系到个人成就和个人发展,如会议、考察、出差、求学等。

其实,人们外出旅游往往是多方面的动机叠加在一起,相互掺杂,很少有人只为其中一个动机就外出。

(二)影响旅游动机的主要因素

1.个性心理特征。通常情况下,外向型的人多为活泼好动、热情直爽之人,容易流露自己的感情,具有较强的冒险和开拓精神,更倾向于进行旅游活动;内向型性格的人不爱交际,安静稳重,办事小心谨慎,经常反复思考同一问题,更倾向于保守,进行旅游的兴趣低于外向型者。即使出去旅游,也大多选择活动量较小,自己熟悉的旅游地。而大部分旅游者是混合型的心理,对旅游设施的需求主要是:安全、舒适、准时、卫生、价格合理。对旅游区的需求主要是:知识性、刺激性、美感、娱乐性、参与性等。如果这些需求在准备阶段得不到保证,就较少产生旅游动机。如果这些需求在旅游过程中得不到满足,就会影响到下次出游动机,并形成较差“口碑”。

2.感知环境。人们旅游动机是多种多样的,而地理环境的差异是人们进行观光旅游的主要动机,人们期望了解与自己居住有差异的地方的环境。但是,宏观环境差异并不能直接影响人们的旅游动机,直接影响旅游行为的因素是感知环境的差异。

人们在进行旅游决策时,通过各种渠道搜集相关的旅游信息,并把各种信息摄入到脑中,形成对外界环境的整体印象,这就是感知环境。人们在选择旅游地时,受感知环境的差异影响和限制。感知环境差异强烈的地方,容易引起旅游者的购买欲望,从而产生购买行为。相反,没有被旅游者摄入脑中、感知印象薄弱的旅游地,即使具有较高的旅游价值,往往也提不起旅游者的兴趣,在决策过程中较易被淘汰。影响感知环境强烈、大小的因素主要包括旅游地的知名度和感知距离等因素。

3.最大效益原则。人们在做旅游决策时,倾向于追求在资金和闲暇时间限制下的最大旅游效益。主要表现为:拥有足够的信息收集量并得出最小的旅游时间比。严格说来,人们追求最大旅游效益永远是只能满意而不是最优的。

4.旅游偏好。旅游者具有一些共同的心理特征和需求,但具体到每个人身上,必然存在着差异。在兴趣、能力、气质和性格上的不同必然在对旅游地的选择上显示出来。旅游的偏好,可以从年龄、职业、学历等方面进行分析。

(1)年龄:人生阶段的不同,会影响旅游者的产生。一般来讲,具有自主行为和一定经济来源的中青年较易选择旅游活动。据统计,在不同年龄的阶段中,中青年游客占到整个旅游者的50%以上。老年人的出游主要取决于他们的身体能否适应旅游过程中的颠簸和频繁的流动,若身体状况不成为限制性因素的话,老年旅游者的市场潜力是较大的,他们有充足的时间和一定的财力,具有旅游的充分条件。当然,我国老年人群虽然退休后有经济保障,但是出于中国传统家庭观念的影响,更多的老年人把精力和金钱花费在下一辈上,所以老年旅游者数量偏少。

(2)性别:不同国度,不同时代,男女的社会、经济、个人能力有差异,外出旅游动机也有所不同。通常,热衷于冒险的男性更易于产生旅游者,女性次之。在旅游活动中,不仅女性旅游者所占的比例要低于男性旅游者,而且,女性旅游者所参加的范围也是较窄的。原因如下:一是来自于社会角色的认同。从社会角色角度来看,男性从事的工作和职业较为广泛,接触面很宽,其所承受的社会压力也较大,他们更倾向于进行旅游活动来放松身心。同时,社会大环境也为男性的出游提供了大量的条件。而女性除了工作之外,则承担更多的家务、照顾老人和孩子等。即使是双休日等假期,女性的休闲时间也远不如男性多;二是男女双方的特点和差异所致。男性较强壮,愿意参加各种活动,女性较为弱小,即使出去旅游,也偏爱于浏览风景、购物等旅游活动。男女性别的差异造成休闲方式也有差别,例如日常生活中最为常见的、大多数女性去逛商场就是一种休闲和享受的放松方式,而大多数男性都认为是受罪。

(3)教育:正常情况下,受教育多者欣赏水平较高,旅游动机产生的几率高,当然,对旅游目的地的要求也较高。

(4)民族与地区:世界范围内,阿拉伯、犹太人以经商周游世界而闻名;西、南、北欧沿海国家居民以航海探险为乐;印度、巴基斯坦、大部分中国人以安居乐业为上,不大愿意离开家乡;但中国东南沿海地区的居民,善于周转于国内各地,当然大都以经济活动为主要目的。

(5)宗教:指宗教朝圣旅游动机,不同的宗教信徒以各自教义的规定为内在动力,每年或一生中数次前往各自心目中的圣地,但也有不少香客仅为“发财消灾”。

5.身体状况。旅游者个人的身体状况也在一定程度上影响旅游者的产生。通常,身体好的人更易于选择旅游活动;反之则难于成行。外出旅游虽然是一种精神和身体的享受,但也要有一定的身体条件作为保证,因为各项旅游活动都需要旅游者亲身参与。既然是旅游，到了景区，每个景点都要看，整个游览过程下来，要消耗大量的精力和体力。如果是长线旅游，旅游者更要长时间奔波于旅游地和旅游景点之间。因此，身体不好的游客很难胜任。旅游结束后，如果没有得到美的享受，只是疲于奔命，走马观花，反而不如在家里休闲，那就显得得不偿失了。因此，不能胜任正常活动的人，即使有时间和充裕的经济条件，也是不能外出进行旅游的。

6. 生活观念和生活方式的转变。随着科技的进步，人们的生活方式和生活观念都在发生着日新月异的变化，越来越多的人把旅游活动看成是生活中的一部分。他们渴望恢复由于工作单调、枯燥、紧张而受到影响的身心健康，更愿意选择旅游活动来放松身心，回归自然，所以生态旅游等旅游方式受到更多人的青睐。据调查，德国人参加旅游的第一动机就是借以自我松弛，以消除工作的紧张状态。

(三)旅游动机的激发和引导

旅游动机是人的旅游需要的一种期盼，是人的旅游行为所要追求的预期结果在头脑中的一种超前反映。动机作为旅游活动的先导，它能够诱发人产生旅游行为，决定人的旅游行为方向。既然人们有旅游的需求，就要不断地激发旅游活动的动机，使人们产生进行旅游活动的强烈兴趣。

1. 旅游需要的培育。心理学认为，人有了需要和动机才会有行动。因此，培育人的旅游需要，激发其不甚强烈或潜在的旅游动机，可以大大拓宽旅游市场。有的人具有旅游动机，却苦于不知在众多的旅游地中该选择什么类型而放弃旅游。另有一部分人的旅游动机不强烈，需求什么有时候自己都搞不懂。还有一部分人观念还相应较为落后，认为旅游是败家、乱花钱的表现。因此，必须通过创造好的项目和环境，引领旅游潮流来培养人们的旅游需求。如加强旅游者的感知印象，提高目的地的知名度；与旅游消费者之间建立关系，双向交流；在旅游者前往某一旅游地的途中，介绍自己产品，刺激其需求；举办旅游知识讲座、帮助旅游者进行决策，增加其购买欲望；宣传全新的生活方式和生活观念，使旅游活动成为人类生活的一部分；增加人们的好奇心，提高对旅游的兴趣等。

2. 旅游环境的优化。旅游出门难就在于有比较多麻烦，涉及行、游、住、食、娱、购等多方面因素的影响。因而，必须针对具体设施和项目，建设好旅游者所需的硬件环境，包括交通、住宿、道路、旅游景观、娱乐购物设施等。同时，注重软环境的营造，解除游客的后顾之忧，提供优质的服务，使旅游者虽身在异地，却没有不方便的感觉，得到真正的享受，而不是旅途劳顿的感觉。只有这样，才能从根本上使旅游目的地的旅游业得以快速、健康和稳定的发展。

3. 旅游发展战略的多样化。针对不同的动机，不同的需求，确定多样化的发展战略，有针对性地开发旅游产品，强化人们的旅游动机，使其尽快转化为旅游行为。有的人愿意到农村做一天农民，睡一天土坑，做一天农活，而有的人却愿意到大城市里面感受快节奏、现代化的大都市气息。一些没有条件读书或工作后的人希望到学校里学习，感受和重温校园生活。还有的人希望做一次和尚，体会一下“当一天和尚撞一天钟”的滋味。不同旅游者的不同需求要求旅游经营者从个性角度出发，实施多样化的旅游发展战略。

4.宣传促销手段的更新。中国的传统观念是“酒好不怕巷子深”，但是在竞争激烈的现代信息社会，还应走出巷子，推销自己。促销宣传的手段很多，可以通过电视、新闻发布会、专栏报道、杂志、广告、直接邮件等方式，还可以直接邀请新闻记者或著名作家进行免费旅游尝试来推出产品，或者举办旅游节庆活动等方法，刺激与激励旅游消费，从而使旅游者产生强烈的购买动机和行为。

四、其他条件

上述三方面的条件是旅游者形成的必备条件。此外，还有一些条件在一定程度上也影响着旅游者形成的规模，以及流向和流量。

（一）旅游目的地的社会环境

稳定的社会环境，热情好客的人民能够吸引外国旅游者前来观光游览。相反，对外国旅游者不友好的态度，充满敌意的言行会把旅游者吓跑。例如，埃及发生的多起袭击西方旅游者的事件，使得许多旅游者纷纷取消了去埃及旅游的计划。

一般情况下，旅游者会选择较为安全、好客、有一定亲近感（语言、历史关系等）的目的地。两地的政治、经济、文化、历史方面的联系越密切，则旅游的流量就可能越大。美国号称本土上从未有过世界大战，安全感觉十分良好；夏威夷居民的好客全球闻名。英、法、德、日等老牌帝国主义国家喜欢前往当年曾为殖民地的国家和地区，在语言、建筑风格、历史遗物等方面有一定的共同情感。

（二）国际（区际）关系

旅游是不同国家、不同地区之间人民的相互交往过程，这种交往不会没有任何基础，相反，两国（地）之间在政治、军事、贸易等方面联系的密切程度，在社会、历史、文化等方面的渊源关系、依赖状态，在价值观、习俗、社会制度方面的近似或差异程度，都将在很大程度上影响旅游者对旅游目的地的选择。显然，两国间密切的政治、军事和贸易交往会带动旅游规模的扩大，因为这会创造一种安全的氛围，也能提供各种便利的条件。而国家（或民族）之间社会、历史和文化上的渊源关系，常常是激发人们寻根情结的动力。如日本与中国，美洲、澳洲与欧洲，在一定程度上就是这样一种关系。建立在这种关系基础上的旅游，容易产生理解，也会有很多的便利条件(如语言交流)。

1. 汇率,是一国货币对另一国货币的比价,它反映一国货币相对于另一个国家货币的购买力情况。汇率的变化将直接影响国际旅游者的流向与流量。一国货币相对于另一国货币币值上升,将使来该国的另一国旅游者人数减少,流向发生变化;相反,一国货币相对于另一国货币币值的下跌,则会导致赴该国旅游的另一国旅游者人数增加。例如,上世纪末发生的亚洲金融危机,使亚洲许多国家的货币纷纷贬值,亚洲出国旅游人数大量减少。与此同时,赴泰国等亚洲国家旅游的国际旅游者则急剧增加,从而为这些国家旅游业的发展及经济的恢复做出了贡献。

2. 军事。战争一向是发展旅游业的天敌,旅游者外出旅游是以人身、财物的安全为前提条件的。军事行动将会使旅游者望而却步,改道前往其他安全国家和地区。例如,前南斯拉夫各国之间连绵不断的战争,不但使南斯拉夫人民的生命和财产遭受损失,同时也扼杀了南斯拉夫的旅游业。另外,中东战争也使这一地区的旅游业,尤其是伊拉克的旅游业一蹶不振。

3. 政治。国与国之间政治关系的变化也会影响两国旅游业的发展,使旅游者的流向发生变化。另外,具有一定政治目的的恐怖活动也会影响旅游者的流向与流量。例如,中东恐怖分子对欧美游客的袭击就严重地影响了这些国家和地区旅游业的发展。

另外,在冷战时期形成的东西方阵营对垒对旅游目的地选择的定势影响至今还没有完全消除,形成西欧旅游者主要在西欧区域内或越洋到北美旅游,而东欧旅游者以在东欧范围内旅游为主的局面。

(三)都市化程度

随着经济的发展,世界范围内有更多的农村人口走进了城市,从事第二产业和第三产业的人口将越来越多,人们的传统生活方式受到城市生活方式的冲击。工作节奏的加快、人际关系的紧张、生活压力的增大,加上城市环境的喧嚣和污染,都使得人们在紧张繁忙的工作之余希望以更休闲的方式进行休息。旅游活动正好提供了这样的一个机会。

与此相应,乡村自然景观与城市人为环境之间的对应关系有了很大的变化,从而使人们的心理出现逆反现象。回归自然的愿望随着工业污染的加剧和乡村城市化的进程而越来越强烈,所以人们对于具有原始风貌的自然景观就越来越偏爱。加上城市聚居群体在空间上的差异分布形成了在文化、经济、以及社会诸方面的地理局部封闭性,并由此而产生了区域间的相对神秘性。这种神秘感成为区域间旅游行为产生的巨大动力。

(四)旅游业的发达程度

旅游活动是人们离开自己熟悉的环境到达一个较为陌生的场所完成的。人在进行旅游活动的过程中要面临着大量的困难,旅游者在食、住、行、娱、购、游的过程中都需要旅游地提供相关的设施和服务。旅游目的地的接待设施和服务水平,以及旅游吸引物对客源地居民的吸引力是发展旅游的基本条件。旅游业发达,交通通讯方式便捷,人们在旅游的过程中能够完全满足自己的需要,则能够促进旅游者产生动机。反过来,较好的旅游业发展又能够提供大量的人力、物力和财力投入到旅游基础设施和服务中去,从而为旅游者的大量产生创造更好的条件。因此,旅游设施的接待能力是制约旅游者规模的一个重要因素。在我国旅游业的发展的头十年中,由于饭店数量严重不足,交通运输能力有限,致使很多海外旅游者望而却步。

同时,旅游氛围也在一定程度上激发旅游动机。旅游活动一方面表现为旅游者在旅游的过程中进行的各项活动,具体表现为观光、娱乐、购物、会议、宗教朝拜等欣赏性、参与性、知识性较强的实际旅游项目。另一方面旅游者本身又是一种旅游资源,旅游氛围的营造离不开众多旅游者的参与,旅游者的视线所及范围内其他旅游者的活动也能够产生感染力,引起游客的兴趣。如果几十千米的海岸线上只有寥寥无几的旅游者和一些当地招揽生意的村民,浴场全部关闭,沙滩上少了往年热闹的避暑度假的人群,相应的服务项目和旅游商品极少,缺少了旅游的氛围,旅游者情绪也会受到影响。

此外,旅游产品的价格也直接影响旅游者消费支出的多少,因而,它同汇率一样,对旅游者的流向和流量有着重要影响。一般来说,一个国家旅游费用的上升(机票价格的上涨,旅馆房费的提高……)将使来该国旅游的旅游者人数减少,流向发生转移。相反,旅游费用的下降,则会吸引更多的国际旅游者。

(五)政府的重视因素

目前,越来越多的政府把旅游业作为本国或本地区的主导性产业来发展,对旅游产业也采取积极的措施,主要表现有:

1.鼓励入境旅游,简化入境手续。有些国家开放边境,互免旅游签证,提高了去该国旅游的可进入性,以方便旅游者前来观光游览。

2.不断加强旅游基础设施的建设,为旅游者提供更为快捷、方便、高效的服务。

3.不断完善旅游景点的建设和开发新的旅游地,旅游产品不断推陈出新,增强旅游吸引功能。

4.提供更为良好的旅游服务,包括对导游、旅行社人员、宾馆、饭店等旅游从业者和服务人员的培训等。

5.加强宣传,使自己的旅游产品和信息及时发布。现代社会是一个信息社会,旅游者处于各种旅游广告、宣传和推销活动的包围之中,虽然旅游者对一些夸大其词的宣传常常产生反感情绪,却又无法抵御强大的旅游宣传活动对他们的影响。在选择旅游目的地、作出旅游决策时,旅游接待国企业和政府的宣传活动仍然对旅游者的决策起着指导作用,甚至是决定性的影响。特别是国际旅游目的地在客源地的宣传促销对目的地入境旅游的发展有直接的影响,既可以刺激客源地居民的旅游动机,又可以促使客源地居民将国内旅游的动机转变为国际旅游的动机,还可以在与其他目的地的竞争中取得优势。

6.加强对旅游业各方面的研究,出台一系列的旅游法律法规、旅游安全保障措施,加强旅游治安和旅游投诉制度的建设等。很多国家为发展旅游业制订了优惠政策,直接影响国际旅游者的流向。以上所有这些因素都会为旅游者创造一个良好的旅游环境,从而促使旅游者的出游行为提前到来。

(六)可达性

可达性主要是指旅游目的地的可进入性。从游客流量大小分析,该条件主要是从交通费用(占总费用比例)角度限制部分低收入游客。很多因素都影响目的地的可达性,进而影响旅游者动机和出游概率的大小。客源地与目的地的旅行社、网络预定系统等中介组织以及航空运输等交通条件的发达程度,是能否将潜在旅游者转化为现实旅游者的直接依托。

1.交通。交通条件的好坏是影响旅游地可达性最重要的因素,可进入性与其交通是否方便快捷有着正相关的关系。交通越发达的地方,人们旅游过程中所耗费的时间和精力越少,其可进入性越强。因此,快捷方便的交通成为影响旅游目的地可达性的最重要条件。

2.空间距离。旅游目的地与旅游客源地的空间距离影响旅游者的可达时间,继而影响其出游机会。随着距旅游目的地空间距离的增加,旅游者的人数会衰减。研究表明,距离越短,人们易于选择并到达;距离越远,人们选择到达的概率越低;当距离超过临界值后,人们就放弃到该地旅游,反而选择其他较近的旅游地。吴必虎等在对中国城市居民在不同距离目的地旅游研究中得出:中国大城市居民80%的出游距离集中在距城市500千米以内的范围内。随空间距离的增加,旅游者到旅游目的地衰减现象越来越显著。500～1500千米之间到访率分别降至20%～40%,而1500千米以外的目的地的到访率就更低。但交通条件的改善可以促使旅游者扩大旅游半径。

3.知名度。旅游目的地的知名度与旅游的可达性也有很大关系。一般的,知名度越高,越能够吸引远距离的游客前来旅游。

4.自然或人为的障碍性因素。旅游地易发生自然灾害,如洪水、滑坡、泥石流、雪崩等，以及旅游地居民态度的不友好、政府秩序混乱等一切足以阻止或抑制旅游者进入的障碍因素，都影响旅游者的动机。

（七）家庭状况

很多调查情况表明，家中有 4 岁以下婴幼儿的家庭外出旅游的可能性很小。这一方面是因为婴幼儿需求特殊照顾，麻烦颇多；另一方面也是因为在外出旅游期间，也不是很容易找到适合婴幼儿生活需要的特殊接待设施。相反，45 岁以下的未婚成年人由于身强力壮，无牵无挂，加之收入等因素的影响，因而外出旅游的可能性最大。

第三节　旅游者类型及特点

一、旅游者类型划分

旅游者类型因考虑的因素不同，研究的侧重点不同，划分的类型也有所差异。从市场分析和统计的角度，一般有以下划分标准：

1. 根据旅游者的个性心理特征划分，有自我中心型、近自我中心型、中间型、近多中心型、多中心型旅游者。

2. 根据旅游者的人口统计特征划分，有少年旅游者（6～16 岁）、青年旅游者（16～40 岁）、中年旅游者（40～60 岁）、老年旅游者（60 岁以上）。

3. 按旅游者性别划分，有男性旅游者和女性旅游者之分。

4. 按旅游者受教育程度划分，有小学生、中学生、大学生、硕士研究生、博士研究生等旅游者。

5. 按旅游者家庭收入划分，有高收入旅游者、中高级收入者、中等收入旅游者、中低收入旅游者和低收入旅游者。

6. 按旅游者消费水平划分，有经济性旅游者、大众型旅游者、豪华型旅游者。

7. 按旅游者地域划分，可分为国际旅游者、国内旅游者。

8. 按旅游者组织形式划分，可分为团体旅游者、家庭旅游者和散客旅游者。

9. 按旅游者消费来源划分，包括公费旅游者、自费旅游者和奖励旅游者。

10. 根据旅游者出行的目的划分，有观光型旅游者、度假型旅游者、公务型旅游者、家庭及个人事务型旅游者、文化型旅游者、宗教型旅游者、购物型旅游者、特种旅游者等。

二、不同类型旅游者的基本特点

从旅游产品设计的角度考虑，根据旅游者出行目的划分的类型较为常用。因此，下面以此分析不同类型旅游者的特点。

(一)观光型旅游者的特点

观光型旅游者是指传统意义上以观光旅游为目的而外出旅游的旅游者。他们希望通过参观、游览异国他乡的自然景观和人文景观，增长见识，扩大视野，获得一些美、特、新、奇等感受。在20世纪90年代以前，观光型旅游者是世界各国最普遍、最常见的旅游者。日本每日新闻社曾做过调查，发现在日本国公民旅游的目的中，以单纯观赏旅游者最多，占出国旅游人数的62.5%。由此可见，观光型旅游者在现代大众旅游中占绝大多数，成为旅游者中的主要类型。

我国幅员辽阔，地大物博，历史久远，旅游资源非常丰富。既有景色奇丽的自然景观，又有为数众多的人文景观。我国风景名胜的最大特点是自然景观和人文景观相映成辉，互相衬托，使人流连忘返。所有这些都对世界各国旅游者产生了极大的吸引力，成为世界各国旅游者观光游览的主要目的地。

观光型旅游者的特点主要体现在以下几个方面：

1.这类旅游者在全部旅游人数中所占的比例最大。现代旅游，或者说大众旅游，最大的特点就是旅游活动的参与者范围已经扩展到了普通的劳动大众，并以其为主体，这也是现代旅游快速发展的原因之一。旅游已经成为人们生活的必要组成部分，人们借此缓解紧张的生活和工作带来的压力，并满足自己的好奇心和求知欲。因此，不难设想以观光为目的的旅游者在世界旅游活动中所占的重要地位。

2.旅游者外出旅游的季节性强。这是由两个方面的原因决定的：一方面，旅游目的地的地理位置、气候条件以及旅游资源的特点存在着季节上的差异，导致各个旅游景点在不同的季节吸引力不同。例如，山色风光最迷人的是在春秋两季，海滨度假最具吸引力在夏季，冬季人们最常去的是冰雪世界或是气候温暖、阳光明媚的低纬地区旅游胜地；另一方面，从旅游需求方面看，旅游者外出旅游主要是利用带薪假期和节假日，而世界各国节假日都相对集中，这也就客观上形成了旅游的淡旺季。

3.旅游者对旅游目的地的选择自由度较大。旅游者在选择旅游目的地时，既要看旅游景点的知名度和吸引力的大小，又要看旅游产品的质量，同时还要考虑旅游活动过程中的安全等因素。如果旅游目的地的旅游产品质量下降，或者社会出现不稳定因素，旅游者就会改变计划而选择另一个旅游目的地。对于出发时间，观光型旅游者(尤其是散客)的选择余地也较大。有的人在外出时宁肯花时间等待飞机临起飞前的廉价剩余机票,而不愿意提前预定。如果遇到其他天气变化,也可能会改变出发时间。当然,这种选择的自由并非是无限的,而是在其时间及收入等限制条件范围之内。正是由于这一类型的旅游者自由度较大,才成为各旅游目的地和旅游行业中的同类企业争夺最激烈的市场部分。

4.旅游者对产品价格较为敏感,在旅游活动过程中花费不大。由于观光型旅游者外出大多是自费旅游,一般来说,对价格较为敏感,如果旅游目的地或旅游交通提高价格,超出了其承受范围,旅游者会选择其他的旅游目的地或者改乘另外的交通工具。此外,观光型旅游者外出是主要的目的是观光、游览,因此,除了在食、宿、行、游等方面花费一定的开销外,在其他方面消费比较少。

5.重游率低。观光型旅游者大都加入旅游行列时间不长,且自费旅游为主,所以,在可自由支配收入和闲暇时间都不足的情况下,希望能多走一些旅游点,一般不到已去过的观光地。当然,与此相对应,国际观光型旅游者为了节省交通费用,在旅游目的地国的停留时间一般比较长,很少只参观一个城市或景点,总是要到该国各地领略一下不同的风光景致。

(二)度假型旅游者的特点

度假旅游是指人们利用假期进行休养和消遣的旅游活动方式。度假旅游大多是人们为了身心健康的原因,或为了改变日常生活而以海滨、山林、温泉等空气新鲜、风景优美的地方所进行的消遣休闲活动,主要表现为海滨旅游、乡村旅游、森林旅游、野营旅游、度假区(度假村、度假中心)旅游等形式。相对于观光旅游而言,度假的地点较为固定。如果是理想的度假地,就会吸引旅游者多次重复前往度假。同时,度假者到达目的地后,一般活动范围不大,往往局限于住地及周围地区,所以,要求有更多的体育、娱乐设施,以供安排每天的消遣活动。度假型旅游者的特点主要有:

1.停留时间较长。观光旅游一般来说在一地的停留时间比较短;而度假旅游的目的主要是休养身心,恢复体力,需要一定的时间才能见效,因而在度假地停留时间长。度假旅游的消费、需求都体现出这一特点。由此还形成了消费高、活动范围小的特点。

2.重复率高。按照传统说法就是回头客比较多。从国际上来看,很多度假旅游者一辈子就认准一个地方,每年要去多次。

3.差异性大。由于各个国家和地区不同民族性格上的差异,度假的取向也不同。比如,德国人度假就是悠悠闲闲,他们对休闲的理解就是要闲到无所事事的程度;美国人的休闲度假就是玩,什么刺激玩什么;法国人讲究文化型的度假,喜欢参观博物馆。类似这样的在国际度假市场上比较鲜明的特点,在国内度假市场上也逐步体现出来。

4.需求呈复合型。对于发展中国家的旅游者来说，现阶段的旅游方式还是观光旅游为主体。总觉得到一个地方住一个礼拜不走，钱花得冤枉。城市郊区度假还可以容忍，因为时间和交通的花费都比较少。要是远距离目的地，就有心理上的障碍。因此，这个阶段的度假旅游需求可能更多的是一种复合型的度假旅游需求。比如说一个星期的时间，先跑四天，再到一个地方住两三天。这种复合型的度假旅游需求就是观光加度假，特别是在中国将会是一个长期的局面。现在的特点是观光加度假，以观光为主，度假为辅；再进一步就会转换成度假加观光，以度假为主，观光为辅；最后发展到典型的度假型旅游阶段。

5.对交通的便利程度要求高。度假旅游的主要目的决定了此类旅游者不愿意在路途上多花时间，在交通上最好能一站达到目的地。比如像泰国的普吉岛、印度尼西亚的巴厘岛，都是一站式交通，从欧洲乘飞机一站就到，不必再转机；下了飞机，客人进入客房；换上衣服，海边一躺，度假就开始了。如果达不到一站式交通，以度假为主体的度假目的地的发展就有困难，这也可以说是影响其长远发展的一个根本性的问题。

6.有一定季节性。度假旅游的主要目的地是自然风景区，必然受到气候条件的限制。热带海滨和岛屿能成为度假旅游者的天堂，季节性小是很重要的因素。另外，度假旅游者的假期也有一定的集中度，人为地造成了客流的季节性。

(三)公务型旅游者的主要特点

公务型旅游者指的是出于工作方面的需要而外出的旅游者，其主要目的是在一定的时间内完成规定的工作任务，同时，在工作之余从事一定的旅游活动。具体包括：国际或地区之间的政治、文化交流，商务旅游，会议旅游，展览旅游，以及近几十年来兴起的奖励旅游。

随着和平与发展成为当今世界的主流，以及世界全球化的进程，各国、各地区之间在政治、经济、科技、文化等方面开展广泛的合作，使得人员交往日益频繁，这必然导致国际间、各地区间有关人员相互往来数量增加。例如，政府之间的政事访问、友好往来，公司企业间的贸易洽谈、举办各种形式的展览、开展促销活动、召开各种会议，以及各种团体之间的科学技术文化方面的交流等等。因此，公务旅游不仅形成了一定规模，而且潜力巨大，经济效益高，现已成为各国旅游部门竞相开发的对象。

奖励旅游 20 世纪 30 年代始于法国，60 年代兴于北美，现已在世界各地广泛普及。由于该种旅游形式的优点，现已成为工商企业扩大经营额、提高生产率、调动员工积极性最有效的措施。据估计，奖励旅游在于 21 世纪将以年增长率 12%的速度不断扩大。

公务型旅游者的特点主要表现在以下几个方面：

1.消费水平高,对价格不太敏感。一方面,公务型旅游者一般具有一定的身份、地位,其本身收入较高;另一方面,这些人外出主要是公费。因此,该类旅游者不论是在基本旅游消费方面还是在非基本旅游消费方面都具有很强的支付能力。例如,在购买机票时一般不会选择附加条件太多的廉价机票。而在选择饭店时,出于维护本组织、公司、地方形象等的考虑,也会选择较高档的住宿设施。

2.对旅游服务方面要求较高。公务旅游者注重舒适、方便、快捷。除此之外,有些旅游者还有特殊要求,例如通讯信息等,其目的旨在提高工作效率。

3.基本没有季节性。由于公务型旅游者的出行是出于工作或业务的需要,因此不需受假期的限制和季节的影响,只要是工作需要,就会随时出行,一般都利用工作时间。在本国旅游度假的旺季,他们出差办事的可能性还会较低,因为他们自己也可能要和家人一起度假。同样,对于短途的旅行,他们的往返和动身,以及在目的地的停留还会集中于周一到周五的工作日期间,以便于开展工作,而很少选择周末的休息时间。

4.对目的地的选择没有多大自由。这部分旅游者的出行很多是出于固定的业务联系,常常会到一地作多次旅行。因此,虽然人数相对较少,但出行次数频繁,如果旅游企业能够与这些组织建立长期良好的合作关系,往往会形成固定的顾客群。当然,现在不少会议和展览也设在风景区或大城市,以方便与会者从事旅游活动。

5.带动性强。由于公务旅游者在目的地逗留时间长,有的还带有家属或随员,参加游览、娱乐、购物等活动,有效地带动了目的地经济的多方面发展。

改革开放以来,我国政治稳定,经济增长幅度提高,投资环境改善,法律法规不断健全。国家政策的延续性,对国际公务旅游者具有极大的吸引力。同时,我国经济的迅速发展,贸易往来的日益活跃,企业经营的日趋自由灵活,也使我国的企业摆脱了以行政级别来确定差旅费用标准的旧框框,产生了中国自己的公务客源。

(四)家庭事务型旅游者的主要特点

家庭事务型旅游者指的是以探亲访友、出席婚礼、参加开学典礼等涉及处理个人家庭事务为主要目的而外出的旅游者。该类旅游者具有以下三个特点:

1.外出季节性较弱。由于家庭事务型旅游者外出的目的是涉及处理个人家庭事务,在出游的时间上一般无法利用带薪假期和传统的节假日,主要是根据家庭事务的需要来确定出游时间,所以,外出的季节性较弱,仅表现在传统节日的亲友团聚。同时,在目的地选择上也没有自由度,在这方面类似于公务型旅游者。

2.对价格较为敏感。由于该类旅游者主要是自费,因此大多对价格比较敏感。他们所追求的是物美价廉的服务。如果某一类交通工具提高价格,他们可能会改乘其他的交通工具。

3.该类旅游者在旅游过程中通常不使用目的地提供的住宿以及其他的服务设施,这不但影响到旅游统计的准确性,也使许多旅游经营者认为这类旅游者对旅游目的地的经济价值不大。但是,对交通、娱乐等经营者来讲则是一个重游率较高、客源较稳定的重要市场。

(五)文化型旅游者的主要特点

文化型旅游者指为追求精神文化需求的满足而外出旅行游览的人。现代文明与古代文明之间、民族之间、区域之间文化的差异导致了文化型旅游群体的产生。人类总是对自己不很熟悉但又与自己有某种联系的事物怀有好奇心,这种好奇心表现为人们对过去的凭吊、对往事的缅怀、对先人的崇拜,在远古时代表现为远方崇拜、图腾崇拜甚至死亡崇拜,而在现代也一样。较为典型的如东方文化中"落叶归根"的普遍情结,培育了人们寻觅故旧的心理基础,成为当代访古旅游的本原所在。

该类旅游者外出的主要目的是通过旅游观察社会、体验民族风情、了解异地文化,以丰富自己的文化知识,包括历史文化旅游、民俗文化旅游、区域文化旅游、宗教文化旅游等。有人曾对日本和欧美来华旅游者的旅游动机做过调查,其中想了解中国历史文化、古迹的占40%以上,由此可见中国文化的独特魅力。

文化型旅游者一般具有以下几个特点:

1.旅游者具有较高的文化修养。例如,到遗址博物馆去参观、游览,就必须对当地的远古文明有一个大致的了解。如果不具备这方面的文化修养,旅游者就不大可能了解其中的精髓。相应地,此类旅游者对导游的文化知识基础有较高的要求。

2.具有某种专长或具有特殊的兴趣。如果一个旅游者不具备一些考古方面的专长或对探险有着特殊的偏好,那他不大可能有能力和勇气去参加考古旅游团队。其他如参观博物馆、浏览艺术品等,都需一定的欣赏力。而对胡同文化、茶文化、酒文化、甚至骨头文化等的特殊兴趣,也是文化型旅游者的出游动力。

3.对旅游线路的科学性比较敏感。此类旅游者大都已参加过不少观光旅游活动,为了能达到文化旅游的特殊要求,对旅游线路和组织安排,尤其是参观考察地点的选择要求较高。

4.几无季节性。由于文化型旅游点大都在室内,旅游者要细细体验当地文化,也不大会与观光旅游者共同选择旅游旺季,所以外出的季节性少明显。

(六)宗教型旅游者的主要特点

宗教旅游是世界上一种最古老的旅游形式,并且一直延续到现代。宗教旅游者主要是指以朝觐、礼佛祈福、取经或在寺院做法事追悼亡灵,或宗教考察为主要目的的旅游者。各国的一些宗教信徒由于不同的目的或出自对自己信仰的各种神灵、佛祖的虔诚，或受名山古寺、教堂圣殿以及丰富多彩的古代宗教建筑形式的吸引，都热衷于这种既能达到宗教信仰目的，又能通过旅行游览活动获得乐趣的宗教旅游。

宗教旅游者的特点是：

1.旅游目的地十分明确，一般都是各教派的宗教圣地。如伊斯兰教规定，穆斯林一生中必须至少到圣地麦加朝圣一次。我国的佛教四大名山每年也要接待不少虔诚的佛教徒。

2.出行时间比较固定。一般都是根据宗教教义的规定，按时进行朝觐活动。如麦加朝圣于每年的12月初开始，12月10日宰牲节时达到高潮，之后朝觐活动即结束。因此，每年的12月，是全世界穆斯林的盛大节日，不少人在此期间涌向圣地麦加，使这个沙漠中的小城市每日游客量达50多万。我国南岳衡山的游客中，香客占总数的68%，其中1/2集中在农历七月十五至八月十五。

3.接待要求特殊。对宗教旅游者的接待，必须根据宗教教义的规定以相应的宗教形式加以接待，使宗教旅游者在精神上和形式上获得归属感。如伊斯兰教教徒的素斋、沐浴、礼拜堂设置；印度教教徒忌牛肉等。

4.消费较低。宗教旅游者除了对自己所信仰的神灵慷慨捐献外，一般较为节俭，这里既有不同教义的共同制约，也与信徒中大部分为普通百姓有关，其中相当部分可能尚未拥有“可自由支配的收入”。

（七）购物型旅游者的主要特点

购物型旅游者是以到异地都市购物为主要目的、结合观赏都市风情的旅游者。这类旅游者的出现和形成，是社会经济发展、交通发达、人民生活水平不断提高的结果。据统计，享有“购物天堂”美誉的我国特别行政区香港，国际旅游者中有60%左右的人是为了购物，其购物费用占全部旅游费用支出的60%以上；人口不足3万的“袖珍之国”安道尔，因没有关税，物价低廉，每年接待的旅游者接近300万人次。我国的购物旅游还处于起步阶段，国外游客在我国的购物消费水平普遍较低。

购物型旅游者的特点是：

1.购物型旅游者不但关注目的地商品的丰富程度、特色品种和低廉价格，还关注对购物的社会支持环境，如是否有便利的交通，进出境手续的简便等，也关心目的地是否有优美的景致，以使自己在满足购物欲的同时，也能进行观光游览活动。

2.购物型旅游者多来自经济发达或比较发达的国家或地区，具有一定的经济支付能力，他们在关心目的地商品价格的同时，对旅游产品本身的价格却不大敏感。

3.季节的限制性不强,全年都可进行购物旅游活动。

4.消费水平高,对目的地经济贡献较大。

(八)特种旅游者的主要特点

这是一个正在成长中的新类型。随着人们物质生活和精神生活的日益丰富,导致旅游活动更趋多样化,崇尚和追求新、奇、险,不再满足于对旅游客体的观光、游览,而是产生了强烈的主体参与的欲望。于是,随着形形色色特种旅游的产生,涌现出了一批特种旅游者——探险旅游者、生态旅游者、海底旅游者、农业旅游者、登山旅游者、甚至太空旅游者等。

这类旅游者因旅游目的的特殊而鲜明,表现出很强的个性:

1.他们选择的旅游环境,包括自然环境和文化环境,必须具有浓郁的原始自然性,也就是要保持"原汁原味"。通常都为边(边疆)、古(古老悠久文明)、荒(沙漠)、奇(地形地貌奇特)、险(地势险峻)、少(少数民族)地区。由于这些地区人迹罕至,交通极为不便,因此须有专门的安排和特种装备,消费相当高。

2.旅游者往往是在运动中感知和体验外部世界,通过冒险、感官刺激或面对一个全新的环境,得到一种精神上的享受与满足,对旅程的安排和组织都有较高的自主性、能动性和适应性。

3.由于特种旅游是一种高层次、赋予文化内涵的旅游,对参加者的专业性要求相应较高,需有一定知识修养和良好的素质,同时必须有健壮体魄和坚强的意志与毅力。因为特种旅游者是以自己有限的生命躯壳去感受发现自然、融于自然,最后战胜自然的乐趣,要吃得起苦,经受得住各种困难的磨炼、险恶环境的考验,这就与一般观光旅游者、休闲度假型旅游者、商务旅游者所享受的舒适、宁静、安逸、轻松的旅游生活根本不同。

4.由于特种旅游者通常去的目的地多为保持原始自然和人文风貌的地区,这就要求旅游者和导游必须具有较强的环境保护意识和法规意识,要有可持续发展的观念,既要防止在旅行中发生破坏生态环境和旅游资源的行为与事件,又要使自己的旅游尽兴。同时,为了保护这些地区的生态环境,在数量上也严格加以控制。

对主要旅游者类型及其特点的分析,有助于在旅游开发和经营过程中,有的放矢,设计各种富有针对性的旅游产品。但是,在现实生活中,旅游者的出游目的与旅游动机的综合性一样,往往以一为主,其他为辅。有时甚至多种需求互相重叠,互相渗透,很难将之明确归入到某一种类型。

第四节 旅游主体的运行范式

旅游活动是人类社会发展到一定历史阶段的产物，它包含两个方面的运行过程：一是旅，旅游必须出家门，离开自己居住地，到另外一个地方作短暂的停留，即整个旅游过程是在旅游者的空间移动过程中完成的。当旅游者离开居住地，通过交通等旅游媒介的作用，到达旅游目的地，停留观赏或参与相应的旅游活动，获得一系列的旅游享受、旅游知识、旅游美感，使身心得到最大限度的放松，然后返回自己的居住地，完成一次旅游的全过程。因此，旅是实现整个旅游者移动过程的必备因素，没有旅游者的空间移动，很难实现真正意义上的旅游；二是游，并非所有的旅都包含游的过程，二者有一定的重叠性，但也有较大差异。"旅"可以因为任何的原因而成行，但"游"不同，具有较强的休闲性、游憩性、享受性。游是建立在一定的经济基础之上的、具有较强的享受性的外出旅行活动。旅是游的手段，游是旅的目的，二者结合起来共同完成旅游活动的运行过程。旅游活动这种在空间上的异地性和时间上的短暂性，决定了旅游主体具有类似的运行范式。

一、旅游主体的空间运行范式

旅游活动是通过旅游者的空间移动，离开住家，活动范围延伸到离家较远或者非常远的地方，因此，从距离角度讲，旅游活动存在着不同路程的区分，即近程旅游和中长程旅游活动。近程旅游属于小尺度的旅游空间行为，大多在省内、市或县内的风景区完成。中长程旅游活动属于大尺度的旅游空间行为，涉及的空间范围也扩大到省际、全国、国际或洲际的空间。

(一)小尺度的旅游空间运行范式

小尺度的旅游活动是指旅游主体离开居住地或暂住地的路程较近，几十千米或者上百千米，在旅游过程中花费的时间较短，通常为1～2天的旅游活动，可以利用双休日或假期来实现。这种旅游活动的范式为：

1.采用节点状路线。无论是在居住地还是暂住地，旅游主体采用节点状旅游方式都是最佳的选择。优点表现如下：(1)不必再花费较大的时间和精力寻找食宿地点；(2)节省旅游花费和开支；(3)可以把不必携带的物品存放在住地，轻装上路，方便旅游；(4)较大规模的中心地能够提供良好的旅游基础设施和旅游服务;(5)能在较为熟悉的环境中居住。因此,旅游主体倾向于以暂住地或居住地为中心,在空间上表现出作数次不同方向的一日游,直到所有旅游活动结束,转移到下一个旅游中心地或返回。

2.交通方式以适合短途的火车或汽车为主。短途旅游距离近,时间短,较易完成空间距离的转换,乘坐短途旅游列车或汽车都较为方便。随着科技和经济的发展,我国也有越来越多小汽车进入家庭,开私家车旅游也逐渐成为我国国内旅游的一种时尚。

(二)大尺度的旅游空间运行范式

中长程旅游属于大尺度的空间行为,它所花费的时间较长,通常要选择长时间段的假期时间才能完成。旅游的距离较远,可以是跨省区的旅游,甚至是跨国界、洲界的旅游活动。由于时间长,路途远,旅游主体在进行此类旅游路线的选择时也遵循一些普遍的规律:

1.采用远距离的环状路线。旅游主体在进行旅游活动时,总是希望用最短的时间获得尽可能多的旅游经历。因此,长距离的旅游使得旅游主体愿意多观赏一些景点,并且总是试图把它们用环状的路线连接起来,避免走回头路。这样,在一定时间内,既可不增加旅游费用,如交通费用、住宿或其他费用,又可游览更多的旅游景点,获得更多的旅游收益。

2.选择知名度大的地方旅游。在选择环状旅游路线的同时,旅游主体会尽量去知名度高的地方进行旅游。一般来讲,旅游主体在进行旅游决策之前,总要收集相关的旅游目的地的信息,然后根据自身的需求、主观偏好、客观经验等选择旅游方式和旅游目的地,在旅游信息收集的过程中,总是那些知名度较大的地区能够成为首选,这是因为:(1)知名度较高的地方往往是旅游资源价值较高之处;(2)知名度的由来往往是众多旅游者和专家给予的,具有较大的可信度;(3)知名度较高的地方更容易在旅游主体的大脑中形成较深的感知印象;(4)游玩知名度较高的地方更能使人有成就感,在返回后与没有去过的人进行交流的时候较易产生威望。

3.选择与居住地文化差异较大的地方旅游。环境与文化的差异越大,对旅游主体的吸引力也就越大。如生活在平原地区的人往往对高山感兴趣,生活在内陆地区的人更喜欢阳光、沙滩和海水。人们总是期望在经历了长途跋涉的过程中能够物有所值,满足自己的好奇心。

4.交通方式多为航空或快速铁路。旅游活动的空间转移包含三个部分:客源地产生旅游者、目的地产生旅游资源和连接客源地目的地的旅游链接方式,因后者为旅游得以实现的主要条件和通道,因此显得极为重要。由于大尺度的旅游活动距离较远,有的是国际旅游或洲际旅游,因此在交通上旅游主体多选择航空或者远距离的快速铁路方式,尽量减少路途的时间,增加游玩时间。

(三)旅游主体的行为倒逆

由于旅游活动异地性的特征,加上旅游在本质上对精神愉悦的追求,往往诱发旅游主体的行为表现异乎寻常,从遵守常规道德准则到道德失常,从节俭到挥霍,从约束到自由,以及从有责任感到自我放纵。对某些人而言,旅游是从现实生活枷锁中的一种挣脱,它可以不承担义务,可以随心所欲,可以不受限制。所以,在旅游空间运行过程中,旅游主体的行为在很大程度上是依从情感原则而不是理性原则,主要表现为责任约束松弛和占有意识外显,如:

1.消费攀高。大量观察证实,旅游主体在旅游过程中的消费具有明显的挥霍倾向。哪怕是一生节俭的人,一旦身在旅途,就一反常态地表现得慷慨大方。这其中的原因,有的可能是群体旅游情况下相互谦让而最后哄抬了消费水平,有的可能是受其他旅游消费行为示范作用的影响,还有可能是出于旅游目的审美和愉悦的约束,不愿因消费这一环节的窘相而影响了整个旅程。但不管哪种原因,都是个人对自身责任约束松弛在消费领域的表现。

2.道德弱化。这是旅游活动所引发的更为严重的社会问题。当一个人以旅游者身份"远在他乡为异客"时,他在倾向上往往想摆脱日常生活的清规戒律,道德的约束力量远不及他在日常生活圈子中的那样强大。所以,人性中潜在的不良习性会自觉或不自觉地流露,致使我们看到很多怪现象:衣冠楚楚的、对家庭卫生至为关注的人此时却毫无环境道德,所到之处一片狼藉;一派君子相的人在异域的灯红酒绿的幻影中也时常会动着偷吃禁果的念头。显然,在人类社会中,像这种责任约束松弛只能暂时地存在,而且最好在熟人看不见的地方发生。旅游所具有的异地环境与这种需要正相符合。

3.文化干涉。旅游主体以异乡(国)人的身份前往旅游目的地,他浑身上下散发的不同文化的气味会与当地文化形成反差。一般认为,在旅游地发展的不同生命周期段上,旅游主体对这种文化反差会采取不同的态度:从顺应到漠视,直到干涉。旅游主体对当地文化的干涉一般表现为两种相互矛盾的情况:一种是旅游者对当地文化的古老、陈旧甚至落后状态表示蔑视,并极力张扬自身的文化,通过各种活动在当地人中间(尤其是青少年)起示范效应;另一种是旅游者出于好奇的心理,以商业的态度对待当地文化中已经垂死的因素,如迷恋表演性的土著居民原始舞蹈和习俗。这两种情况,都是旅游主体本能的意识在旅游文化上的体现。

4.物质摄取。旅游主体客居异地,在旅游过程中除了眼看、耳闻、鼻嗅、口感之外,还忍不住有摄取的倾向。好古者可能偷偷掀下古庙的一片瓦当,恋花者不免要拈花惹草,奇石癖好者不惜重金买下珊瑚石,而宠物爱好者竟以求得一只考拉为乐。搬不动的动手摸摸,甚至用刀刻刻。文明一点的,摄下影像回家后自得其乐。凡此种种,都暴露了部分旅游者固有的占有欲。

从旅游主体的愉悦动机到旅游期间形形色色的外在表现,这之间决定因素各异,影响因素复杂。但可以看出,旅游过程中的主导思想以及基本属性和行为特征,都是由旅游的本质所决定的。旅游主体行为的畸变只不过是旅游特征与这种畸变的心理有某种契合,从而导致旅游主体行为的倒逆。

二、旅游主体的时间运行范式

由于旅游资源类型的不同,使得在不同的时间、不同的季节里旅游主体的活动呈现不同的范式。最为明显的是由于自然旅游资源的季节性,使得旅游主体在选择旅游活动的过程中,受到时段的限制。例如,中纬度地区山地旅游的时间最好在春季和秋季。春天,沉寂了一个冬天的山山水水又重新焕发了勃勃生机,树绿了,草青了,脱下冬装的人们非常渴望到大自然游玩。秋天来临的时候,天高气爽,满眼的秋色,果实成熟了,叶子变成了红色或黄色,到处都能感受到秋的气息。而海滨旅游的黄金季节是在夏季,酷暑难当之时,海滨的气候却较为凉爽,人们可以在沙滩漫步,在大海里游泳。冬季则可以选择去温暖的南方旅游,或者到北方去看冰灯、雾凇景观。有些自然奇观要在某一特定的时间才会出现,如钱塘江大潮、峨眉佛光、泰山日出、流星雨、日食、月食等,都会造成旅游主体在这一时段的大量集聚。

人文旅游资源的差异也造成旅游主体的活动呈现不同的范式,如奥运会的召开、世界杯足球赛的举行、大型贸易交流会,以及众多的节日和盛会,如潍坊风筝节、哈尔滨冰灯节、孔子文化节、傣族的泼水节等,都可以造成旅游主体在某一特定时期涌向某一个区域。

但是,由于旅游活动的短暂性,旅游主体还是表现出较为共同的运行范式:

(一)准备阶段

当旅游主体有了旅游的愿望,并具备旅游客观条件以后,便着手准备旅游活动,即进入旅游准备阶段,主要是确定旅游目的地、旅游方式以及日程安排。

1. 确定旅游目的地。旅游主体在确定旅游目的地时,需要占有尽可能多的资料和信息,帮助做出决策。这些信息的来源主要有以下几个方面:

(1)“口碑”效应,是指旅游主体的亲戚、朋友、同学、同事等熟人的言论对其旅游决策所施加的影响。这种“口碑”有“正效应”与“负效应”之分。所谓“正效应”是指对旅游主体决策所施加的积极影响,从而促使他选择某一国家或地区(或旅游点)作为自己的旅游目的地。而“负效应”是指对旅游决策所施加的消极影响,导致他最终放弃去某一国家或地区(或旅游点)的打算。因此,作为旅游接待国或地区应重视“口碑”效应的作用,不断改善旅游设施和旅游地的形象,提高旅游企业的接待质量,力争使每一个来访者满意而归,以赢得“口碑”正效应。

(2)民间渠道,是指旅游主体通过报刊、杂志、书籍(教科书、小说等)、电影、电视、录像等途径获取的、由非旅游组织或个人提供的有关旅游接待国、地区或旅游点的信息。比如,从历史书上了解到埃及是世界文明古国之一,为埃及的金字塔所吸引而去一游;从报刊上某记者采写的一篇游记中了解到西班牙黄金海岸的迷人之处而心生向往……。由于这种信息是由非旅游组织或个人提供的,不以赢利为目的,具有无偏向性、客观性的特点,因而,对于旅游主体具有很强的影响力。

(3)官方宣传,是指旅游接待国或地区为了吸引游客,发展旅游业而进行的一系列广告宣传和推销活动。例如,利用广播、电影、电视、录像、幻灯等听觉和视觉手段和报纸、杂志、旅游小册子等印刷品进行广告宣传活动;通过主办和参加各种旅游博览会进行宣传和招徕活动等。由于这种官方宣传往往是以赢利为目的,所以旅游主体对这种宣传往往存有戒备心理,对它的可靠性和客观性持怀疑态度。但官方宣传由于占有的信息量大,宣传攻势凶猛,影响面宽,所以也会产生很大影响。

2.确定旅游方式。旅游方式主要有两种,即团体旅游和散客旅游。不同的旅游方式有不同的特点,旅游主体在决定了旅游目的地以后,要根据自己的实际情况选择适合自己需要的旅游方式。

团体旅游是一种集体性的旅游,通常通过旅行社组织游览活动,其优点是省时方便,价格便宜,有安全感,并能享受导游服务。缺点是缺乏自由度,在旅游活动中要受到团队较多的限制,而不能随心所欲。旅游日程、项目和时间的安排都由旅行社决定,单个旅游者必须服从,从而限制了个人的意志和爱好。

散客旅游是一种个体旅游,它是相对于团体旅游而言的。通常旅游活动中的一切事宜均由游客自行解决,它虽然缺少团体旅游所具有的便利、优惠等条件,但它最大的特点是“自由”。游客可以自由地选择游览地,自由掌握游览时间和游览节奏,自由选择适合自己口味的旅游内容,而不必受团体的限制。

旅游主体最终选择何种旅游方式,要根据自己的具体情况而定,包括个人的经济水平、身体状况、兴趣爱好等。一般来说,讲究豪华享受的高薪阶层,大都喜欢个人旅游方式,而中下层人士则喜欢参加“价格便宜”的旅游团;精力旺盛,富有冒险精神的青年人比较喜欢能给予他们更多“活动自由”的散客旅游;而中年人则把“方便”、“安全”、“省心”作为首要考虑的因素,宁愿参加团体旅游。

3.确定旅游日程。旅游主体在确定了旅游目的地和旅游方式之后,如果参加散客旅游,还得亲自确定旅游日程安排,包括游览日期、游览时间、游览点的确定，以及交通工具、住宿设施的选择等。此时，需要考虑的因素有：

(1)本人的闲暇时间，决定游览日期的长短以及出发和返回日期。

(2)兴趣爱好，决定游览项目和游览点以及在每个游览点的逗留时间。

(3)旅游客体的观赏时机，否则贸然前往，就很有可能扫兴而归。这是因为旅游者所观赏的对象，不管是自然景物还是社会事物，如果考虑到它们所处的环境因素，它们就都不是静止不变的。作为环境的自然界有春夏秋冬之季相，有阴晴雨雪之情态，有冷热温湿之差异，也有朝晖夕阴之变化；而就人类社会而言，工作休闲有其节律，甚至喜怒哀乐也有一定的周期(各种节日是人们狂欢的巅峰)。这些因时而异的变化，赋予旅游景观以不同的外部特征，于是就有了"朝看如此，暮看又是如此"、"春夏看如此，秋冬看又是如此"的不同视觉效果。所以，有经验的旅游者在动身之前总是要先通过各种渠道弄清楚所要观赏的景观的季节特性。例如，游燕京八景中的"琼岛春荫"，须值桃红柳绿风和日暖之际；看"西山红叶"，要在秋高气爽的深秋季节。至于一些稍纵即逝的气象景观，更需要弄清楚其出现的确切时间，把握时机，一睹为快。

4.确定消费档次，如经济比较宽裕，则可选择豪华、快捷、舒适的交通工具和档次较高的饭店。根据旅游者个人的经济水平和购买心理状况，一般可将旅游者购买行为划分为以下三种类型：

(1)理智型。这种旅游者头脑比较清醒冷静，经验比较丰富，对旅游产品的品质、特征、用途、价格高低等都有自己见解，主观性强，不易受外界因素的影响。在购买活动中，无论是识别旅游产品，还是挑选、评价旅游产品，以致做出购买决策，都受理智控制，很少感情用事。他们能够广泛收集产品信息，了解市场行情，对所需旅游产品进行认真分析与评价，权衡各种利弊因素，然后才实施购买行为。

(2)冲动型。这类旅游者兴趣、情绪容易冲动，心境变化激烈，喜欢追求新颖时髦。对旅游产品的选择以直观感受为主。在广告宣传或他人购买行为的影响下，很快就会做出反应，形成冲动性购买。

(3)选价型。这类旅游者对旅游产品的价格非常敏感，或是专爱购买高价旅游产品(例如参加豪华旅游团)，他们认为高价不仅意味着高质量，还可以体现购买者的经济实力或较高的身份与地位；或是对价格低廉的旅游产品感兴趣，他们往往不惜花费很多精力去广泛了解旅游产品的价格及有关信息，对旅游产品之间的价格差异进行仔细比较，反复衡量，希望买到价廉物美的产品。

在确定上述安排以后，旅游主体此时的心理活动是尽可能多地了解旅游地的情况，收集这方面的资料，包括当地的风土人情、风景点概况、气候条件、交通状况以及政治、经济、文化、社会等方面的内容，并据以作好各种精神和物质的准备。此时，旅游主体内心充满兴奋、激动、向往的情感体验，渴望早日成行。他们的感知、注意、思维和想象等心理活动都处于兴奋状态。

（二）旅途阶段

旅游主体在这一阶段的行为范式主要表现为对旅游交通和旅游住宿的共同需求。其中对交通的需求一般是安全、准时、舒适。安全是首要的，而且是最基本的需求。国际旅游的主要交通工具是飞机，尽管很多人认为坐飞机旅游是一件够刺激、但很危险的事，然而，调查统计结果表明，在现代交通工具中，飞机是最安全的。同时，旅游主体总是希望自己能够准时出发，准时抵达目的地，准时住进饭店，准时离开目的地，准时返回家中。一旦发现飞机、火车、轮船、汽车误点，他们就会变得焦躁不安，担心误了时间住不上旅馆，吃不上热饭；担心抵达目的地的时间太晚不方便，担心让前来机场（或车站、码头）迎接的亲人久等；担心会使下一站接团的导游人员失去耐心……。另外，误点不仅会白白浪费掉旅游者宝贵的时间，而且往往会打乱整个旅行日程安排，可能因此而不得不在某地无所事事地多呆一天；也可能不得不忍痛割爱，舍去自己非常想去的某个旅游点；甚至可能导致旅游预算超支，而不得不勒紧裤带，艰苦度日。总之，交通工具的不准时，尤其是误点，往往会带来许多不必要的麻烦，是外出旅游的人们不愿意看到的。

要求舒适方便也是旅游主体对旅游交通的一种普遍需求，尤其是长途旅游，容易疲劳、烦闷，产生度“时”如年的感觉。无论是火车、汽车还是飞机，都希望有舒适宽畅的座椅、热情周到的服务和冬暖夏凉的条件，以清除旅途的疲劳和不适。

旅游主体对旅馆的需求是干净卫生、便利、安全，在经过长途跋涉或参观游览之后，希望在旅馆内能够享受到热情周到和便利的服务，感受到家庭的温暖，在这个“家”里舒舒服服洗个澡，吃上一顿美味可口而又干净卫生的菜肴，然后在一尘不染的房间内，雪白的床单上安安静静地睡上一宿，以减轻一天的疲劳。这是他们对旅馆的最基本的要求。

此外，无论是对交通运输还是住宿服务，旅游主体还有一个共同的需求，就是“物美价廉”，即在保证一定服务质量的前提下，尽量在交通和住宿方面少花钱，并希望这些企业能给予他们一定的优惠，以节约旅游开支。旅游主体大都宁愿把钱更多地花费在购物和游览上。因为交通和住宿并非他们从事旅游活动的最终目的，把大量的开支用在交通和住宿方面，在他们看来是不值得的。

（三）游览阶段

经过长途跋涉，旅游者终于抵达了梦寐以求的目的地。优美的自然景色，会使他们目不暇接，忘掉旅途的疲劳和一切不愉快的事情。再加上导游人员绘声绘色的介绍，就如锦上添花，沉浸在对自然美的享受和对人文景观的赞叹之中。他们不停地拍照、摄影，想留下永恒的记忆。旅游主体在这一阶段的行为范式主要是通过参观游览，获得异地环境的体验，学习社会、历史、文化以及有关的科学知识。如，游览碑林时希望了解书法艺术；参观龙门石窟时希望探讨佛教艺术，增长佛教知识；甚至面对美味佳肴，也希望了解一些饮食文化，学习烹饪知识。由于旅游者兴趣不同，知识水平和知识结构的差异，因而可能会对不同类型的旅游资源表现出不同的偏好，有的为黄山的壮美所陶醉，为漓江的秀色所吸引，有的则把西安半坡遗址视作心中的天堂，对先民创造的奇迹赞不绝口。

在这过程中，如果对景物进行观赏的位置不同，就会形成不同的视点，从而影响到旅游者的观赏的效果。在不少风景区中，既可仰观巍然耸立令人景仰的高峰，又可平视绝磴悬崖、流云瀑布，甚至还可以俯瞰山脚村舍、寒汀野水。旅游者若能拥有广阔的视野和多变的视角，同样有步换景移的机会，关键在于要自觉地、主动地去创造观赏景观的不同位置。例如，庐山使人百看不厌的根源在就在于它有不胜枚举的极佳的观赏位置，所谓，“横看成岭侧成峰，远近高低各不同”就是这个道理。所以，旅游观赏中位置变化所造成的俯、仰、远、近、侧、正、内、外等各不相同的视角，是改变或影响旅游者观赏效果的极其重要的空间要素。

同时，旅游者也会寻求某种刺激和令人激动的经历，以留下深刻的印象。其中，参与性活动的效果往往能满足这类要求。旅游者在参观游览时，不愿意仅仅作为旁观者，而希望能参与进去，尽情地娱乐、享受。比如在参观傣族村寨时，希望能在那充满异族情调的竹楼里住一晚上；在参观泼水节时，不只是想看看，而且希望能与傣族青年男女一起唱歌、跳舞、泼水、嬉戏；在游览兵马俑时，又希望着古代战袍，骑马拉弓射箭。

当然，还有一些旅游者在游览途中会产生一种失落感，这主要是因为旅游者对游览地的期望值太高，而实际看到的没有自己想象的那么好，那么吸引人。例如，旅游者久闻洞庭湖之大名，但到了岳阳一看，“浩浩荡荡”的洞庭湖因为水太浅，湖面上连船都看不到。又如到了“天下第一名泉”，连一滴水也见不到……。每当这种时候，旅游者往往神情沮丧，情绪低落，游览兴致大减。所以，观赏的态度在很大程度上影响到游览及体验的效果。在旅游者观赏旅游景观的过程中，如果能在感觉和理解的基础上，展开想象的翅膀，将自己的情思意趣投射到外在的景观上面，使景观成为感情的载体甚至达到情景交融的境界，那无疑会极大地提高旅游观赏过程的质量，获得预期的审美快乐。这种观赏就是一种十分积极的观赏方式。如果是走马观花、不求甚解的观赏，那么，对景观中的美就会视而不见，麻木不仁。作这样观赏的人或者是本来就缺乏审美的能力或意趣，只是为了附庸风雅才动身旅游，或者是为拖沓的旅程所累，显然，这样的观赏已经与旅游的根本目的相去甚远，很难令旅游者从中感受到审美的愉悦。

在游览阶段,旅游者还有普遍的购物行为,主要是购买旅游纪念品,一则日后留作纪念,二则送给自己的家人、亲戚和朋友,以便与他们共享旅途的愉快与幸福,同时借以提高自己的地位和声望。旅游者对旅游纪念品的基本要求是有纪念价值,有地方特色,其中土特产和手艺术品是最受欢迎的,如新疆的葡萄干、西安的唐三彩、北京的景泰蓝以及贵州蜡染等。另外,一些价廉物美的日用小商品和工艺品也会受到旅游者的青睐,成为旅游者采购的对象。

(四)结束阶段

在旅游结束阶段,旅游主体的心情是比较复杂的。一方面,他们可能游兴未尽,想再多呆些日子,多玩些地方;另一方面,因时间所迫,又不得不赶回家去。一方面对旅游地的山山水水,人文景观以及在旅途结识的热情友好的游伴有恋恋不舍之情,体验着离别的痛苦;另一方面,外出多日,身居异国他乡,又期望着家人早日团聚,并把自己的旅途见闻介绍给亲朋好友和同事,与他们共享欢乐。因而此时又有一种与亲人团聚前激动、兴奋的情感体验。

在返回途中,旅游者希望尽快安全、顺利的抵达家中,为这次旅行画上一个完美的"句号"。在这一阶段,旅游者还会回顾整个旅途的经历。如果整个旅途一切顺利,活动愉快,有很多令人高兴而又难忘的经历,这个回忆过程就会使旅游主体再次获得心理上的满足。

三、旅游主体不同层次的运行范式

旅游者的偏好不同,个性特征差异也较大,造成旅游者对不同的旅游项目、不同的旅游活动方式产生行为层次上的差异性。一般可以分为三个层次:基本层次、提高层次和专门层次。

(一)基本层次

基本层次以对自然旅游资和人文旅游资源的游览观光为主,是旅游活动的最基本形式,其主要目的是通过对旅游资源的游览观光,使旅游者在满足好奇心的同时,获得短暂的美感享受。

基本层次反映了人类对审美的基本需求,是人体自然而产生的一种本能的审美过程。它首先通过人的耳、鼻、目、舌、皮肤等器官来本能地体验美、反映美、认识美。这种美感的产生对旅游者来讲是最为原始和古老的,它是人类大脑对美感产生的一种生理反应,只要旅游者处于美好的环境之中,就会自然地产生生理美感。其次,人类对旅游资源的美感能够通过人类的感觉、知觉、想象、情感和思维等心理因素的活动过程而升华,从而产生出高于现实的美感享受,并能长期存留于人的心灵。因此,旅游目的地若缺乏最基本的观光基础,便谈不上旅游层次。

(二)提高层次

提高层次主要包括娱乐、休闲、文化、购物旅游等,能使旅游者的积极主动性得到充分发挥,如滑草、滑沙、滑雪、游泳、钓鱼、划艇、打猎等。因此,提高层次反映了旅游者的个性需求条件要比基本层次多一些,如娱乐项目的安排,购物环境的好坏等。消费水平也要高于基本层次。相应地,旅游目的地要提供更为良好的旅游设施、旅游项目和服务质量。

旅游者在吃、住、行、游、娱、购的过程中,通过自身的参与,可获得更多的美感。同一旅游者参与不同的旅游项目,会得到不同的感受。即使不同的旅游者参与同一项目获得的美感也不尽相同,因此,有些感受只有亲身参加,才能真正体验其中的乐趣。

(三)专门层次

专门层次包括的内容较多,如疗养、会议、差旅、宗教、各种科学考察及调查等专业活动。这一层次参加的人数相比较而言要少于前两种,但消费水平更高,对旅游设施和服务的要求也更高。有些专题旅游活动具有较大的危险性,由此而具有较大的旅游吸引力,如攀岩等。对此种旅游项目,要进行解说、提示、活动项目的技能培训,并提供专业人员的保护和积极措施的配合。同时,某些较深奥旅游文化的“阅读”需要相当的能力,不仅对旅游者的社会阅历、人生经验、学识积累、知识结构提出一定的要求,更需要旅游组织者善于去发现并“光大”它们。

(四)旅游活动行为层次之间的关系

基本层次的旅游者是最为常见的;其他两个层次建立在基本层次的基础之上;参加旅游活动的人群存在与基本层次相对应的等级性;旅游目的地的性质,往往决定着旅游者的活动层次。

第五节　旅游客源市场

一、旅游客源市场的概念

市场最早仅是产品交换的场所,发展到现代,市场成为由一切供求关系组成的网络或总和。旅游市场是市场的一种,是旅游产品交换的场所,更是旅游产品经营者和消费者之间一切供求关系的总和。从现代市场经济观点分析,营销的首要环节和基本出发点是消费者的需求,故市场“人格化”,主要是指现实的和潜在的消费者的综合体。据此，旅游市场是指现实的和预测的(潜在的)旅游者的综合体，一般称之为旅游需求市场或旅游客源市场。由于旅游者与一般消费者不同，所以旅游客源市场与一般市场不同，主要表现在：

(一)需求弹性大

所谓“需求弹性”，是指旅游需求量同其他变量(影响因素)之间的关系。如果某一变量的变动对需求量的影响不大，即是需求弹性较小；反之，则是需求弹性较大。旅游作为一种社会经济现象，其覆盖面几乎是整个社会，许多因素都可能对旅游需求的产生以及在具体的旅游地实现有很大的影响。这类因素主要有：经济发展状况、国民收入水平、旅游政策、社会福利政策、国际局势、安全保障、海关手续、出入境制度、兑汇率、旅游基本服务的价格、客源地和旅游地的语言、文化、习俗等等。

由于各种因素的变化都会使旅游需求量发生这样或那样的变化，这就使得旅游市场可能存在很大的波动。旅游需求的波动变化很大，往往超过经营者的预测。需求弹性不仅表现为需求总量有时变动较大，而且还表现为旅游需求结构的变化。例如由于西方经济的不景气，世界旅游市场中，就会有相当一部分远途国际旅游需求量转变成为短途国际旅游或国内旅游需求量。使得远途国际旅游的人次数减少，而国内旅游人次数则增长。

旅游需求的高弹性还由于旅游供给缺乏弹性而表现得更为明显。在一个时期内，旅游业所能提供的旅游产品，无论从数量、质量或结构上，都不可能随着旅游需求的变化而迅速地做出反应；旅游地不可能迅速地改变其类型或规模来适应旅游需求的急速变化。这种状况无疑会加剧旅游供求的矛盾。

从消费者的角度考虑，旅游属于非必须消费，与人们的可自由支配收入和闲暇时间呈正相关变化，与旅游产品的价格呈反相关变化。一旦必须消费的项目(如购房等)需求扩大，也会涉及旅游市场的稳定。同理，当游览地出现非正常情况，如社会事件、自然灾害等，也会影响旅游需求，这是由旅游业的脆弱性所决定的。

旅游需求的高弹性表明，旅游经营要保持其相对稳定性，必须加强对旅游市场的调查研究，经常分析影响旅游市场的诸因素，充分掌握和预测市场变化的趋势，不断开发和优化旅游产品，使之适应或较快地适应千变万化的旅游需求；其次，一个国家或一个地区的旅游经营不能过分地依赖一二个旅游市场，必须拥有较广泛的市场。还应不断开拓一般客源市场，以减少“风险”；再次，对突然产生的旅游热潮，要从政治、经济、文化、社会等方面去分析研究形成原因和发展趋势，绝不可贸然决策。要使供给适应需求，就要深入认识需求。仅仅知道需求总量是不够的，还必须了解具体的需求结构。

(二)需求类型多

现代旅游市场是一个以全球为活动领域的世界性旅游市场,旅游者产生和活动的范围遍布世界各个地区,各自的社会背景、人生经历、兴趣爱好等各不相同,旅游动机类型众多,由此而产生的需求类型也相当多。为满足不同的需求,需要由众多的行业共同协作,提供旅行、住宿、游览、购物、消遣、娱乐等方面的服务及设施,满足旅游者不同时间、不同方面的具体需要。

(三)需求易诱导

由于旅游资源及其产品的不可移动性和开发利用的无限性,使旅游者在购买之前无法试用或检验,缺少全面的了解,容易受亲朋好友、广告宣传的影响,从而产生对某一旅游产品的需求。根据旅游动机理论,即使原本并无旅游需求的人们,也会产生并实施旅游需求。

(四)高度竞争性

现代旅游市场是一个竞争十分激烈的市场,这是因为,旅游资源的范围和分布具有广泛性,虽然各国各地区的旅游资源不可能都种类齐全,但都有一定的特色,可以开发成很有吸引力的不同特点的旅游产品,成为旅游者需求的对象。因此,世界上每一个国家或地区的旅游产品在国际旅游市场上都有销售的机会,无须担心垄断,被排斥在市场外。由此可见,在世界旅游市场上,一方面存在着众多的旅游供给者,他们要销售各种旅游产品,另一方面又存在大量的旅游需求者,他们要选择适合自己需要的旅游产品,在非垄断的情况下,其市场竞争必然非常激烈。

(五)季节性和区域性明显

受旅游资源和社会经济时空差异的影响,旅游产品在不同的季节和不同的区域销售量差异相当大。客源地的气候条件、假期、节日以及人们外出旅游的传统习惯等都会影响旅游市场的需求量,导致了旅游市场季节性的特点,造成旺季供不应求,淡季大量设施和人员闲置;世界各地资源开发程度及知名度、设施配套程度、居民收入水平等也极不平衡,导致了旅游市场区域性的特点,造成热点拥挤不堪,冷点游人寥寥无几的状况。即使是同一目的地,也存在需求的距离衰减规律,形成所谓“一、二、三级市场”。

客源在时间和空间上分布的不平衡性,一方面给组织旅游供给带来了许多困难,但另一方面也表明各旅游市场之间是可以相互弥补、综合利用的。为了达到相对的旅游供求平衡,规划时不能按旺季需求设计旅游供给,通常按比平季略高的需求规模设计供给。在旅游旺季,通过在经营管理上挖掘潜力,以弥补供给的不足。这样可以避免淡季时设施和人员大量闲置而造成的损失。同时,可利用价格杠杆来调节和制约需求。旅游淡季利用优惠等差价策略吸引客源,以保证非弹性成本(如设备折旧、员工工资等)有收入来源。在减少空间差异方面,应充分发挥宣传推销的引导作用,让市场了解冷点产品的个性特色,以有效地扩大市场容量。

二、旅游客源市场的划分

旅游市场是由其购买者及有支付能力的潜在需求者构成的。这些不同的购买者或需求者中,有些人具有某些相同的特点或共同之处,可以将其划分为同一市场组成部分。因此,旅游市场划分的根本目的就是通过研究旅游客源,发现市场机会,调整经营计划,确定销售目标和销售范围,提高市场占有率,以便为开发新的产品、制定市场战略和进行科学决策提供必不可少的前提条件,更好地满足旅游者需求,从而取得更大的社会效益和经济效益。

按照不同的指标和要求,旅游市场有不同的划分方法。最常见的划分方法是根据旅游者产生的地方,即"客源地"。大范围的客源地为全球范围,以洲、或其中一部分(如西欧、中东、北非);中尺度为国内大区或邻国;小范围一般指省内市场。这种划分方法主要用于了解客源的客观分布状况及统计。

根据世界旅游组织统计,规模较大的旅游客源区有欧洲地区、北美地区和东亚太地区。中东地区各国虽然在经济上较为富裕,但由于人口基数小,加之居民的旅游传统观念,因此所占比例不大。非洲和南亚地区仍以旅游接待为主。

(一)欧美市场

欧洲是世界经济最发达的地区,旅游业起步较早,旅游的观念也已深入到欧洲人的生活方式中,从全球来看,欧洲的国际旅游人数和国际旅游消费额等均居世界首位。美洲是另外一个大量产生旅游者的地方,尤其是以美国为首的北美洲地区,旅游客源量仅次于欧洲。

从20世纪50年代末和60年代初期开始,欧洲和北美洲两个地区就已经成为世界范围内客源规模最大的两个地区,这两个地区不但自身旅游业较为发达,而且是世界范围内70%以上客源的输出地。这主要是由于世界的经济中心一直位于这两个地区范围内。自第二次世界大战结束到60年代初,世界的经济中心位于美国,60年代后,欧洲经济快速崛起,成为继美国之后发展起来的另外一个重要的经济中心,这两个地区经济的发展刺激了旅游的大量需求。

目前,欧洲客源输出人次虽然在全球范围内有所下降,但仍然是最主要的旅游客源地。欧洲主要的旅游客源地一直集中在西欧(广义的西欧,包括北欧、南欧),如英国、法国、荷兰、比利时、挪威、瑞典、意大利、德国等国家;美洲仍以美国、加拿大为主,其他地区随着经济发展也开始成为重要客源地,阿根廷、巴西已成为发展较快的客源输出国。

（二）东亚太市场

20世纪90年代和21世纪初期，东亚太地区旅游业的增长速度大大超过其他地区。据世界旅游组织预测，东亚太地区在21世纪头10年中，国际旅游人次将平均增长6.8%，到2010年，国际旅游人次将达到1.9亿，国际旅游人次在全球所占份额将达到20.3%，成为能与欧洲并峙的重要国际旅游客源输出地。除了经济实力较强的日本是重要的客源地之外，韩国、新加坡、澳大利亚、泰国、马来西亚、中国的台湾和香港地区等也都开始大力发展出境旅游。

中国的出境旅游市场经历了起步、发展阶段，也逐渐成熟起来。1997年7月我国国家旅游局、公安部正式颁布实施了《中国公民自费出国旅游管理暂行办法》，标志着我国的出境旅游市场正式形成。出境旅游者的人数持续增多。主要集中在沿海省市，如广东、上海、北京、福建、江苏、浙江省，主要的旅游目的地为我国香港、澳门特区和泰国、新加坡、马来西亚等国家。在出境旅游远程目的地的选择上，中国公民偏爱的目的地分别是：欧洲国家占27.4%，澳大利亚/新西兰占25.5%，美国占21.7%。随着经济的发展，中国远程的旅游市场潜力也将进一步增加。2004年中国公民出境总人数达2885万人次，比2003年增长43%，成为亚洲第一大客源输出国和全球出境旅游市场增幅最快、潜力最大、影响力最广泛的国家之一。据世界旅游组织预测，到2020年，我国将成为第四大客源输出国，排在我国前面的3个国家分别为德国、日本和美国；排在后面的主要客源国依次为英国、法国、荷兰、加拿大、俄罗斯和意大利等。

中国经济的发展是形成强大客源市场的推动力。目前，我国的经济发展迅速，尤其是东部、东南沿海地区。经济的迅速发展将使得我国人民生活水平有更大提高，消费观念有更大改变，加上《中国公民自费出国旅游管理暂行办法》的实施，打破了过去长期封闭状况，我国的出境旅游将更快发展起来。

（三）非洲、南亚等客源市场

对于全球客源市场而言，非洲和南亚各国属于发展中客源地，人数相应来讲还比较小，但却一直以一个较快的速度增长。临近我国的印度是一个值得注意的客源市场，具有9亿人口的背景，其经济发展速度较快，中产阶级在社会中所占比重逐渐提高，其出国旅游需求迅速膨胀，是一个较大的潜在客源市场。

在实际经营工作中，旅游企业经常对旅游市场进行细分，选择其中规模较大，可进入性强、较为稳定的市场做出各自开发重点。这种细分方法又称市场分割或市场区划，但并非对市场的区域范围或数量规模进行划分，而是对市场需求的差异性与相似性进行分类，以利于旅游企业对旅游目标市场的选择。常用的划分依据有：

1.地理因素：包括距离、区域、气候、经济等。

2. 人口因素:包括年龄、性别、职业、宗教、文化等。

3. 行为因素:包括出游目的、动机、形式、时机、方式、状态等。

4. 心理因素:包括性格、习惯、价值观念、生活方式等。

三、中国旅游客源市场概况

(一)入境旅游市场

我国入境旅游人数在1978年改革开放后至80年代末期,不仅基数较小,而且增长速度较慢;从90年代起,在基数不断增大的同时,保持了较高速度的增长。1985年,中国入境旅游人数仅1783.31万人次,1991年为3334.98万人次,增长仅0.87倍;1992年中国入境旅游人数为3811.49万人次,2001年达8901.29万人次,增长了1.34倍。2004年,我国入境旅游人数首次突破1亿人次。2006年,达到12494万人次。

港澳台地区是我国入境旅游的最重要客源地,1978年以来,其入境旅游人数一直占我国总入境旅游人数的80%以上,对我国入境旅游业有着举足轻重的影响。随着香港、澳门的回归,海峡两岸经济文化交流的不断发展,这一客源地潜力仍非常巨大。地理位置接近、经济发达、文化同根等是港澳台客源地形成的重要原因。

在主要客源国中,以日本、韩国、美国、俄罗斯为主,约占入境外国游客总数的60%。

1. 日本:是我国国际旅游的最重要客源国。改革开放以来,无论是来华旅游人数还是旅游消费总额,日本人在来华旅游的外国人中历年都名列前茅,2006年为374.59万人次。日本是中国一衣带水的近邻,交通方便;日本经济高度发达,是世界上仅次于美国的经济大国;日本文化同中国有着悠久的历史渊源,这些都是日本成为中国国际旅游最重要客源国的基础。尽管在政治上中日关系摩擦不断,但由于中日经贸关系的持续升温,加之日本居民来华旅游条件愈加便利,中国国内旅游产品设计销售水平不断提高,来华旅游人数并没有受到的太大影响。不过,日本来华旅游人数占其出国旅游总人数的比例仍很小,我国应通过开发新的旅游产品、加大宣传促销力度、提高旅游服务质量来进一步吸引更多的日本人来中国旅游。

2. 韩国:是我国国际旅游的另一重要客源国。自1992年两国建交以来,来华旅游人数高速增长。2001年,韩国来华旅游人数首次超过该国到日本旅游的人数,达167.70万人次,中国成为韩国出境旅游第一大目的地。目前,每4位韩国出境游客中就有一位是到中国。2005年达354.5万人次,超过日本成为中国第一大客源国,2006年更是达到392.4万人次。韩国成为中国国际旅游主要客源国的基础与日本相似。

3.俄罗斯:也是我国国际旅游的重要客源国。1993年以来,俄罗斯来华旅游人数平稳增长,2001年已占外国人来华旅游总数的8.5%,居第三位。2006年来华旅游人数为240.51万人次,仍居第三位。目前,中国已成为俄罗斯第二大远程旅游目的地。由于从俄罗斯远东地区到中国观光度假的费用甚至比在其国内疗养和度假还要便宜,加之两国间持续增长的边境贸易,推动了俄罗斯来华旅游人数的快速上升。俄罗斯旅华游客大多来自其远东地区,边境旅游占有很大比重,且以购物和海滨度假为主。

4.美国:是世界上最大旅游客源输出国,每年出境旅游人数均在5000万人次以上。中国旅游资源丰富,已成为美国新的旅游目的地国家。1990～2001年期间,美国来华旅游人数由23.32万人增加到94.88万人,增加了3.07倍,在中国国际旅游业的地位日益提高,是我国最大的远程旅游市场。从入境人数上看,在中国所有客源国中,美国排第四位,2006年超过170万人次。

5.东南亚国家:由于这些国家中华人、华侨占有很大比例,且与中国距离较近,交通方便,因而东南亚成为中国国际旅游业的另一个较大而且稳定的客源地。2006年中国国际旅游16个主要客源国中,东南亚国家占有5席(马来西亚、新加坡、菲律宾、泰国、印度尼西亚),约占外国游客总入境旅游人数的1/6。

6.欧洲:是世界上最重要的国际旅游客源地之一,英国、德国、法国的来华旅游人数在我国国际客源中一直位于前16名之列,但仅占其出国旅游总人数的极小部分,因而西欧旅游客源的潜力还十分巨大。欧美地区游客来华旅游的主要目的是探索东方文明的神秘、了解丰富多彩的民族风情、欣赏古老文化的遗迹等。

综上所述,中国入境旅游的格局和发展趋势是:中国作为一个和平崛起的大国和拥有五千年历史的文明古国,正在世界上产生越来越强的影响力,这是2020年中国成为世界最大入境旅游目的地这一目标最基本的背景。同时,中国发展入境旅游采用的国家营销体制在对内整合资源、对外整体推介方面都有很强的优势,这是中国建设世界旅游强国的重要武器。在中国入境旅游客源结构的基本格局方面,地缘的因素决定了中国的主要客源来自亚洲和一些周边国家,内地的主要客源来自香港和澳门。

(二)出境旅游市场

1.出境旅游市场的形成与扩展

中国出境旅游市场是形成最晚、规模最小的市场。从人次数上看,自1992年我国正式公布出境旅游人次数数据以来,大约花了9年的时间,到2000年,达到了第一个1000万人次,而后只用了3年的时间,2003年就突破了第二个1000万人次。2003年,中国出境旅游人数首次突破了2000万人次,比2002年增长了

21.8%，这是个突破性的增长。在2000年以前，每年增量均在100万人次以下，而进入21世纪以来，每年的增幅将近400万人次，年增长速度均在两位数。至2004年，中国公民出境旅游的总人次数已超过2800万人次，比上一年增长了43%，其增长比例有了更大的超越。2005年，我国公民出境人数达到3103万人次，比上年增长7.5%。其中：因公出境588.63万人次，比上年增长0.2%，占出境总人数的19.0%；因私出境2514.00万人次，比上年增长9.4%，占出境总人数的81.0%。2006年，出境人数更达3452万人次，比2005年又增长了11.3%。其中因私出境2880万人次，增长14.6%，占出境人数的83.4%。

自1997年起至2006年，中国出境人数累计已达1.77亿人次。

与此相应，出境旅游的目的地也有了大幅度地扩大。1983年，中国开始确定中国公民出境旅游目的地，香港和澳门游开创了中国公民出境旅游的先河。而真正出国旅游始于1988年的泰国。时过两年，又开辟了新加坡和马来西亚的目的地国。但是，当时确定中国出境旅游目的地的速度非常缓慢，整个20世纪90年代，总共才确定了6个，主要集中在东南亚和大洋洲地区国家。后来，逐渐加快了扩展速度，而且往往是成片开放。2000年确定东南亚其他国家，2002年和2003年重点在南亚地区，2004年则是全面开花，先是欧洲地区，尤其是欧盟整体签订协议，从西欧到北欧以及东欧一些国家，而后是非洲国家的连片开放，南美地区后来者居上。特别是2004年12月6日《中华人民共和国国家旅游局和美利坚合众国商务部旅游合作谅解备忘录》的签署，使北美地区中国公民出境旅游目的地的国家出现了零的突破。也就说，到2004年12月31日为止，中国公民出境旅游的目的地已经遍布世界所有长期有人居住的各个大洲。截止到2007年1月1日，中国公民出境旅游目的地国家(地区)已达132个，其中86个正式开通，出境旅游市场已经成为中国旅游产业的重要组成部分。也许从确定为中国公民出境旅游目的地国到真正的旅游出行会有一段时滞，一些技术问题需要逐个解决，但ADS协议的签署，毕竟为到这些目的地的旅游开辟了道路，扫除了国家间政策上的限制。

在中国出境旅游目的地中，港澳地区一直是旅游的亮点。作为中国内地和香港、澳门2003年1月签订《内地与香港关于建立更紧密经贸关系的安排》和《内地与澳门关于建立更紧密经贸关系的安排》(CEPA)的一个直接结果，同年7月份在内地部分省市实现了内地居民到港澳个人游的自由行。到2004年7月份，开展内地港澳自由行的范围扩大到内地32个城市。虽然这个政策实施的地域依然还有所限制，但2003年以来，赴港澳的旅游者的增长速度是非常之快的。令港澳特区工商界更为高兴的是，内地旅游者到这两个地区的花费不仅比往年多，而且也比到这两个地区的其他国家旅游者消费多，有力地带动了当地零售业、饭店业、交通运输业等许多行业的发展。

2. 出境旅游市场的影响因素

(1)出境旅游需求的积累性释放。2003年是一个特殊的年份,世界各地,尤其是包括中国在内的亚太地区国家遭到突如其来的SARS和禽流感、登革热等疫病灾害,一段时间里,国内外旅游活动降到了从来没有过的低潮,在中国曾经也现了将近半年之久的“旅游冰冻期”。外国旅游者不能来中国,而中国旅游者既不能在国内旅游,也不能出境旅游。SARS疫情解除后,人们对生活有了新的感受,对健康更加关注,对休闲放松十分向往。于是,“被冻结”半年多的出境旅游需求突然释放。与此同时,一些遭受ASRS影响严重的旅游目的地为了尽快启动市场,赢得游客,采取了降低价格、增加优惠等多种促销措施,对出境旅游者产生了巨大的吸引力,在中国掀起了一个个出境旅游的高潮,并一直持续下去。

(2)中央政府的高度重视和相关政策的调整。中国公民出境旅游的发展近年来受到中央政府高度重视,成为协调外交关系、促进内地和港澳经济关系的重大措施。有关旅游合作和关于成为中国公民出境旅游目的地协议的签署,往往成为中外双边外交会谈的成果之一。尤其是2004年下半年,中国政府高层领导人(包括国家主席、人大委员长、国务院总理)直接参与谈判或出席有关旅游合作协议的签订仪式多达14次,其规格之高、频率之多,前所未有,致使中国公民出境旅游目的地的范围有了突破性的扩大。最近两年以来,中国内地居民访问香港的人次数一直高居榜首,占到港旅游者总人次数的一半左右,在港澳地区的社会稳定和经济发展中发挥了突出的作用。同时,外汇管理政策的进一步调整也促进了出境旅游活动。为了适应中国公民出境旅游的实际需要,2003年以来,国家外汇管理部门几次对居民出境换汇和出入境携带外汇的限额政策进行了调整,其中包括将出境旅游者携带外汇的数额由原来的2000美元提高到5000美元,携带出境的人民币数量从原来的6000元提高到20000元。这些政策的调整大大方便了公民出境旅游。

(3)国际社会促销力度的加大。近年来,中国公民出境旅游高速发展引起了国际社会的广泛关注,许多国家希望成为中国公民出境旅游目的地的呼声越来越高。与此同时,世界上的一些国家也在不断调整政策,采取积极措施,以抢先赢得中国市场。具体表现有:其一,加大针对中国出境旅游市场的促销力度,争相在中国设立办事机构,或在使馆内设置旅游参赞、委托相关企业代理等方式,从事关于该国家和地区的旅游宣传、联络、调研和公关活动。有一些国家早在被确认为中国公民出境旅游目的地地位之前,就在华设立了办事处;其二,积极与中国联合开展文化交流活动,希望通过大型群众性文化交流,促进两国人民的相互了解,进而激起两国人民之间双向的旅游活动,在这方面中法和中韩之间最为突出；其三，为了吸引中国公民出境旅游，一些国家积极调整了对中国公民的签证政策，简化了相关手续，给予中国公民公务旅游免签的国家不断增多。除了对旅游团体者给予更加方便的签证安排外，还放开了个人申请办理旅游签证或落地签证手续。有些国家在中国公民办理旅游签证时给予特别照顾，简化手续和减缩办证时间。

(4)旅行社组团能力进一步增强。改制后的旅行社，大多属民营性质，各旅行社为了自身生存，必须顺应市场经济发展规律，抢抓市场机遇，主动走出去，加强与各地旅游企业的联合，根据居民出游需求，积极制定各种有效的营销战略。因此，从整体上来看，各地旅行社组团能力进一步增强，出境旅游组团能力，尤其是港澳游的组团能力得到扩张。

(5)国际赛事的吸引力。近些年来，尤其是中国申办2008年奥运会成功和中国足球打进韩日世界杯之后，中国公民对国际体育竞技赛事的兴趣与日俱增，各类球迷和体育爱好者经常跟随着国际著名的球赛和其他体育赛事而出游。以2002年韩日举办世界足球杯赛为重要起点，至2004年雅典奥运会的举办，更带动了中国公民的欧洲游。与此相关的还有大型文化艺术表演、展览和其他节事等活动。

(三)国内旅游市场

1.国内旅游市场的形成和发展

1985年国内旅游统计的正式开始，标志着中国国内旅游市场的正式形成。从1985年至1991年，可看作是中国国内旅游市场的发育阶段，旅游客流基数比较小，旅游收入较低，发展速度比较慢。该阶段每年国内旅游人数不足3亿，国内旅游收入不足200亿元。7年时间里，国内旅游人数由2亿增加到3亿，仅增加0.5倍，国内旅游收入由80亿增加到200亿，仅增加1.5倍。

从1992年开始，随着国民经济发展速度的加快和国家有关旅游政策的调整，国内旅游市场迅速扩大，可谓成长阶段，表现为旅游客流与旅游收入持续高速增长。1992～2001年10年时间里，国内旅游人数由3.3亿增加到7.84亿，增加了1.38倍，国内旅游收入由250亿元增加到3522.36亿元，增加了13.08倍。这样的发展速度在国民经济各行业中是非常少见的。

但是，国内旅游市场的扩展在2003年出现了较大的波折，这是由于突如其来的SARS疫情所造成的。到2003年的下半年，中国国内旅游便出现了恢复的态势。继5月23日世界卫生组织(WHO)宣布撤销对香港和广东的旅游警告后，6月24日，WHO又在日内瓦和北京两地宣布，撤销对北京的旅游警告，同时将北京从SARS疫区名单中删除。于是，全国旅游业立即出现了强劲的恢复势头。据国家旅游局当时对部分省市自治区国内旅游的调查，7月份，山西旅游业已恢复到2002年同期的50%;山东恢复到60%;辽宁恢复到70%;陕西恢复到85%;湖南恢复到85%。不过,最具标志意义的复苏还是2003年的"十一"黄金周。

尽管中国旅游的恢复和发展还涉及很多因素,但是,基于2003年包括"十一"黄金周在内的中国国内旅游的恢复态势,2004年年初,国家旅游局提出的2004年的具体目标就已经有了趋于乐观的变化,要求2004年旅游经济各项主要指标都要达到2002年的水平。虽然2004年"五一"前突然再次出现了"非典"疫情,对一些准备出游的消费者产生了心理阻滞,但是2004年的"五一"较之2002年的"五一"(2003年的"五一",正值"非典"期间,缺乏可比性),其接待人数和旅游收入,仍然有了十分明显的增长。就全国的整体市场而言,2004年继2003年下半年的良好恢复态势,国内旅游在迅速恢复的基础上迎来了前所未有的大发展。如从旅游人数和旅游收入(即旅游者的旅游总花费)两项主要指标来看,均创历史新高;就城镇居民市场而言,2004年中国城镇居民的国内旅游,不仅出游人数、出游率、年度总花费,均比2002年有了全面的提升(同样是因为2003年缺乏可比性),而且在这四项指标中,除人均花费略低于2002年外,在出游人数、出游率、年度总花费三方面,均大大高于前四年中任何一年的水平。相对而言,2004年中国农村居民的国内旅游,更是展现出了进入21世纪以来的特别亮点,国内旅游出游数、出游率、旅游总花费、人均花费都出现了大增长。

2005年,我国国内旅游出游人数达到12.12亿人次,国内旅游收入达到5286亿元。国内旅游人数比上年增长10.0%,其中:城镇居民4.96亿人次,比上年增长8.1%;农村居民7.16亿人次,比上年增长11.4%;国内旅游收入比上年增长12.2%,其中:城镇居民旅游支出3656亿元,农村居民旅游支出1630亿元。

2006年,国内出游人数达13.9亿人次,增长15%;国内旅游总收入6230亿元,增长17.9%。

2. 国内旅游发展的有利因素

(1)中国城镇居民收入的稳定增长和农村居民收入的部分增长成为城乡居民国内旅游活动增长的基础。2004年中央一号文件(《中共中央国务院关于促进农民增加收入若干政策的意见》)和2005年中央一号文件(《中共中央国务院关于进一步加强农村工作提高农业综合生产力若干政策的意见》)所带来的农民生活的改善,使得中国农村居民的国内旅游得到进一步的发展,农民旅游从目前的极其初级的形式逐渐向着现代大众旅游的享受型延伸。

(2)SARS的冲击,使得中国居民对自己的健康更加关注,对有利于增进健康和自我发展的支出将更加肯于支付。SARS之后,人们对生命有了新的认识,对健康有了新的理解，对享受生活有了新的看法，对旅游活动和环境有了新的要求，对旅游产品的选择更注重生态性、休闲性和健康性，对质量的要求远远高于价格的要求，以康体保健、放松身心为动机的休闲度假、生态观光旅游需求趋势增强。

(3)中国居民健康状况的改善，教育程度的提高，将与收入的逐渐加多进一步合成推动旅游需求稳步增长的新推力。随着全面迈进小康和奔向富裕的中国百姓的收入水平的提高，将越来越显现出人们对于中国当前旅游价格的适应力。游客的旅游方式也更加多元化。随着自驾车增多、网络技术的普及以及旅游交通网的构架，自驾车、背包族、在线组团、户外运动俱乐部、异地交换空间等形式的自助旅游逐步升温，旅游方式不断超越原有的旅行社组团方式，游客个性得到了前所未有的张扬。

(4)随着科学发展观的树立与落实，居民的旅游活动和旅游业的价值将进一步得到理解和认识，因而必将进一步地调动各地发展旅游的积极性，推动中国有关可持续发展的进程。已有的旅游体验的获得，将更进一步激发居民对下一次旅游的选择。

(5)各级政府对旅游业发展的更加重视，对居民生活的更加关心，地方基础设施的建设，旅游的开发，“黄金周”期间的全力以赴等，都会继续发挥后续效应，使旅游供给得到继续改善。目前中国已有的经济基础及其不断增强的可喜趋势，正在成为中国旅游发展的有利支撑，既有利于旅游供给的快速增长，又奠定了居民休憩需求和交流需求的经济基础。

(6)外资进入旅游业更加方便，促进了外资的陆续进入，其所带来的活力和冲击，将促进中国旅游业更加适应市场经济的运行。

(7)民间资本不断地投向旅游业，对旅游开发和旅游经营将进一步发挥其积极的作用。

(8)国家经济实力的继续增强和社会生活的更加活跃，将给国内交流类型的旅游增添更多的发展机遇。如会展、特色节庆的举办数量和频率不断增大，特色越发显明。这主要体现在两个方面，首先是政府层面的大型节庆活动。其次，为配合政府的大型节庆活动，增强旅游节庆活动的影响力和竞争力，各旅游区(点)都举办了形式多样的旅游节庆活动。旅游节庆活动的举办不仅直接丰富了游客的旅游内容，而且更重要的是培育了旅游节庆品牌，提升了旅游区形象，扩大了知名度和影响力，增强了未来旅游产品的竞争力。

同时，随着构建社会主义和谐社会力度的加大，体现公平公正原则的社会氛围的加浓，原来发达地区中低收入群体和弱势群体也有了较多的选择旅游活动的条件、心境和能力。

第六节　旅游客流规律

旅游客流是指从客源地到目的地及返回旅游客源地的人流。这种旅游客流的双向性，一方面表明了旅游客源地与目的地之间的相互影响和相互作用，另一方面也揭示了旅游目的地与旅游客源地之间角色转换的可能性和现实意义。旅游客流规律即是指旅游主体在一定时期内，在流向和流量方面呈现的规律性。这种规律的形成，主要有两方面的原因：

首先，旅游客流的大规模形成，也即大众旅游的产生，是市场经济的产物，是第二次世界大战后各种社会、经济、政治和技术影响的必然结果。大众旅游差不多是与1958年问世的喷气式飞机一起起飞的。战后和平与繁荣的环境、带薪假期的推行、包机以及便宜的油价，连同各种前往阳光明媚的旅游目的地的包价旅游以及信用卡的广泛使用，确保了大众旅游需求的形成。在技术方面，大众旅游服务在全世界范围内已达到标准化，进行统一的高品质管理和分销，更促进了大众旅游的进一步发展。

到了20世纪70年代中期，大众旅游成为时尚。与制造业的批量生产相类似，旅游业也遵循着集中生产线的原则发展：度假旅游被标准化了，大同小异的度假产品被成批地生产出来，被以一种雷同的、像机器人一样的机械的方式批量地消费掉，不再对所访问的目的地国家的行为规范、文化和环境做细致的咀嚼。

在短短的二十年中，旅游成为大众性的、标准化的硬性组合活动。参与者看上去千人一面，缺乏个性。自80年代中期，大众旅游成为旅游产业中寻求最佳生产效率的组织和管理对象。在这样一种社会背景和消费环境当中，旅游客流的运动必然会表现出数量、方向、时间上的集中性。

其次，旅游吸引物系统在空间分布上的区域集中性，也在一定程度上约束了旅游者活动的时间和空间结构，从而导致旅游者的流动呈现明显的汇聚现象，这是旅游客流形成的主要客观因素。任何一个国家或地区，其旅游资源、旅游产品、旅游接待设施等旅游吸引物的空间布局都不可能达到足够的（更不用说绝对的）均匀，相反，区域上的集中倾向却非常明显。这种集中倾向从旅游供给的方面构成了使旅游者按照需求进行分化并进而重新组合和再集中的拉力力量，从而造成一定规模的旅游客流。

研究国外的旅游客流规律，有助于我们更好地搞好旅游规划，开拓旅游市场。世界旅游发展的历史表明，旅游主体在不同国家和地区间的流动具有以下规律性。

一、近距离流动为主

据世界旅游组织估测，在全世界六大旅游地区中，国际旅游者总量的80%来自本地区内的国家。在区内国际旅游中，数量最大的则是邻国间的国际旅游，如美国是加拿大和墨西哥最大的旅游客源国，每年去加拿大和南美等邻近国家旅游的游客人数占其出国旅游总人数的2/3以上；欧洲每年接待的国际旅游者约占全世界国际旅游总人数的50%左右，其中绝大部分是本地区产生的旅游者，约占72%。其中法国人最推崇的旅游目的地依次是西班牙、英国和意大利；从日本出国旅游的传统目的地看，也主要是与其邻近的韩国、泰国以及中国的内地和香港、台湾等地区。此外，从旅游交通工具的选择上也可以看出近距离流动的特点。在全世界国际旅游人次中，通过陆路交通前往旅游目的地的游客所占比重最大。例如，在欧洲和北美地区所接待的国际游客中，乘私人小汽车来访者约占总量的75%，且这一比重自20世纪70年代中期以来一直很稳定。

我国国际旅游流50%来自于距离较近的亚太地区，例如日本、韩国、蒙古、东南亚各国、俄罗斯的远东地区，都成为我国重要的客源地。

旅游者的旅游活动之所以集中在邻近国家和地区，主要有以下几方面的原因。

1.费用小。由于距离近，因而能够节约一笔数目可观的交通费用和部分住宿费。

2.时间省。闲暇时间是旅游者外出旅游的必要条件之一，很多人由于假期有限，很难在旅游方面花费大量的宝贵时间。因此，邻近国家和地区就成了他们的首选目的地。

3.活动方便。邻近国家和地区往往具有相同的语言、类似的文化，因而对于旅游者来说，在食、住、行、游、购等方面可以获得很大的便利。另外，邻近国家之间为了发展经济，往往互免签证。例如，美国与加拿大和墨西哥之间以及欧洲许多国家之间都有这方面的协议，从而增加了这些国家的可进入性，为旅游者在这些国家之间的旅游活动提供了便利。在邻近国家之间，旅游者往往可以自己驾车旅行，既方便、又自由、省时，一天之内可以穿越好几个国家和地区，这也使得近距离旅游人数增加。

4.受干扰较少。国际旅游非常敏感，容易受到经济、政治、战争、疾病等多种外部因素的影响。因此，从世界范围看，长线旅游不如短线旅游发达，区域旅游是国际旅游的主体。尤其是观光和度假类的国际旅游格外敏感，受外部因素的影响比会议和商务类旅游更大。

因此，距离是影响旅游流向和流量的最重要因素之一。根据距离衰变规律，在一定的吸引力和外推力的作用下，旅游客流量的大小与距离影响力成反比关系，即旅游客源地与目的地之间的距离越大，旅游客流量就越小。在一国旅游市场中，国内旅游无论是旅游人次还是旅游收入均超过国际旅游，这个事实本身就反映了这一规律。在国际旅游市场中，旅游流向和流量也体现了这一规律。旅游目的地与旅游客源地之间空间距离的远近，是决定旅游流向、流量和时间特征的最重要因素之一。这是因为，空间距离不是单一的变量，而是一个综合性的因素，同时也是一个作用方向很难确定的因素，它能以十分微妙的方式和强度影响旅游者对目的地的选择。空间跨距大，意味着地理的文化差异大，这很难说是构成了促发旅游的推动力还是遏制旅游发生的阻力，重要的是这一对矛盾力量斗争的最后结果。一般来说，不管哪个国家（地区）的居民，都首先以本国（或本地区）附近的景区景点作为主要的旅游目的地，这样所花费的交通费用就相对较少，时间也节省，加之地理、气候甚至文化方面的差异不大，也就比较容易适应。所以，各国各地区均首先把周边地区作为主要的旅游客源地，市场促销的力度由近及远，由此构成了旅游目的地客源市场的圈层模式。

但另一方面，尽管距离是旅游活动的主要限制性因素，远程旅游仍有逐渐增加的趋势，其发展前景尤为广阔。

随着经济的腾飞，科学技术的进步，生产力的提高，人们可自由支配收入和闲暇时间的增多，交通通讯工具日新月异，人们出行可选择的方式越来越多，出行同样的距离所花费的时间却逐渐缩短，使得距离自己较远、具有强烈文化地域差异的地方的魅力逐渐增高。再加上旅游目的地采取大力发展旅游业的措施，基础设施、尤其是道路越建越好，大大提高了旅游目的地的可进入性，使得远程旅游变得容易起来。

此外，网络的发展也将使越来越多的旅游者了解到较为遥远地区旅游开发的情况，从而能够克服距离所带来的信息不对称现象，通过网络信息了解旅游目的地的资源和价格等，获取自身所需要的信息。因此，网络的发展将大大带动国际客源市场的开发，促进远程旅游的发展，目前国际远程旅游人数不断增多也说明了这一点。欧美发达国家对中国有了更多了解后，很多游客都漂洋过海进行跨洲旅游活动，我国的出境旅游也有向欧美国家转移的趋势。

二、流向首都及经济、文化中心

旅游客流大量流向首都及经济、文化中心有以下几方面的原因：

1. 一个国家的首都往往就是这个国家的政治、经济、文化中心，在经济发展、城市建筑和现代化程度等方面具有较高水平，代表着该国在政治、经济、文化等方面的总体发展状况。从某种意义上讲，一个国家的首都就是这个国家的缩影，当然能够体现整个国家或民族生活状况和精神面貌，也是这一国家人民生活环境的缩影。旅游者希望通过首都这个窗口来了解这个国家。不少旅游者往往有这样的认识，不到首都就等于没有去过这个国家。

2.首都往往集中有大量能够吸引旅游者的人文旅游资源。以北京为例，除了在城市建设方面取得的成就以外，它还是很多历史事件的发生地，是许多封建王朝建都的地方，留下了丰富的人文景观，如辉煌的故宫、美丽的颐和园、巍峨的长城、众多的帝王陵墓、壮观的人民大会堂和天安门广场等，无不吸引着国外众多的观光客。

3.一般而言，政治、经济、文化中心都是大城市，具有多功能的旅游职能，其强大的经济活力、便捷的交通通讯、优越的物质条件、理想的生活方式、齐全的娱乐设施等都对游人产生巨大的吸引力。尤其是在长距离旅游活动中，大城市总是成为旅游者的首要到达中心节点，例如：三大联合国城——纽约、日内瓦和维也纳，以及巴黎、伦敦、北京、东京、悉尼、开罗等都是旅游者云集之地。

4.作为政治和文化中心的大城市，一般都具有较高的知名度，有些还具有世界级的历史文化场所，是一种文化的象征，因而能够吸引大量国内外旅游者前来参观游览。

5.作为经济中心的大城市，每年都接待大批商务旅游者，形成稳定而高消费的旅游客流。

三、流向级别和知名度较高的风景名胜地区

风景名胜地区对旅游者是一种很具有吸引力的旅游目的地，因此，旅游者总是从世界各地（包括其他风景名胜地区和非风景名胜地区）流向风景名胜地区，这是旅游者最普遍的流动规律。

据有关资料统计，在全部国际旅游人次中，70%出于度假和消遣目的，其余30%为差旅性商务、宗教、保健、体育运动、家庭事务等。风景名胜之地与人们主要的旅游需求相吻合，它具有立体形象感染力，以雄浑、险峻、幽深、壮阔等特征给人以美的感受。人们游历其境，极易把情与景、意与境融为一体，形成一种自然景观、人文景观和思想感情相互交融的艺术境界。其中，级别较高、知名度较大的风景名胜区比一般的风景名胜区更具有强烈的吸引力，人们出门进行旅游活动也总是倾向于欣赏到本国或本地区没有的自然和人文景观，这些地区往往最能体现某一国家或地区的特色，是该国旅游资源里的精华部分，较能满足旅游者在自然、文化景观方面猎奇的心理需求。尤其是长距离、跨国或跨洲旅游，更是首先

选择这样的旅游地，以获得最大的旅游体验和感受。例如：地中海之滨、阿尔卑斯山巅、巴黎的埃菲尔铁塔、北美的科罗拉多大峡谷和尼亚加拉瀑布、非洲的天然动物园、埃及的金字塔以及悉尼歌剧院等都是旅游者流连之地。外国游客到我国进行旅游时，首选的城市为北京、上海、天津、西安、杭州、南京等旅游景点多、知名度高的大城市，以及万里长城、秦兵马俑等世界级别的旅游区，而到中等或小城市的人相对较少。

四、发达国家和地区之间相互流动

从世界各旅游市场的情况来看，欧美等发达国家一直是主要的客源地，也同时是全球主要的旅游目的地，其中，欧洲市场是最发达的地区，无论是接待游客的数量，还是国际旅游收入，均居世界旅游市场之首。其次是美洲市场，合在一起接待了世界的近80%的游客，国际旅游收入占世界总收入的近80%，而且这两项指标自1990年以来变化不大，表明欧美在整个国际旅游市场中始终占据着主导地位。

从国家和地区的情况来看，在国际旅游接待人数和收入居前20位的国家和地区构成中，除了中国、中国香港、土耳其、泰国等国家和地区外，其余都是欧美经济高度发达的国家。造成这种状况的原因，主要可以归纳为以下几点：

1.欧美国家社会生产力水平高，经济发达，个人收入多，闲暇时间充足，这些都为欧美成为世界主要客源地和旅游目的地奠定了基础。经济的发达提供了较为充分的旅游可支配收入，从而为旅游活动的产生提供了较为强盛的物质基础。经济越发达，可支配收入越多，人们出游的可能性就越强。高度发达的生产力必然带来高效生产，从而获得高额收入，人均国民生产总值会相应增加。有数据表明，根据国际经验，人均GDP达到800美元时，就会使国民普遍产生旅游动机，当人均GDP达到4000～10000美元时，将产生出国旅游动机，当人均GDP超过10000美元时，人们就会产生洲际旅游的动机。由此可见，一个国家或地区经济的发达，可以促进旅游的需求。

2.拥有丰富多彩的旅游资源。欧美多数国家，尤其是西欧、北美一些国家位于中纬度，地理位置优越，气候条件适宜，名山大川景色迷人，且很多国家距地中海和加勒比海较近，自然旅游资源得天独厚。另一方面，欧美是世界资本主义的发源地和大本营，历史较久，技术先进，基础设施完备，在开发人文旅游资源方面硕果累累，除了美丽的自然景色以外，它们往往还有迷人的城市风光和独特的现代文化，因而吸引了大量游人。

3.经济发达的国家和地区之间，经济联系较为密切，商业往来频繁，商务旅游者人数非常多，这就使得旅游者在经济发达国家和地区之间的流动成为现实。

旅游者在欧洲各国之间以及欧洲与北美之间的流动就属于这种类型。同时，由于历史上大量移民从欧洲涌入美洲，二者有密切的文化历史渊源关系，文化传统相近，宗教信仰相似，基本上无语言障碍，甚至许多人都有血缘关系，因而民间往来频繁。

4. 欧美一些国家旅游业起步早、历史久，在经营旅游业、拓宽旅游市场、制定旅游政策、完善旅游法规诸方面都积累了丰富的经验；旅游交通非常完善、旅游接待设施齐全、旅游开发合理，再加上不断有新的旅游景点的开发、新的旅游项目和创意等，具有良好的旅游环境，使其在竞争激烈的国际市场中立于不败之地。

五、从经济发达国家和地区流向不发达国家和地区

由于旅游活动是一种社会经济现象，因此，必须有相应的收入作为支持。旅游客源市场经济状况的好坏直接影响当地居民的出游行为。经济发达的国家和地区，人们的平均收入水平比较高，经济的发达增加了人们的闲暇时间，科学技术水平的提高大大解放了生产力，从而使得人们的工作时间大为减少，人们可以有更多的可支配时间用于旅游。因此，经济发达的国家首先成为主要的旅游客源市场。从旅游客源流向分析，目前世界上出境旅游最活跃的地方往往也是经济最发达的国家和地区。而在经济不发达的国家和地区，除了基本的食宿需求以外，人们能够用于旅游活动的可自由支配的收入非常有限，外出旅游很难成行。因此，这些国家和地区在世界旅游业中只能充当旅游接待国（或地区）的角色，凭借其奇妙绝伦的自然风光、沙滩和阳光以及独特悠久而又丰富多彩的文化资源吸引经济发达国家和地区的人们前来观光、游览，从而导致旅游者从经济发达的国家和地区流向经济不发达的国家和地区。另外，由于经济发达的国家和地区，在其经济发展过程中，往往伴随着严重的工业污染和生态环境的破坏，而不发达国家和地区在这方面的问题则不很突出。因此，旅游者从经济发达的国家和地区流向经济不发达的国家和地区，以摆脱嘈杂的环境，投身于大自然中，呼吸清新的空气。很多欧洲人去非洲旅游就是出于这种动机。比如，坦桑尼亚凭借其硕大的原始森林，肯尼亚则以其巨大的自然动物园吸引着成千上万的欧洲旅游者前去观光、游览和消闲。

另一方面，由于旅游业具有赚取外汇改善收支平衡，促进本国经济发展，扩大就业，增加税收，并能促进本地区的经济结构优化等优点，发展中国家也都把旅游业作为自己的支柱产业。当然，如果旅游业都超前发展，也会带来相应的一系列问题，如环境恶化、通货膨胀、地价飙升等。

进入本世纪以来，国际旅游客流出现了由发达国家向发展中国家转移的趋

向，主要体现在一些新崛起的国家和地区的出境旅游发展迅速。其根本原因还在于世界经济格局的变化。随着发展中国家经济的腾飞和各国政府对旅游业的扶持，发展中国家的旅游者数量将大大增多。以我国为例，据世界旅游组织预测，到2020年，中国将成为世界第一位的旅游接待大国和第四位的客源输出国。另外，中国旅游业"十五"、"十一五"计划和2015、2020年发展目标预测，到2005、2010、2015、2020年，国内旅游将分别达到11亿～11.5亿、15亿～17亿、21亿～25亿、29亿～36亿人次，出境旅游将达到1600万、2000万、2500万和3700万人次。

六、严寒地区与温暖地区相互流动

气候条件的差异对旅游者的流向有着重要影响。在寒冷的冬季，旅游者为了避寒，往往要到温暖的国家和地区旅游；而在炎热的夏天，旅游者为了消暑，则又选择天气凉爽的国家和地区作为目的地。以夏威夷为例，每年的12月至转年的4月，正是夏威夷的旅游旺季。而此时，北美正是冰天雪地，寒风刺骨，因此，北美地区的旅游者就大批向这里移动。与此相反，位于大洋洲地区的澳大利亚人、新西兰人则为了避暑，在每年的12月至转年的2月，纷纷从炎热的南半球来到北半球凉爽的夏威夷。另外，西班牙接待的很多旅游者来自欧洲，这些旅游者的目的是去温暖的西班牙寻求阳光和沙滩。而我国的哈尔滨在隆冬时节，则依靠其"千里冰封，万里雪飘"的北国风光和迷人的冰灯游园会吸引着大批来自香港等温暖地区和国家的观光客。因此，旅游者在严寒地区和温暖地区的流向是相互交错的。

七、流向人文关系密切之国

国际旅游客流具有在人文关系密切的国家之间相互移动的特征。主要表现为：A国居民喜欢大批涌向B国旅游；B国居民也喜欢大批涌向A国旅游。旅游客流相互移动的一对国家，或有着民族的亲缘关系，或有相同的语言文字，或有较密切的政治经济联系，或有相同的宗教信仰等。两国之间密切的人文关系主要是由于殖民、移民以及各种政治、经济联盟造成的。

1. 殖民影响。20世纪上半叶，资本主义列强在亚非拉广大地区建立了众多殖民地和半殖民地，而且往往把自己的语言文字、教育、文化、货币及政治结构等强加于人，从而形成了宗主国与殖民地之间千丝万缕的政治、经济、文化联系。如今，尽管殖民时代早已成为历史，但前宗主国和前殖民地之间密切的文化、政治、经济联系却并未告终。前宗主国的旅游者仍喜欢去前殖民地观光旅游，已成为众所周知的事实，如来往于法国与其所属西非和北非前殖民地之间的旅游客流，就说明了这一点。

2. 移民影响。移民是人类社会普遍存在的一种社会经济文化现象。从一国向另一个国家大量移民，就会在移民母国和移民国之间形成文化、经济联系。回母国寻根祭祖是移民的普遍心愿，至移民国探亲访友也是母国亲友的通常做法。这样，在移民母国和移民国之间就会形成国际旅游客流。例如，美国曾出版一部描写黑人命运的小说《根》，又据此拍成了电影，立即在美洲大陆黑人中掀起了"寻根旅游"热，使非洲的冈比亚等国应接不暇

3. 结盟影响。近几十年来，世界区域经济一体化的趋势不断加强，各种政治、经济联盟相继成立，极大地便利了游人的出游。在这方面，最典型的例子当数欧元区。1999 年 1 月 1 日起"欧元"(EURO)正式问世，区内 11 个国家(德、法、意、荷、比、卢、西、葡、芬、奥、爱)组成欧洲货币联盟(EMU)。欧元区锁定汇率、单一货币，将成为无国界、无障碍的类似大国的旅游区，区内旅游更为便捷，人员往来大幅度增加，对欧洲乃至全球经济产生深远影响。

由于影响旅游者流向和流量的因素是不断变化的，因此，旅游者的流向和流量本身也处在不断变化之中，是一个动态的概念。

思考与练习

1. 调查周围有关人员的旅游动机并予归纳分析。
2. 全面分析观光旅游者的特点及原因。
3. 简述你家乡所在地旅游客源市场的构成特点。
4. 中国国际客源有哪些流动规律？

第三章　旅游活动的客体

本章提要

旅游资源与其他资源相比，有着不同的内涵和特点。这些特点不仅制约着旅游主体的活动范围和时机，也对旅游业的经营管理提出了特殊的要求。同时，鉴于旅游资源开发利用过程中出现的问题，应制定必要的开发原则和保护措施，以提高旅游资源利用率，确保旅游业的可持续发展。

第一节　旅游资源的概念和类型

旅游资源是旅游活动中的客体，是发展旅游业的基础和不可缺少的物质条件。一个地区或国家旅游资源的特色、丰度和分布状况，直接影响吸引旅游者数量的多寡和旅游空间范围的大小，也关系到旅游业的发展前景。对旅游资源的认识，是随着旅游业的兴起和发展而不断深化的。由于旅游业是一项新兴产业，而旅游资源相对于其他单一的传统资源，在内容和构成上都要复杂得多，因此对旅游资源的确切定义，国内外目前尚未形成统一的表述。

一、旅游资源的概念

1985 年，郭来喜等人从资源学和人文地理学角度首先对“旅游资源”下了定义。郭来喜认为:"凡能为人们提供旅游观光、知识乐趣、度假疗养、娱乐休息、探险猎奇、考察研究以及人民友好往来和消磨时间的客体和劳务,都可以称为旅游资源。"周进步认为:"旅游资源是指地理环境(包括自然环境和人文环境)中那些为旅游者感兴趣的、可以利用的物质条件。"方如康认为:"所谓旅游资源,就是能对旅游业产生经济价值的观赏对象,也就是说凡是能对旅游者产生观赏吸引力的资源。"

同年,黄辉实从经济学角度提出了另一定义:"旅游资源就是吸引人们前来游览、娱乐的各种事物的原材料。这些原材料可以是物质的,也可以是非物质的。它们本身不是游览目的物和吸引物,必须经过开发才能成为有吸引力的事物。"这里他将资源与景点严格区分开,资源即原材料,景点即吸引物。

1992 年,尹泽生在研究各家见解后,结合旅游资源普查试点,在《中国旅游资源普查规范》一书中指出:"自然界和人类社会凡能对旅游者产生吸引力,可以为旅游业开发利用,并可产生经济效益、社会效益和环境效益的各种事物和因素都可视为旅游资源。"这一定义明确了构成旅游资源的三个基本条件:一是对旅游者有吸引力,能激发人们的旅游动机;二是具有可利用性,随着旅游者旅游爱好和习惯的改变,旅游资源的包容范畴不断扩大;三是资源的开发能产生不同的经济效益、社会效益和环境效益。在九十年代中国旅游资源普查工作中,该定义被广泛应用,并为"国家标准 GB/T 18972—2003 旅游资源分类、调查与评价"所采用。

和我国学者不同的是,西方学者常使用旅游吸引(物)的概念代替旅游资源的概念。在这种情况下,旅游吸引(物)是指旅游地吸引旅游者的所有因素的总和,它包括了旅游资源、适宜的接待设施和优良的服务,快速舒适的旅游交通条件,甚至还包括了政府的政策和旅游人才的培养。

二、旅游资源的分类

旅游资源的分类,是根据旅游资源的相似性和差异性进行归并或划分出具有一定从属关系的不同等级类别的工作过程。在所划分出的每一种类别(类型)中,其属性上彼此有相似之处,不同类别(类型)之间则存在着一定差异。例如根据成因可把旅游资源区分为自然旅游资源与人文旅游资源两大类别,前者是指地貌、水体、气候、动植物等自然地理要素所构成的、吸引人们前往进行旅游活动的天然景观,具有明显的天赋性质;后者内容广泛、类型多样,包括各种历史古迹、古今伟大建筑、民族风俗等,是人类活动的艺术结晶和文化成就,两者之间的成因存在着明显的不同。自然旅游资源与人文旅游资源两大类别,根据各自内部的差异还要进一步分出次一级类型,从而形成具有一定从属关系的不同等级的类别系统。

(一)旅游资源分类的目的和意义

科学的分类是一项重要的基础性研究工作。旅游资源的分类具有重要的意义。

首先,分类可以使众多繁杂的旅游资源条理化、系统化,为进一步开发利用、科学研究提供方便。五花八门的旅游资源各有特点,通过比较、认识、归纳及划分所形成的旅游资源分类系统,实际上是一个关于旅游资源有关资料的存取系统(即信息系统),为人们从整体上分门别类认识旅游资源创造有利条件。区域性旅游资源分类系统的建立,又可为区域旅游开发提供一定的科学依据。不进行旅游资源的分类,杂乱无章的旅游资源个体就难于被人们认识和利用,就会陷入烟云迷雾之中。因此旅游资源分类是研究、认识旅游资源及开发利用旅游资源的重要基础,对实践具有重要的指导意义。

其次,旅游资源的分类过程,实际上是人们加深对旅游资源属性认识的过程。分类总是通过分析大量旅游资源属性的共性或差异性,分出不同级别的从属关系及其联系,通过不断补充新的资料,提出新的分类系统,或通过不同地区、不同要求的旅游资源分类,从不同侧面加深对旅游资源属性的认识,甚至发现、总结出某些新的规律性,从而促进有关理论水平的提高。因此旅游资源分类还具有一定的理论意义。

由上所述可以看出,旅游资源分类的目的,在于通过各种分类系统的建立、补充,加深对旅游资源整体或区域旅游资源属性的认识,掌握其特点、规律,为进一步开发利用保护及科学研究服务。

(二)旅游资源分类的原则和依据

1.分类原则:分类原则是分类的准绳、标准,只有遵循一定的原则,才能保持分类的科学性和实用性。

(1)共轭性与排他性原则:也称相似性与差异性原则,即不能把不具有共同属性的旅游资源归为一类,所划分出的同一级同一类型旅游资源必须具有共同属性,不同类型之间应具有一定的差异。

(2)对应性原则:所划分出的次一级类型内容,必须完全对应于上一级类型的内容,不能出现下一级内容超出上一级或少于上一级内容的现象,否则就会出现逻辑上的错误。例如地质地貌旅游资源进一步分类,应包括所有的地质地貌旅游,不能只包括地质旅游资源或地貌旅游资源,更不能包括非地质地貌旅游资源。

(3)逐级划分原则:即分级与分类相结合的原则。旅游资源是一个复杂的系统,它可以分为不同级别、不同层次的亚系统。分类时,可以把分级与分类结合起来，逐级进行分类，避免出现越级划分的逻辑性错误，例如可以把旅游资源先分为高一级的自然旅游资源与人文旅游资源，然后对其分别再进行划分次一级类型，如果需要，还可再向下划分更低一级类型。

2. 分类依据：根据旅游资源本身的某些具体属性或关系进行分类。

(1)成因：是指旅游资源形成的基本原因与过程。例如，地貌旅游资源按成因可分为流水作用的旅游地貌、风力作用的旅游地貌、溶蚀作用的旅游地貌等。

(2)属性：是指旅游资源性质、特点、存在形式和状态等，例如自然旅游资源中的地质地貌旅游资源、水体旅游资源、气候旅游资源、生物旅游资源等，它们的性状不同，因而可以区分为不同的类别。

(3)功能：是指能够满足开展旅游活动需求的作用。有的旅游资源可以满足开展多种旅游活动的需求，因而具有多种旅游功能。根据旅游资源功能的不同可以把旅游资源区分为不同的类别，例如观光游览型，参与体验型、购物型等旅游资源。

(4)时间：指旅游资源形成年代的不同，据此可将旅游资源区分为不同的类别，例如依据时间因素可把建筑旅游资源区分为古代建筑与现代建筑。

(5)其他：例如开发利用情况、管理级别、旅游资源质量高低等，均可作为不同目的和要求的分类依据。

(三)旅游资源的类型

1. 根据资源属性的分类：分为自然旅游资源和人文旅游资源。进一步的细分又有各种不同的方法。最为典型和常用的是国家旅游局规划发展与财务司和中国科学院地理科学与资源研究所于 2003 年制定的"旅游资源分类、调查与评价"方案(国家标准 GB/T 18972—2003)。在这一分类方法中，将旅游资源分为"主类"、"亚类"、"基本类型"三个层次。若干属性相同或相近的基本类型归并为亚类，若干亚类又归并为主类，二者均不开展实际调查；基本类型("旅游资源基本类型"的简称)是普查的具体对象。全部基本类型共有 155 种，归为 31 亚类、8 主类。

2. 按照管理级别的高低，旅游资源可以划分为世界级、国家级、省级和市(县)级四种类型。

(1)世界级旅游资源：主要包括经联合国教科文组织批准分别被列入《世界遗产名录》的名胜古迹和列入联合国"人与生物圈"计划保护区网络的自然保护区。它们具有全球性的艺术观赏、历史文化和科学研究价值，是世界上品位和知名度最高的旅游资源，也是全人类的宝贵遗产和海内外广大游客向往的旅游胜地。

(2)国家级旅游资源：主要包括由国务院审定公布的国家重点风景名胜区、

国家历史文化名城和国家级重点文物保护单位,以及由原林业部批准建立的国家级自然保护区和国家森林公园。它们都是中国壮丽河山的精粹和中华文化的瑰宝,具有重要的艺术欣赏、历史文化和科学研究价值,在国际上有较高的知名度。

表 4-1 旅游资源分类表

主类	亚类	基本类型
A地文景观	AA 综合自然旅游地	AAA 山丘型旅游地 AAB 谷地型旅游地 AAC 沙砾石地型旅游地 AAD 滩地型旅游地 AAE 奇异自然现象 AAF 自然标志地 AAG 垂直自然地带
	AB 沉积与构造	ABA 断层景观 ABB 褶曲景观 ABC 节理景观 ABD 地层剖面 ABE 钙华与泉华 ABF 矿点矿脉与矿石积聚地 ABG 生物化石点
	AC 地质地貌过程形迹	ACA 凸峰 ACB 独峰 ACC 峰丛 ACD 石(土)林 ACE 奇特与象形山石 ACF 岩壁与岩缝 ACG 峡谷段落 ACH 沟壑地 ACI 丹霞 ACJ 雅丹 ACK 堆石洞 ACL 岩石洞与岩穴 ACM 沙丘地 ACN 岸滩
	AD 自然变动遗迹	ADA 重力堆积体 ADB 泥石流堆积 ADC 地震遗迹 ADD 陷落地 ADE 火山与熔岩 ADF 冰川堆积体 ADG 冰川侵蚀遗迹
	AE 岛礁	AEA 岛区 AEB 岩礁
B水域风光	BA 河段	BAA 观光游憩河段 BAB 暗河河段 BAC 古河道段落
	BB 天然湖泊与池沼	BBA 观光游憩湖区 BBB 沼泽与湿地 BBC 潭池
	BC 瀑布	BCA 悬瀑 BCB 跌水
	BD 泉	BDA 冷泉 BDB 地热与温泉
	BE 河口与海面	BEA 观光游憩海域 BEB 涌潮现象 BEC 击浪现象
	BF 冰雪地	BFA 冰川观光地 BFB 长年积雪地
C生物景观	CA 树木	CAA 林地 CAB 丛树 CAC 独树
	CB 草原与草地	CBA 草地 CBB 疏林草地
	CC 花卉地	CCA 草场花卉地 CCB 林间花卉地
	CD 野生动物栖息地	CDA 水生动物栖息地 CDB 陆地动物栖息地 CDC 鸟类栖息地 CDE 蝶类栖息地
D天象与气候	DA 光现象	DAA 日月星辰观察地 DAB 光环现象观察地 DAC 海市蜃楼现象多发地
	DB 天气与气候现象	DBA 云雾多发区 DBB 避暑气候地 DBC 避寒气候地 DBD 极端与特殊气候显示地 DBE 物候景观
E遗址遗迹	EA 史前人类活动场所	EAA 人类活动遗址 EAB 文化层 EAC 文物散落地 EAD 原始聚落
	EB 社会经济文化活动遗址遗迹	EBA 历史事件发生地 EBB 军事遗址与古战场 EBC 废弃寺庙 EBD 废弃生产地 EBE 交通遗迹 EBF 废城与聚落遗迹 EBG 长城遗迹 EBH 烽燧

续表

主类	亚类	基本类型
F建筑与设施	FA 综合人文旅游地	FAA 教学科研实验场所 FAB 康体游乐休闲度假地 FAC 宗教与祭祀活动场所 FAD 园林游憩区域 FAE 文化活动场所 FAF 建设工程与生产地 FAG 社会与商贸活动场所 FAH 动物与植物展示地 FAI 军事观光地 FAJ 边境口岸 FAK 景物观赏点
	FB 单体活动场馆	FBA 聚会接待厅堂(室) FBB 祭拜场馆 FBC 展示演示场馆 FBD 体育健身馆场 FBE 歌舞游乐场馆
	FC 景观建筑与附属型建筑	FCA 佛塔 FCB 塔形建筑物 FCC 楼阁 FCD 石窟 FCE 长城段落 FCF 城(堡) FCG 摩崖字画 FCH 碑碣(林) FCI 广场 FCJ 人工洞穴 FCK 建筑小品
	FD 居住地与社区	FDA 传统与乡土建筑 FDB 特色街巷 FDC 特色社区 FDD 名人故居与历史纪念建筑 FDE 书院 FDF 会馆 FDG 特色店铺 FDH 特色市场
	FE 归葬地	FEA 陵区陵园 FEB 墓(群) FEC 悬棺
	FF 交通建筑	FFA 桥 FFB 车站 FFC 港口渡口与码头 FFD 航空港 FFE 栈道
	FG 水工建筑	FGA 水库观光游憩区段 FGB 水井 FGC 运河与渠道段落 FGD 堤坝段落 FGE 灌区 FGF 提水设施
G旅游商品	GA 地方旅游商品	GAA 菜品饮食 GAB 农林畜产品与制品 GAC 水产品与制品 GAD 中草药材及制品 GAE 传统手工产品与工艺品 GAF 日用工业品 GAG 其他物品
H人文活动	HA 人事记录	HAA 人物 HAB 事件
	HB 艺术	HBA 文艺团体 HBB 文学艺术作品
	HC 民间习俗	HCA 地方风俗与民间礼仪 HCB 民间节庆 HCC 民间演艺 HCD 民间健身活动与赛事 HCE 宗教活动 HCF 庙会与民间集会 HCG 饮食习俗 HGH 特色服饰
	HD 现代节庆	HDA 旅游节 HDB 文化节 HDC 商贸农事节 HDD 体育节

资料来源:国家标准 GB/T 18972—2003 旅游资源分类、调查与评价

(3)省级旅游资源:主要包括省级风景名胜区、省级历史文化名城,有些省份还公布有历史文化名镇和省级文物保护单位,以及省级自然保护区、省级森林公园等。它们均具有较为重要的艺术欣赏、历史文化和科学研究价值及浓郁的地方特色,在省内外有较大影响。

(4)市(县)级旅游资源:主要包括市(县)级风景名胜区和文物保护单位。它们具有一定的艺术欣赏、历史文化和科学研究价值,是本地游客的主要游览对象。

3.根据旅游活动性质的分类:可分为观赏型旅游资源、运动型旅游资源、休(疗)养型旅游资源、娱乐型旅游资源以及特殊型旅游资源(如具有科学考察价值的旅游资源)。

4.根据游客体验性质的分类:这种分类强调的是旅游者体验的性质,因而既可视为一种旅游资源分类,也可视为一种旅游地分类。典型的如1979年美国的德赖弗(Driver)等提出的分类系统。他们将旅游资源(旅游地)分为5大类:原始地区、近原始地区、乡村地区、人类利用集中的地区、城市化地区。

旅游资源的类型划分,除了上述分类方法以外,还有多种分类方法。例如:有人根据旅游资源的市场特性和开发现状分为潜在的、现有的和即将开发的旅游资源及市场型旅游资源;有人根据旅游吸引物的吸引性质分为场所吸引物和事件吸引物。场所吸引是指旅游地固有的物质实体(如自然风景、名胜古迹)对游客的吸引。事件吸引是指旅游者去一个地方旅游,主要是或仅仅是因这一地方所发生的事情(如奥林匹克运动会、庆典)的吸引。显然,如果一个地方本身就具有丰富的场所吸引物,又发生着吸引旅游者的事件,那么它的总体吸引力会大大增强。总之,出于不同的目的、按不同的依据,可以有不同的分类方法。

第二节　旅游资源的特征

旅游资源不同于传统的土地、水体和矿产等资源,是一种特殊的资源,它具有以下特征。

一、地域性

受自然条件和人文因素的限制,旅游资源首先表现为空间分布上的巨大差异性,这是造成旅游者空间移动的根本原因。这种差异性表现为众多旅游目的地与旅游者通常的生活习俗、文化背景和居住环境大不相同。差异越大,对旅游者来说就越独特,吸引力也就越大。如我国南、北方之间自然景色和民俗方面的差异:北方山水浑厚,建筑巨大,民众性格粗犷豪放;南方山水秀丽,建筑玲珑,民众性格细腻柔和。

地域差异导致旅游资源在宏观尺度上形成了明显的区域分异规律。地域性越强,即资源特色越明显,价值越大。这种地域差异性是从区域总体上反映出的旅游资源基本特征,而不是单就某个个体旅游资源元素而言的。旅游资源的地域差异,主要是受自然地理和人类社会活动的一般规律所决定,并由此形成了在不同纬度和经度上旅游资源的地带性分异特性,以及在相同经纬度上可能表现出的垂直地带性分异特性。例如,在气候湿热的热带和亚热带,除了繁茂而绚丽多彩的动植物以外，地表和地下的岩溶也都十分发育，从而在地表形成大量孤峰、石林、石芽峰林地貌，在地下形成溶洞、地下河、石笋、石柱、石灰华、钟乳石等。相应地，在这里生活的人民也积累了独特的文化，有着浓郁的热带风情。而在气候寒冷的寒带和极地，主要是针叶林和冰原景观，生物种类匮乏，一派肃杀气氛，这些与在此生活的爱斯基摩人和他们的猎狗、雪橇等一起构成了另一种生动而独特的社会景象。因此，人文旅游资源在分布上也有地域性，因为地域不同，人们的劳动方式、生活条件不同，使得人们的生活习惯也就不同。

正是因为旅游资源具有分布上的地域性这一特点，才会吸引不同地域旅游者形成跨地域的旅游活动，从而使不同地域的旅游业得以发展和兴盛。

二、吸引性

一般说来，旅游资源主要对旅游者有使用价值，而这种效用就体现在使旅游者获得愉悦的心理体验。通过这种体验过程，不同旅游者得以分别或同时满足三个不同层次的心理需要：美感层次——即观光旅游，满足风景审美需要；娱乐层次——即休闲度假，满足放松身心之需；专项层次——即专项旅游，满足细分市场游客的多种个体需求。由此而使旅游者在美感陶醉中获得精神愉悦，在广闻博见中得到充实自我的精神满足，在移情、寄情中得以释放情感的欲望。无论是名山大川、奇石异洞、海湖泉瀑、风花雪月，还是文物古迹、民族风情，都应该具备这样的基本功能。旅游资源的美学特征越突出，观赏性越强，对旅游者的吸引力就越大。

旅游资源的吸引力在某种程度上还涉及旅游者的主观心理感受。就某项具体的旅游资源而言，它可能对某些旅游者吸引力颇大，而对另外一些旅游者则无多大吸引力甚至根本没有吸引力。所以，任何一项旅游资源都有吸引力定向的特点，只能吸引某些市场部分，而不可能对全部旅游市场都具有同样大的吸引力。即使是西湖、张家界这样等级的旅游区，仍有人认为“没多大兴趣”。因此，旅游资源的吸引性特征还附有感知决定性和价值不确定性。

旅游者的民族或文化差异也使同样的资源具有不同的旅游价值。由于旅游者生活于不同的文化背景之下，因此，其旅游需求自然要受到文化因素的影响，从而也影响对旅游资源的价值判断。毫无疑问，对于都市居民来说，大山里的奇木怪石、松涛云海足可以唤起他们强烈的心灵震撼和审美愉悦，而对于本地居民而言，不仅没有美的感受，甚至会产生由衷的厌恶，因为长期的生活斗争使他们对这一切只有畏怯心理，而没有审美要求。

三、季节性

旅游资源的地域性和吸引性还与季节性紧密相关。就我国而言，夏季全国普遍高温，不少自然旅游资源的地域差异就大大缩小；冬季南北温差极大，旅游资源的地域性就大大加强。同理，旅游资源的吸引力也时常受到季节和气候变化的影响。因纬度和地形的差异而产生的气候季节变化对异地人来说都存在着生理适应问题，旅游者更要认真考虑到某地需要带多少行装，以及那里的气候环境能否对自己的旅游活动产生积极影响。这从客观上造成旅游资源的吸引力会随着季节的改变出现周期性变化，旅游业也因之处于淡季与旺季的交替状态之中。

大多数旅游资源地的淡旺季规律性很强，一般以年为周期，尤其是特殊景观的特殊时期，如冰雪、树挂（雾凇）、枫叶、钱塘潮、牡丹花会、荷花节。但也有一些地区淡旺季变化很快，是以星期为一周期（如某些亚热带地区的旅游地）。这种变化往往与自然季节关联不大，主要取决于客源产生地区（一般为旅游者目的地的邻近地区）的公休日长短。但有时也受到天气变化的影响，如台风、暴雨、连绵不断的梅雨或整日不散的大雾等客观现象，都有可能打消人们的旅游念头。

相对而言，人文旅游资源的季节性少明显，如园林，基本建筑的艺术特色四季可赏，但最佳观赏亦在春秋，有植物、水体等衬托。各类节庆、经济、宗教和政治活动也有明显的周期性。

四、不可转移性

由于旅游资源的地域性特征产生于宏观大尺度地理背景之下，就使得绝大部分旅游资源处于一种无法脱离的宏观环境之中。以社会风情来说，就是一种十分综合的现象，不仅具有时间上的长期性和文化上的遗传性，更具有空间上的相对封闭性，因而无法把构成一地独特社会风情的综合因素加以分解，勉强分解的结果也只能是使之成为失去了旅游价值的一般社会现象。旅游资源的这种不可转移性特征，赋予一国或一地区对某种旅游资源的垄断，简单的仿制根本无法与本体旅游资源相比拟。尽管许多有关民族风情的主题园仿制了逼真的诸如竹楼、蒙古包等兄弟民族的村寨或居室，但它缺乏地域背景、周边环境与民族习俗的依托，在游客的视域中，真假泾渭分明，无法替代。那些历史感强的资源，更无法离开特定地理环境的历史背景，否则将失去其本身的历史价值和观赏价值。至于长江三峡、桂林山水、壶口飞瀑等自然资源的特定地理环境更是无法用人工力量来搬迁或异地再现。个别旅游资源个体可能有小尺度搬迁（如塔、庙等的近距离迁移），但这并没有在根本上改变旅游资源的不可转移性。

正是由于旅游资源所具有的地域性、不可转移性特征，决定了旅游这种特殊的人类活动现象必定表现出暂时性和异地性特征，来解决旅游资源不可移动性的矛盾。由此可见，旅游资源的不可移动性与旅游的异地性，双方互为前提，缺一不可。

五、萌变性

旅游客体本身作为独立于旅游之外而存在的物象，它能否真正成为旅游资源，受各种因素的影响。其中，时间、空间、人类偏好等是最重要的因素，这些因素的不确定性会使该资源在不同时代、不同地域、不同人群或社会当中的旅游价值大相径庭。旅游资源的本原在于它具有的可以满足人们旅游愉悦需要的功能。尽管这种功能的存在有其客观性，但从历史上看，人类的审美能力和愉悦要求确实是随着社会实践的发展而逐步形成、发展和丰富起来的。因此，在不同的时代，人们对自然和社会的存在是否可以构成旅游资源的价值判断，就会表现出极大的差异。这种差异概括起来有四点：一是旅游资源随时代的需求而产生、发展，品种数量正在成倍增加；二是随着时代的发展，部分旅游资源已走向淘汰、消失；三是旅游资源因时代的差异而评价不同；四是因时代不同，旅游资源的功能也不同。

六、重复使用性

旅游资源的利用，不像大部分其他资源那样，有其使用极限或需繁殖，而主要用于吸引游客前来“观赏”，在理论上可以永久使用，这也是各地争相发展旅游业的动因之一，主观上希望一次投资开发，能得到长期回报。实际上，旅游资源永续利用的前提条件是保护得当，“带走的只是照片”，甚至只是美好记忆。否则，资源质量下降，同样会有“损耗”。如旅游旺季游人过量，使部分园林、溶洞遭破坏。在这种情况下，如果是极为稀有、价值极高的资源，就会走向另一极端，呈现“不可再生性”的特征。特别是我国西部生态脆弱地区，旅游开发很容易造成“不可再生旅游资源的破坏”。有形的旅游资源是如此，无形的旅游资源也有同样的问题。一项使用过度的有形资源可能被毁坏，甚至不可再生。一项维护不当的无形资源，如人类口头与非物质文化遗产，一旦遭到破坏，更是难以修复。

七、类型的广泛性

从旅游资源的定义可以得知，旅游资源是一个内涵非常广泛的集合概念，任何能够造就对旅游者具有吸引力环境的因素都可成为旅游资源。此外，旅游资源在表现形式上具有多样性的特点。它可以是自然的，也可以是人文的；可以是历史的，也可以是当代的；可以是有形的，也可以是无形的。在空间分布上，无论从天上到地下、从山区到平原、从乡村到城市、从赤道到两极，旅游资源无处不在。

旅游资源的这一特点，是由旅游者心理特点的多样性以及由此决定的千差万别的旅游需求推动下的产物。世间百姓性格各异，有人追求名山揽胜，有人专钻小巷探幽，有人喜欢竹间品茶，有人乐于卡拉OK。总之，这是客观世界的复杂性决定的，也是与人们旅游动机的多样性分不开的。从某种意义上可以说，旅游资源是使用人群最广、类型最多的资源。从古代起，就有帝王巡游、官吏宦游、买卖商游、士人漫游、高僧云游、平民百姓节会庆游等，可谓雅俗共赏，老少皆宜。现代人已将旅游作为生活的重要部分。

旅游资源类型的广泛性还体现在各种类型的相互包涵性，即各种类型的旅游资源在地域分布上往往呈现重叠、交叉、组合的现象，最为典型的是"自古名山僧占多"，或"山不在高，有仙则名"，使我国不少名山，如泰山、黄山、武夷山等成为"自然、文化双重遗产"；对于旅游者的体验而言，著名的人文景观也需要自然环境的衬托才更加丰富多彩，西湖闻名天下的背景即是因其典型的自然与人文旅游资源绝佳组合。

第三节　旅游资源的开发

旅游资源开发，是人类对自然界和社会客观存在的事物和因素，通过一定的经济技术活动，使之可以为旅游业所利用，并对旅游者形成吸引力的一种过程。当这种开发的目的是商业性的时候，旅游资源由此而成为旅游产品；当这种开发出自非商业的目的时，旅游资源则由潜在形态转变为现实形态，成为供大众旅游者无偿享用的公益性场所。

对旅游产业而言，旅游资源的存在形态是潜在的，具有开发和利用价值。虽然对于个别旅游者来说，一些旅游资源即使没有经过开发，其旅游价值有时也可以直接予于体现，但从现代的旅游意义上来说，真正对大众旅游者有价值的旅游资源必须经过一定的开发过程才能加以利用。也就是说，旅游资源要经过旅游产业的加工、追加一定量的、为旅游而投入的劳动，才能为旅游者所观赏、游览和参与。

旅游资源开发有首次开发（或初次开发）和再次开发（或深层开发）的区分。首次开发是指对存在于自然界和社会的某些资源所进行的初次开发，使其转化或变成为旅游资源。如一座民宅，年代久远，规模较大，建筑风格独特，艺术价值、观赏价值很高。经过开发，使它面对社会展出，而成为一个新的旅游点。该住宅原本只是具有一定使用价值的民居，只是因为适合某些旅游者的需要，经过开发而成为旅游资源。这种旅游开发就是初次开发。旅游资源的再次开发，是指已被利用的旅游资源的继续开发。有的是数量的增加，有的是质量品位的提高，还有是种类的增多，甚至是内涵的丰富等。随着旅游业的发展，旅游资源利用价值的延续，旅游资源一般都要进行再次开发或深层开发。

需要说明的是，旅游资源是被当作本身就对旅游者有旅游愉悦价值的客体来看待的，而不是必须要借助于开发才赋予其旅游价值。开发的过程仅仅改变旅游资源的可接近性或可进入性，而并不从根本上改变资源的旅游价值(这里所说的旅游价值不是指经济上的价值即物化劳动和活劳动，而是指它所具有的能满足旅游者的审美、愉悦等需要的价值)结构。在现实的旅游资源开发实践中，正是由于缺乏这种认识，才出现一边不惜重金在旅游资源分布区内搞所谓景观建设，做一些画蛇添足、似是而非、弄巧成拙等等令人颇感遗憾的事情，一边同时也在破坏着旅游资源。因此，在旅游资源开发过程中，一定要坚持正确的原则。

一、旅游资源开发的原则

旅游资源开发，如就旅游资源的数量看，有单项开发和集聚开发；就地域分布上看，有单一景点或地区的开发以及较大地域内的开发。由于以上不同情况，开发的原则会有所不同。

(一)独特性原则

旅游活动，通常要求旅游吸引物及其周围环境要具有独特性，特别是与客源市场所处的环境有很大的差异性，此种差异性越大则吸引力越大。这主要取决于该地的旅游资源结构。

独特性原则，首先要求在旅游资源开发中应把挖掘当地特有的旅游资源作为出发点，尽可能突出旅游资源的特色，从战略上认识到所拥有资源的优势，并通过开发措施使其原有特色更加鲜明和有所创新和发展，从而形成强大的吸引力和完整、独立的旅游形象。同时，还要坚持在旅游资源开发中突出民族特色，增强地方色彩。特定区域内的民族风情、民族习俗、民族文化，是旅游资源开发取之不尽、用之不竭的源泉。在开发过程中，要突出该民族的建筑风格、艺术品位、文化情趣、审美风格等特色，从而形成鲜明的个性和吸引力。

(二)市场导向原则

对于旅游资源的开发，在我国向来有资源导向和市场导向两种思想。所谓资源导向是指是否开发旅游资源的根本依据是当地是否拥有旅游资源，而基本不考虑是否有旅游需求、旅游市场。也就是说，有什么旅游资源，就可能开发什么旅游资源。进入 20 世纪 90 年代以后，我国旅游资源开发开始更加注重市场意义，于是出现了市场或消费者导向。这种导向强调市场的存在与否及其规模和结构特征是决定旅游资源开发规模、指向和层次定位的基本依据。这一思想的现实性来自这样三个方面的考虑：第一，在多数情况下旅游资源可以且仅仅构成其开发的基础；第二，良好的资源可能因为可进入性差（存在空间障碍和文化障碍等）而不具有开发价值；第三，在没有资源的地方，如果市场需求强劲，也可以生产出某种旅游产品，这说明资源在旅游业经营中已不是唯一的决定性因素。因此，在现阶段，更多的人坚持在开发旅游资源时，要考虑的重要因素是市场是否存在。

市场导向原则，是指旅游资源在开发前要进行市场调查和市场预测，准确掌握市场需求及其变化规律，包括需求的内容、满足程度、发展趋势及潜在需求状况和整个市场的规模、结构和支付能力，结合旅游资源特色，确定开发的主题、规模和层次。开发什么样的旅游资源才算是遵循了市场导向原则，这里不能一概而论。因为旅游客源市场是发展变化的，旅游者的兴趣、爱好等也是发展变化的。在特定时期内某些旅游资源对旅游者有较大的吸引力，能吸引较多的游客前来。但是，经过一定时期以后，它们对游客的吸引力可能减弱。在这种情况下，再开发这些类型的旅游资源，会造成浪费。

（三）总体规划原则

开发旅游资源的目的是促成旅游资源向旅游产品的转变，使旅游资源成为能够推动地方经济发展和社会进步的一个重要因素。但是，从旅游资源向旅游产品的转化过程，实际上是社会（当然通常是社会的一部分成员）将不属于个别人的自在之物转化为个别人可以从中获得资本增值的一个渠道的过程。在这个过程中，既有收益的空间分配问题，也有代际分配问题；既有局部利益分割的问题，也有社会利益的关注问题。同时，旅游资源开发还要涉及到多种利益集团的得失，还要牵涉到复杂的社会、经济、技术因素。因此，应把旅游资源开发工作视为一项系统的工程，对于涉及到的各个方面进行统筹考虑，切实地制定出对社会全体利益、长远利益有通盘考虑的发展规划，才能确保旅游资源的可持续开发利用。

同时，旅游资源一般都是十分脆弱的资源，再生能力差，一旦失去，很难恢复。旅游活动既有毁坏自然生态环境的能力，也有摧毁传统文化的倾向，而这两点对旅游本身都可能是致命的。所以，在目前开发旅游资源时，仅仅秉奉顾客是上帝而不顾及其他的思想，已经不符合当代尤其是未来社会发展的需要。把旅游资源视为一种人类极其稀缺的资源，把旅游企业经营理解成足以影响社会各个集团和阶层利益的社会活动，把企业的利益置于社会大家庭的总体利益之中，旅游企业才有持续发展的可能。

（四）保护性开发原则

旅游资源，只有经过人类有意识地开发，至少要具备"进得来，出得去，散得开"的可进入性，有了基本的、并同环境相协调的接待设施，才能被旅游业所利用。特别是近年来，人们意识中的旅游活动不再是单纯的观光活动，而更多地包含了休闲、健身、娱乐等内容，这就需要更多的旅游服务设施，即需要大规模地开发。但过度开发及旅游者的纷至沓来，无疑会或多或少地给旅游资源带来不利影响。旅游资源遭受破坏后，一部分会自然恢复，但需要很大的人力、物力及较长的时间，如植被的恢复；而另一部分则根本不可能恢复，如山体、洞穴、古生物化石及人文旅游资源中的文物古迹，致使该区域的旅游业遭受致命的打击。因此，必须正确处理二者的关系。当然，保护性开发并不是把保护绝对化。开发依然是目的，但保护是前提。不管是自然旅游资源还是人文旅游资源，在开发过程中，都要将保护工作放在首要地位，切实加强保护措施，通过开发有力地促进旅游资源的保护；保护的成果又会使旅游资源质量提高、吸引力增大，使旅游资源的开发取得良好效益，促进区域旅游业的持续发展。如果不善加保护，最终都将丧失开发和经营赖以存在的基础。

（五）游客参与原则

现代旅游业的发展，要求各项旅游开发工作不能局限于旅游客体——旅游资源上，而要将眼光放到旅游主体——旅游市场上，改变过去那种走马观花式的景点组合开发方式，把旅游市场与旅游资源融为一体进行考虑。

游客参与原则，要求在旅游资源开发过程中创造更多的空间和机会，便于游客自由活动。各种旅游服务设施，可以采用渗入、延伸或扩大视野等方法，设置于旅游资源所处的大环境中，使游客在整个游览娱乐活动过程中有广阔的自主活动空间和主动接触大自然的机会，有充分展示自我意识的环境，真正体验人与环境协调统一、和睦相处、融为一体的感受。

（六）效益原则

这里所说的效益，包括生态效益、社会效益和经济效益，旅游资源开发应尽力照顾到上面各方面的效益。

首先，开发旅游资源要注意生态效益，不要因开发而破坏山体、水体、植被、树木、水质、空气等。相反，要通过旅游资源的开发，使山体、水体等更加优美，使植被覆盖率更高，使一些花木得到保护，使水质变得更加清洁，使空气变得更加清新。世界上有不少旅游地或旅游风景区经过开发后，使生态环境质量大大提高。

其次，开发旅游资源要注意社会效益，即对社会进步能产生积极影响，包括对人类的智力开发、知识普及、思想教育、社会道德风尚优化等。如博物馆、展览馆、纪念馆等，对旅游者都能从不同的方面起到积极有益的作用，能够开发人们的智力，增加人们的历史、文化、科学、民俗、军事等方面的知识，增强人们的爱国主义思想和高尚的道德情操等。

再次，开发旅游资源应注意开发者的经济效益。旅游资源是旅游业建立和发展的基础，旅游业既然是一种产业，当然就要考虑投入与产出的对比分析，尽量达到赚取外汇、回笼货币、解决就业、发展地区经济等目的。作为旅游投资者，他的投资和经营目标是利润的最大化，如果开发旅游资源不能带来经济效益或经济效益甚微，旅游业就难于发展。

二、旅游资源开发的基本内容

旅游资源开发的目的，就是使旅游资源为旅游业所利用，从而使其潜在的资源优势变成现实的经济优势。因此，旅游资源的开发实际上并非局限在对资源本身的开发上，而是在选定好旅游资源的基础上，为了开拓利用或更好地利用这些旅游资源而对与之有关的接待条件进行开发和建设，以便使旅游资源所在地成为一个有吸引力的旅游环境或接待空间。在这个意义上，旅游资源开发同旅游业开发在内容上并无大区别。这些内容主要包括：

1. 旅游区的全面规划

对旅游资源所在地区的全面规划，是整个旅游开发工作的出发点。大多数旅游资源，在经过有意识的开发和建设之前，一般都缺乏现代旅游活动开展的基本条件，难以融入大规模的旅游接待活动。因此，从游览内容、形式、秩序、线路等方面对规划地区旅游资源进行全面而科学的规划，不仅是指对尚未利用的旅游资源的初次开发，也可以是对已经利用了的景观或旅游吸引物的深度开发，或进一步的功能发挥；不仅指从无到有的一个新景点的具体规划与设计，以及对旅游资源必要的整修和管理，也可以是对现实存在的旅游资源的归整和加工。

2. 增强旅游资源的吸引力

旅游资源开发的最直接目的是充分挖掘旅游资源的特色，有效地加强旅游者的感受强度，从而使其留下特别美好的印象。通过对地表物体及其空间的合理科学安排，强调和突出旅游景观的功能，创造高效、舒适、诱人的旅游环境的过程，甚至能起到将一般旅游资源设计成高档旅游项目的效果。例如，层次丰富的山谷常给人以幽深之美。这种景观以山麓地带为地形基础，辅以茂密的乔木为条件，构成半封闭的空间，视野狭小而景深较大，有迂回曲折之妙，无一览无遗之坦。幽美在于深藏，景藏得越深，越富于情趣，越显得幽美。在旅游项目设计过程中就应注意游览路线的巧妙安排，使游客能充分领悟或欣赏。而水的动态，不仅要利用水面的辽阔和水势的激荡，还要考虑水流速度和跌水高度，让游客在水体形象变化前后的对比中，触摸到大自然的脉动，欣赏到自然变化的韵律。至于建筑和园林景观的设计余地更大，甚至可成为历史文化的标志、国家民族的象征。

3. 提高可进入性

在开发过程中，交通当然是首先需要解决的问题。但是可进入性并非仅指旅游者可由外界抵达该旅游点，而是要"进得来、出得去、散得开"。也就是说，要使旅游者来得方便、在旅游目的地逗留期间活动方便以及结束访问离去方便。所以，可进入性是指旅游目的地同外界的交通联系，以及旅游目的地内部交通运输的通畅和便利程度。因此，解决和提高可进入性程度，不仅包括陆路、水路和空中通道的基础设施的建设，而且还包括各种交通运输工具的运营安排。

4. 建设和完善旅游基础设施

旅游者在旅游活动中的主要目标虽然是旅游吸引物，但在这一过程中，他们还有基本生活需要，这就决定了旅游地必须向旅游者提供相关服务及其必需的配套设施。对于少数处于初次、甚至是原始开发的旅游资源，大规模进行旅游基础设施建设是必要的。但在多数情况下，被开发地区在这方面都有一些原已存在的基础。这些原有基础设施在数量(或能力)上和布局上大都是在决定发展旅游之前根据当地人口的需求规模规划设计和建造的。随着外来游客的大量涌入，很可能出现供应能力不足的问题，因而需要扩建和完善。

5. 建设旅游专门设施，形成一定规模的接待能力

旅游专门设施是指那些虽然也可供当地居民使用，但主要供外来旅游者使用的服务设施。换言之，如果当地没有外来游客，这些设施便失去了存在的必要。这类设施主要包括宾馆饭店、旅游问讯中心、旅游商店、娱乐场所等。由于这类设施主要供旅游者使用，因此必须根据旅游者的需要、生活标准和价值观念来设计建造，并据此提供相应的服务，这是开展旅游活动的物质保证。现代旅游不同于古代旅行，它是人们的一种高级享受，设施的质与量在某种程度上可能会决定人们是否光顾该旅游区。因为设施不完善所造成的问题常常使那些打算享受舒适旅游生活的人们产生怨言，从而冲淡了诱人的旅游资源带来的快感。

6. 完善旅游服务

旅游服务质量的高低在一定程度上会起到增添或减少旅游资源吸引力的作用。因此，要不断加强和完善旅游服务，并培训能够提供专业服务的人员。国际旅游界将旅游服务归属在以下几个部门：商务部门、通讯服务、建造和相关的工程服务、销售服务；教育服务、环境服务、金融服务、保健类和社会服务、旅游和旅行相关的服务、观光和消遣服务、文化和体育服务、交通服务等。目前世界上许多国家都以国际标准体系要素制定的 ISO9000 系列，尤其是 ISO9004－2(质量管理和质量体系要素第二部分——服务指南)作为旅游业标准化管理的手段。

三、旅游资源开发的程序

旅游资源的开发建设是一个极为复杂的技术经济过程，是一项综合性和全局性很强的工作。从总体上说，它主要包括：旅游资源的调查与评价、可行性论证、开发导向模式、开发方案的设计和实施、市场反馈及方案的进一步修正等步骤。

(一)旅游资源调查与评价

这是资源开发的基础性工作。不了解旅游资源，缺乏详细正确的认识与评价，开发建设就无从谈起。调查的内容主要包括旅游资源的类型、数量、分布、景观特色和个性等。对自然旅游资源，应科学解释其成因及演变；对人文旅游资源，应查清其历史渊源及文学艺术价值等。然后对旅游资源进行定性、定量评价，分析其旅游价值、功能、空间组合特征及旅游容量等。最后写出旅游资源调查报告及评价总结报告。

(二)可行性论证

这是资源开发的前期工作，也是开发决策的重要依据。如果由于可行性研究不足而造成决策上的错误，其后果将是很严重的。因为旅游地的建设绝大部分表现为固定资产形式，耗资巨大，一旦建成，格局已定，难以再做重大改变。所以有必要缜密研究，谨慎从事。

旅游资源开发的可行性论证分析主要包括经济可行性分析、技术可行性分析、社会环境可行性分析等。

(三)开发导向模式

旅游资源开发导向模式是由旅游资源类型结构和市场需求结构这对供需矛盾所决定的，要解决的核心问题是旅游资源的开发方向问题。旅游资源开发导向模式主要包括以下内容：

1. 基础形象导向。旅游资源在旅游者心目中的形象主要源于两个方面：一是社会自然的长期教育和影响及旅游者个人的经历，即原生形象。二是旅游者在旅游机构的广告促销和公关活动的影响下形成的形象，即次生形象。

2. 总体功能导向。即旅游资源的总体功能倾向，如文化旅游、度假疗养旅游、消遣娱乐型旅游或科学考察、探险型旅游。

3. 市场功能导向。即旅游资源呈现在目标客源市场上的总体形象。它是根据旅游资源在旅游者心目中的受重视程度，为其确定一定的市场地位，即在旅游资源开发后要形成一定的特色，树立一定的形象，以满足游客的某种需求和偏好。在旅游资源开发初期，旅游资源的形象主要是旅游者心中的基础形象，故目标市场的选择和市场定位是形成市场形象的主要因素；它的后期则要靠旅游资源的价值、声誉、市场排序及受游客青睐的程度。

4.主题风格导向。主要根据地区内各类旅游资源之间在旅游功能上的分工和协作，制定出相应旅游资源的主题风格，如民族风格、个性风格、西洋风格、流行风格等。

(四)开发方案设计和实施

确定了旅游资源的开发方向之后，就进入旅游资源开发的具体设计阶段。开发设计是在调查评价和可行性分析基础上，确定旅游规模和开发内容，拟定旅游区的空间布局、功能分区等，最终制定出旅游资源开发设计的总体方案。

旅游规模的确定是受客源市场和旅游环境容量限制的；开发内容则是按照市场的需求和资源的功能和特性确定的。对要开发的各种旅游项目进行相关分析，以确定各种活动之间的相依或相斥关系，从而有效地进行功能分区；在各功能分区内为各种设施、活动寻找适当的位置，如野餐区必须具备良好的排水条件、浓密的遮荫、稳定的土壤表层、良好的植被覆盖及方便的停车场。在设计中必须围绕满足游客的需要这个核心，让游客在活动的参与中得到某种身心益处，真正达到创造符合人们生活环境的目的。

制定好旅游资源开发设计方案之后，进入开发的具体实施和经营运行阶段。但旅游资源的开发并不应就此止步，而要根据市场信息反馈和需求结构的变化，进一步认识旅游资源与旅游功能的价值，优化业已形成的旅游设施与服务系列，维持并不断提高旅游资源的吸引力，形成资源开发的良性循环。

第四节 旅游资源的保护

一、旅游资源保护的必要性

(一)维护生态的平衡

在环境污染和破坏日益频繁的今天，人类的生存正面临着严峻的挑战，环境保护已成为全世界人民的共同心愿。旅游景观，作为地理环境的重要组成部分，是历经亿万年的自然和人类演变过程而得以保存下来的具有旅游价值的珍贵资源，对它们的保护不仅是环境保护的重要内容，而且对维护生态平衡具有积极的意义。

自然景观旅游资源，按其所在环境可以分为顺境自然生态景观、逆境自然生态景观和特异自然生态景观三大类。顺境生态景观是指保存完整的原始景观，如世界自然遗产、自然保护区和一些风景自然区，多分布在高山深谷、人类难以到达的区域和宗教圣地。这种景观得以保存下来，有两方面的原因：一是由于生产力水平的限制，人类暂时难以涉足；二是宗教力量的控制。这类景观生态系统，往往极为脆弱，随着生产力和旅游业不断发展，它们已经和正在成为旅游开发的对象，若开发不当或开发后管理不当，违反自然生态发展规律，很容易造成自然生态系统不可逆转的破坏，数亿年演化遗留的珍贵自然遗产将毁于一旦；逆境自然生态景观是指由于自然生态系统的逆向演化所形成的具有观赏价值的自然景观。如云南元谋土林和陆良彩色砂林风景区，虽然系水土流失所形成，但若人类活动加大了水土流失的强度，则势必影响这类景观的形态特征，甚至会导致其从地球上消失；特异自然生态景观是指自然形成的以奇异特征吸引游客的自然景观，如喀斯特地貌中的云南石林、桂林山水、地下溶洞。这类景观若不注意保护，如喀斯特造型景观的石芽被炸毁、地下溶洞中的石钟乳和石笋被敲断等，将使之失去原有的魅力，减少对游客的吸引力，同时也破坏了自然景观的完整度。可见，保护自然景观旅游资源就是保护自然生态系统。

（二）保护文化的完整性

地方文化，作为反映人类社会发展历史长河各个阶段的活的标本和缩影，是人文景观旅游资源中最富生命力的组成部分。不同地域、不同民族的人们，在长期适应和改造大自然过程中形成的独特的生产、生活习俗，以及宗教信仰，是人与自然和谐发展中的一种文化定位，具有其合理性。在进行旅游资源开发时，只有从弘扬民族文化的角度出发，保持其“原汁原味”，防止低级庸俗化的不良开发行为，地方文化的完整性和文化生态平衡，才不至于被破坏，旅游地也才能显示出强劲的生命力。

此外，众多的古人类遗址、古建筑等历史遗存，不但是重要的人文景观旅游资源，其中的精华还以其极高的历史、文化和艺术价值，成为珍贵的世界文化遗产。如北京故宫，是目前世界上现存的规模最大的木结构建筑群。又如中国的万里长城，是世界上最为壮观的军事建筑，被称为全球七大古建筑之一。正如历史不可倒逆一样，古人遗留下的历史文化古迹，一旦被破坏就不能再真正恢复原样，即使付出极大的代价仿造，其意义已截然不同。

（三）促进旅游业的可持续发展

可持续发展，作为规范人类活动的一种方式，已为越来越多的人们所接受，成为21世纪人类经济、社会发展中的重大理论与实践课题。可持续发展的核心，是发展，即发展经济；资源的可持续利用和生态环境的改善，是标志；社会有序地不断全面进步，是目标。简而言之，可持续发展就是要以最小的资源环境代价，来获取最大的发展效益。

旅游可持续发展，是可持续发展思想在旅游业中的具体贯彻和应用。1995年，联合国教科文组织、环境规划署和世界旅游组织等，在西班牙召开的“可持续旅游发展世界会议”上所通过的《可持续旅游发展宪章》中指出：“旅游具有双重性，一方面能够促进社会经济和文化的发展；同时，旅游也加剧了环境损耗和地区特色的消失”；“可持续旅游发展的实质，就是要求旅游与自然、文化和人类生存环境成为一体，自然、文化和人类生存环境之间的平衡关系使许多旅游目的地各具特色，旅游发展不能破坏这种脆弱的平衡关系”。可见，旅游资源及其所存在的生态环境的保护，对旅游业的可持续发展至关重要。一方面，旅游资源的特色和永恒存在，是旅游业生存和发展的基础。而旅游资源是有限的，旅游活动造成环境损耗和地方特色逐渐消失，实质上就是对旅游资源的消耗。旅游发展必须切实保护好旅游资源，使其可持续利用水平不断提高。另一方面，较高的旅游资源可持续利用水平和良好的生态环境状况，又是旅游可持续发展的重要标志。真正可持续发展的旅游业，必须是建立在人们适度开发、旅游资源可持续利用水平和生态环境承载力不断提高的基础上。

二、旅游资源破坏的原因

分析古今中外造成旅游资源破坏的原因，大体上可归结为自然衰败和人为破坏两个方面。

（一）旅游资源的自然衰败

无论是自然形成的还是人工创造的，旅游资源都存在于大自然中。大自然的发展变化，也会使旅游资源产生变化，甚至使之衰败。根据影响的程度和速度，可分为突发性破坏和缓慢性破坏两种。

1. 突发性破坏。自然界中突然发生的变化如地震、火山喷发、海啸等自然灾害的出现，会直接改变一个地区的面貌，毁掉部分或全部的旅游资源，这种现象被称为旅游资源的突发性破坏。如雕塑于公元前2世纪、名列世界古代七大奇迹之一的罗得岛太阳神像就毁于地震灾害。在1994年大地震中，中国历史文化名城云南丽江大研镇的部分古建筑也遭到破坏。1997年8月12日，夏威夷岛最古老的瓦吼拉神庙，被基拉威火山喷出的岩浆全部淹没，一座拥有700年历史的名胜古迹毁于一旦。

2. 缓慢性破坏，包括自然状况下的寒暑变化、风吹雨淋及生物作用所导致的旅游资源形态和性质的改变。任何名胜古迹都时刻受到自然机械风化的危害。如埃及的基奥普斯大金字塔，近一千多年来的风化所产生的碎屑体积已达5万立方米，平均每年损耗50立方米，即整个金字塔表层每年损耗约3毫米。有些更古老的金字塔风化得更为厉害，许多大石块几乎被损坏，或者只剩近似圆球形的团石，台阶上则堆积很厚的碎屑。又如秦始皇陵，据三国时魏人说："坟高五丈，周围五里余"，经折算，高约120米，底边周长约2167米。这座由人工用黄土堆积的帝王陵墓，经过2000年的风雨侵蚀，目前高度已降到不足65米。

(二)旅游资源的人为破坏

旅游资源的人为破坏大多超过自然风化破坏的程度，是多方式的、严重的，有的甚至是毁灭性的。按破坏产生的根源来看，可分为建筑性破坏、生产性破坏、旅游活动导致的破坏等。

1.建设性破坏，主要指工程建设、市镇建设和旅游资源开发建设中规划不当导致的旅游资源破坏，其破坏方式主要包括：

(1)直接拆毁或占用文物古迹。

(2)市镇建设工程对景观环境的破坏。

(3)由于旅游规划不当而造成景点建设中的破坏。

2.生产性破坏，指工农业生产对旅游资源的破坏和对旅游环境的污染。

工业生产对旅游资源以及旅游区自然生态状态环境的破坏，往往是相当严重的。例如，不少河流过去碧波荡漾、清澈见底，但随着小化肥厂、小农药厂、小造纸厂等的发展，将大量污水废渣排入河中，使河水混浊，废渣堆积。不少地方还存在着落后的农业生产方式，无计划地过度采石、伐木、取水，对风景旅游景观的破坏不仅严重，而且其后果将是不可逆转的。

3.旅游活动对旅游资源的破坏。

(1)旅游活动的开展加速了名胜古迹的损坏和衰败。尽管在自然条件下名胜古迹也会经历风化作用而衰竭，但其过程缓慢。旅游开发后，旅游活动的开展，大量游客的涌入，加速了自然风化的速度，导致古迹的破坏。

(2)大量旅游者的介入，使旅游区的自然生态环境受到严重威胁。一方面，大量旅游者的踩踏使土壤板结，古树枯死；游人在山地爬山蹬踏，挖掘土石，破坏在自然条件下长期形成的稳定落叶和腐殖层，造成水土流失，树木根系裸露，成片山草倒伏；由于宣传教育不足，游人损木折花、狩猎禽兽的现象，在旅游区内也十分常见。所有这些，都对自然生态平衡产生巨大的威胁。另一方面，在一些旅游城市和旅游景区，旅客的进入和旅游活动的开展，对自然生态环境造成污染。

4.不合理的开发利用方式。

(1)长官意志式的开发。

(2)崇洋媚外式的开发。

(3)一哄而上式的开发。

(4)急功近利式的开发。

(5)盲目错位式的开发。

三、旅游资源保护的内容

旅游资源保护包括两个方面的内容：一是旅游资源本体的保护；二是旅游资源所赋存的环境的保护。根据造成旅游资源和旅游环境破坏的原因，保护工作可以从如下几个方面操作：

(一)加强立法，严格执法，使旅游资源的保护有法可依。

有关旅游资源和旅游环境保护方面的立法，就是给旅游者、旅游经营者和旅游管理者制定行为规范。其内容应包括旅游区建设项目的审批办法和权限，旅游资源保护的范围和内容，对违反保护条款者的处罚办法等。

世界上不少国家一直非常重视旅游资源的保护工作，以保护旅游风景环境为目的的政策法规，也出现较早。如早在1872年，美国就立法保护其第一座国家公园黄石公园；日本则在1963年颁布了《旅游基本法》，其中规定"保护、培育和开发旅游资源"，并将其作为国家必须实施的八大政策之一。

我国自20世纪50年代初开始，先后制定了《古迹、珍贵文物、图书及稀有生物保护办法》、《文物保护管理暂行条例十八条》、《中华人民共和国文物保护法》、《森林法》、《保护珍稀动物法》、《风景名胜区暂行管理条例》、《风景名胜区保护管理实施办法》以及《环境保护法》等多种法律法规。各级地方政府，还制定了各种实施细则和办法。

(二)重视科学研究，合理编制规划，规范旅游开发和保护行为。

旅游资源开发规划的制定，是旅游开发研究的中心环节。规划在对旅游区(点)做出科学构想和设计的同时，还要提出地形景观、林木植被、文物古迹、动植物、水体以及整个生态环境、旅游环境的保护措施，并合理划定保护区范围和确定容量。此外，规划还应从总体布局上予以协调组织，避免在风景区布置不必要的参观游览服务设施。必须从全局出发，既搞好风景旅游区的保护规划，又搞好非风景区的旅游资源保护规划；既要搞好旅游区总体规划，又要搞好详细规划(景区规划和景点设计)，还要搞好大区域的保护规划。只有这样，保护工作才不会出现疏漏，并成为立法管理的重要依据。

现在，尽管各地所报规划均有资源保护规划的具体章节和内容，但在具体开发过程中却往往难以得到真正贯彻实施。究其原因，重要的一点是开发项目完成后的验收，在保护方面没有将其重要性放在应有的位置，也没有全国统一有据可依且详细的科学指标体系，更没有强有力的奖惩措施促使其真正严格执行。这样，保护规划形同虚设。欲使旅游资源开发与保护规划落到实处，就必须下大力气解决好管理上的立法和执法问题。

（三）重视对旅游活动的管理和引导。

首先，根据具体景区的资源和环境特点，慎重确定旅游活动项目。对于那些会导致景区内水体、空气污染的旅游活动项目，应严格限制开发，甚至完全拒之门外，以保护景区优良的自然生态环境。对于那些以保护珍稀野生动植物为目的而设置的自然保护区，则要限制旅游活动的空间范围，在有关专家的协助下，科学划分"核心区"、"缓冲区"和"实验区"，并将旅游活动尽可能控制在实验区范围内，适度向"缓冲区"伸展。

其次，针对旅游旺季一些旅游景点人满为患的实际情况，采取有效措施对游客疏导、分流或限制。如北京故宫，为保护古建筑和改善旅游环境气氛，实行调整门票价格和限制游览人数的作法，以取得良好效果。

再次，要加强对游客行为的管理和引导，在旅游区设立具有环境教育功能的基础设施，如关于生态环境景观的相应解说系统，提醒游客注意环境卫生的指标牌与废物收集系统；在门票、导游图、导游册上添加生态知识和注意事项等；对一些习惯好、素质高、能自觉保护景区的游客给予一定的奖励；对少数损害景区环境的游客，要给予应有的经济惩罚；对其中情节严重者，应按有关法律法规处分，而不能一味姑息迁就。

（四）旅游资源的恢复维修。

绝大多数旅游资源一旦遭到破坏，就难以完全恢复。但有些古建筑文化价值和旅游价值都相当高，虽然已经衰败或受到破坏，甚至不复存在，仍可以采用培修和重建恢复其风采；有的旅游景区植被遭破坏，则应积极采取植树造林等生态建设对策；对于珍贵的旅游资源，应尽量减少其自然风化的衰减速度。

1.培修复原，整旧如故。历史建筑，因经历了上百年甚至上千年的自然风化和人为破坏，出现影响原有特色的破损或变色，可以采用复原培修的办法，采用原材料、原构件，或在必要时用现代构件进行加固，但要保持原貌，即整旧如故，切忌因"翻新"而失去"古"的特色。如西安小雁塔的修复较为成功，修复后仍保持其古朴苍劲的面貌。

2.仿古重修。历史上一些著名的建筑物，由于自然或人为的原因在地面上已经消失，但在旅游业迅速发展的今天，为满足人们旅游需要，有必要进行重修，以再现古建筑岁月。如武昌的黄鹤楼为江南三大名楼之一，但在民国初年却毁于一炬。1954 年建武汉长江大桥时，南岸桥头堡占其旧址。20 世纪 80 年代，于原楼址南侧一千米处重修黄鹤楼，保存原有的塔式阁楼造型风格和江、山、楼为一体的意境，堪称仿古建筑成功的范例。

3.生态建设。许多旅游景区，由于原来工农业和交通的发展，造成了植被的破坏，影响了旅游资源的质量。如中国第二深的云南抚仙湖，水质良好，达饮水标准，但美中不足的是山上植被被破坏，成为景色的一大缺陷。为改善其景观结构，首要任务是治山、种树、搞生态建设，使山绿起来。旅游区山体的生态建设，不仅要考虑固定水土的生态效益，还要考虑观赏的旅游效益及一定的经济效益。不少湖泊旅游区存在的山清但水不秀的状况，也需用生态重建的措施进行弥补。

4.减缓珍贵文物的自然风化过程。出露于地表的历史文物古迹，由于风吹日晒雨淋等自然风化而导致衰败是不可避免的，但在一定范围内，通过改变环境条件使风化过程减慢是完全可能的。如可给裸露的历史文物加罩或盖房子予以保护。如四川的乐山大佛，曾建有13层的楼阁（唐代名为大像阁，宋代为天宁阁）覆盖其上，既金碧辉煌，又保护了佛像，但后来不幸毁于战火。

5.广辟资金渠道，增加保护经费。保护旅游资源，离不开资金的投入。但目前大部分旅游景点门票收入很少，根本不能满足日常维修、更新和保护的需要，完全靠政府财政支持也不现实。今后，财政应着眼于广辟资金来源，以解决旅游资源保护经费不足的问题。

思考与练习

1.人文旅游资源有哪些特征？

2.简要归纳旅游资源开发的原则。

3.列举你所见到的旅游资源被破坏的现象并分析之。

4.中国旅游资源有哪些主要类型？

第四章　旅游活动的介体

本章提要

旅游活动介体的主要作用是为旅游主体和客体的有效连接提供相关的服务，其中最为直观和重要的是旅游交通，它有效地连接旅游客源地和目的地；核心部分是旅行社，为旅游者办理一切有关旅游活动的事宜；面广量大、从业人员最多的是旅游饭店，共同构成旅游业的三大支柱。现代旅游信息传播技术的广泛应用，为旅游业提高管理与服务水平提供了更有效的手段。

第一节　旅游业的概念和构成

一、旅游事业与旅游业

"旅游事业"与"旅游业"是社会实践中被人们经常使用的两个概念，它们各自所涵盖的范围长期以来一直没有明确的界定。具有综合性特点的旅游活动给经营者们带来的显著经济效益，国家为扶持旅游事业给予的各项优惠政策，都在吸引各生产部门争相参与旅游经营活动。在经济利益的驱动下，与旅游相关的事业单位和其他政府职能机构直接介入旅游企业经营的现象都曾显现。所以我国旅游理论研究有必要对这两个具有不同性质的概念做出明确的规范。

“事业”与“业”本应分属两种不同类别的概念。所谓“事业”,是指有明确理想目标、活动范围、方法手段并能有所作为的人类社会活动的总和。旅游事业,就是通过大规模发展消遣性旅游以提高人类生活质量的社会活动的总和。我国在1964年成立了国家旅游局的前身“中国旅行游览事业管理局”,该机构的名称明确指出了其工作性质。直至现在,各级旅游局都还承担着国家或本地区旅游事业的行政管理,其中包括对各旅游服务企业的督导。“业”是经济生产范畴的概念,主要是指因社会分工而形成的各种经济生产职能与组织的分类。早期人类历史上曾分别出现过畜牧业、农业、手工业、商业等社会大分工,指的就是此种职能分类。职能分类在人类千百年的社会经济发展实践过程中越来越细,并随着社会需求的变化而逐渐取舍、进化,最终形成了完整的社会经济生产体系。所谓“某某业”则指此种职能分类中具有共同生产性质或经营性质的具体劳动组合,是生产直接经济价值的特定劳动行业组织的业种称谓。

因此,旅游业只是诸多服务行业当中的一类行业集团,是需要各行各业支持、配合才能完成自身工作职能与目标的综合性产业。

二、旅游业的定义

近代旅游业的创始人托马斯·库克从对旅游业经营的实践出发,认为旅游业就是“让旅行者获得最大的社会情趣,举办人尽最大责任的产业”。此后,又有一些旅游业的经营者提出过不同的看法,如南斯拉夫人称旅游业是“通向世界和平的护照”和“风景出口业”;日本人认为旅游业是最能反映政府行为、社会风气、金融变化的“信息工业”;英国人特别强调在旅游中人与人的交往,强调热情接待,称旅游业是“热情友好的接待行业”;美国人在对旅游业的经营中体察到,任何政治动乱、经济危机和天灾人祸,都会引起旅游业的滑坡和倒闭,所以称旅游业是“脆弱的行业”。以上各种提法,在一定程度上归纳了旅游业的作用和特点,但未能全面揭示旅游业的本质。

随着世界各国旅游学家对旅游业研究的不断深入,逐步形成了一些很有启发性的概念,如日本旅游学家前田勇先生在《观光概论》一书中认为:“旅游业就是为适应旅游者需要由许多不同的独立的旅游部门开展的多种多样的经营活动”。英国学者利克柯伦切把旅游业说成是“交通工业”,他说:“交通工业可以被看作国民经济的一部分,其任务是为离开久居地到外地访问的旅行者服务。这是由许多商业和工业组成的综合经济,其职能都是为了满足旅行的需求。”墨西哥学者在《旅游业是人类交往的媒介》一书中指出:“旅游业可看作向旅游者提供服务和其他方面而形成的各种关系的总和。”

旅游业作为新兴的服务行业,实为客观的存在。旅游业不像其他产业那样界限分明,这正是它不同于其他产业的特点之一,尤其表现在旅游产品的产出和构成过程要涉及多种有关产业。尽管各类旅游企业的主要业务或产品严格地讲有所不同,但在涉及旅游业务方面,它们都有一个共同之处:便利旅游活动的开展。因此,如果要给旅游业下一定义,那么旅游业就是:以旅游资源为凭借、旅游设施为条件,为旅游者的活动提供多种服务的综合性产业。

三、旅游业的构成

根据联合国的《国际标准产业分类》以及对从事旅游业务经营的具体经济部门加以分析,旅游业主要由三部分构成,即旅行社部门、交通客运部门和住宿业部门。属于这三个部门的相关企业因而也成为旅游产业的主体。在我国,人们通常将旅行社、住宿业和交通运输业称为旅游业的"三大支柱",其由来也是如此。

此外,在国际旅游研究中较有代表性的另一种看法认为,旅游业通常是以旅游目的地(主要是国家或地区)为单位来划分的,例如中国的旅游业、香港地区的旅游业等等。因而从国家或地区的旅游业发展,特别是从一个旅游目的地的市场营销角度去认识,旅游业则应主要由五大部分组成,即除了上述提到的三个组成部分之外,还应包括以旅游区(点)为代表的游览场所经营部门以及各级旅游管理组织。上述五个组成部分之间存在着共同的目标和不可分割的相互联系,这便是通过吸引、招徕和接待外来旅游者,促进旅游目的地的经济和社会发展。虽然其中某些组成部分,如旅游目的地的各级旅游管理组织,不是以直接盈利为目的的企业,但它们在促进和扩大商业性经营部门的盈利方面起着重要的支持作用。

在具体核定某个企业的地位时,还可将其划分为直接旅游企业或间接旅游企业。所谓直接旅游企业是指有赖于旅游者的存在而生存的企业,其典型代表便是旅行社、交通客运业和住宿业。那些虽然也为旅游者提供商品和服务,但其主要供应对象并非旅游者,或者说旅游者的存在与否并不危及其生存的企业可称之为间接旅游企业,如餐馆和游览娱乐企业。由此我们不难看出,对旅游业构成的一般看法(即"三大支柱"说)是建立在直接旅游企业这一基础上的,而较为全面看法(如"五大部门"说)的基础则包括直接旅游企业和间接旅游企业,同时还包括支持其业务开展的目的地各种旅游组织。

第二节 旅游交通

旅游交通是指为旅游者在旅行游览过程中，提供所需要的交通运输及由此而产生的一系列社会经济活动与现象的总称，主要表现为旅游者利用某种手段和途径，实现从一个地点到另一个地点的空间转移，主要有空运、水运和陆地运输三种。它既是旅游者抵达目的地及返回居住地的手段，同时也是在目的地内开展游览活动的手段。

一、旅游交通的任务和作用

交通运输对旅游活动的发展有着十分重大的影响，它不仅要解决旅游者往来不同地点间的空间距离问题，还要解决其中的时间距离问题。现代旅游活动之所以会发展到今天这样的规模，其活动范围之所以会扩展到世界各地，现代交通运输的发展功不可没。具体而言，旅游交通的作用表现在：

1.必要性。当旅游者在外出旅游时，首先要解决从居住地到旅游目的地的空间转移问题，通过采用适当的旅行方式抵达旅游地点。因此，旅游交通是旅游者完成旅游活动的先决条件。同时，采用不同旅行方式所耗费的时间，也是需要考虑和解决的问题。由于旅游者的闲暇时间有限，如果克服空间距离所占用的时间超过一定的限度，旅游者可能会改变对旅游目的地的选择，或取消该次旅游计划。

2.先行性。旅游业是依赖旅游者来访而生存和发展的产业，只有旅游者能够光临，旅游业的各类设施和服务才能真正发挥作用，才能实现它们的使用价值和价值；只有旅游目的地的可进入性强，旅游者能够大量地、经常地前来访问，该地的旅游业才会有不断扩大和发展的可能。因此，从某种意义上可以说，旅游交通是发展旅游业的命脉。

3.经济性。作为旅游业的重要组成部分之一，交通运输业本身也是旅游收入和旅游创汇的重要来源。无论是从居住地到旅游目的地的空间转移还是在旅游目的地内不同地点间的来往，旅游者都必须借助于相应的交通运输服务，因而需要支付一定的交通运输费用。这些费用属于基本旅游消费，是旅游者在旅游活动中必须支付的开支，因此也是旅游收入的稳定性来源。

二、主要旅游交通工具

(一)汽车

乘坐汽车旅游的主要优点是自由灵活,便利高效。同时,行驶的线路、时间、可达性等较其他交通方式来说有着更大的自由度。

乘汽车旅游的局限性也较为突出。第一,速度慢。城市中的汽车时速一般被控制在40千米/小时左右。多数国家的高速公路也有时速限制。我国规定为120千米/小时。而在拥挤的城市或道路曲折的景区,飞速驾驶汽车几乎没有可能。第二,人均能源消耗大。每辆汽车的百公里耗油量依路况车况而定,并不因减员而节省油耗,与大型运输工具相比,驾车旅游的人均能源消耗相对较大。在环境保护问题越来越突出的今天,为节约逐渐匮乏的能源,有些人提出在旅游时以公共交通工具代替私人汽车的主张。第三,环境污染及破坏。旅游地区的知名度越高,来往的旅游车辆也就越多。车流排出的废气和噪声会给本来宁静的旅游景区造成严重的环境污染。特别是在以自然风光取胜的景区,修建或拓宽道路可能造成林木被大面积砍伐、野生动物被驱走。第四,安全性能差。在所有交通事故中,汽车事故发生率为最高。根据奥地利国家安全办公室统计的各种交通事故中的死亡率表明,飞机为7.3亿千米/人;汽车为760万千米/人。驾车旅游虽有一定的危险性,但因驾车带来的便利优势却常使人们忽视事故发生的可能。第五,体能消耗大。长时间驾驶或乘坐汽车的人由于被限制于狭小空间且保持同一姿势,很容易产生疲劳和无聊的感觉。

(二)飞机

乘飞机旅游的优越性主要体现在:(1)快速省时。这一特点使民航成为远距离国际旅游的首选方式。目前世界各国民航公司所拥有的大中型喷气客机飞行时速可达700～900公里。为火车的8～10倍,为水运的25～30倍。飞机飞行航线直,两地距离可限制在最小程度,这符合人们的省时需求。(2)安全。航空运输有最安全可靠的技术和管理体系作保障,在所有民用交通中事故死亡率最低。根据国际运输安全机构统计,30座以上的民航班机中,每10万架次的故障仅为0.013次。(3)舒适。大型飞机造价高,性能好,设施设备比较考究。座位宽敞舒适,服务质量在整个服务业中堪称一流。旅游者在飞行途中可以观赏平时不易见到的地表景观和空中景观,所以乘坐飞机本身就是一种娱乐享受的旅游活动。

乘飞机旅游也有其局限性:(1)独立性差。乘坐飞机旅游的特征是两点往返旅游。这两个点仅仅是旅游者的出发点和旅游城市近郊的机场。乘坐飞机常常无法使旅游者直接抵达旅游点或旅游城市的住地,还必须借助其他交通工具才能实现旅游计划。(2)噪声大。飞机是发出噪声最大的交通工具,尽管飞机本身有良好的隔音装置，但无法解决对周边环境的影响。为防止扰民，机场只能选址于远离城市生活环境的郊区。(3)附加时间长。城市住地与机场往返运输、机场候机和办理登机手续等时间消耗都很长。若是短途旅游，乘坐飞机不但显不出省时的优越性，还会因票价高而使旅游者在经济上受损。(4)费用高。尽管国际民航的经营者存在着激烈竞争，但在各种公共交通工具的费用比较中，飞机票价仍属昂贵，这使得低收入旅游者不敢问津。(5)受气象变化影响大。虽然现代科技已使飞机具有全天候飞行的功能，但大雾、大雨、大雪、大风与雷电等影响能见度或起降功能的气象原因都属事故隐患，都会影响民航的正常运营。

(三)火车

乘火车旅游的优越性包括：(1)运输能力大。火车承载能力在地面交通工具中最大，一列火车一般能运输上千名乘客。(2)安全。铁路有严密的运营体系，在保障安全方面有科学调度、随车检修、巡道路检、专人扳道、岔口值勤等整套安全管理制度，所以乘坐火车是安全可靠的旅游方式。(3)费用低。火车票价仅为飞机票价的1/2到1/3，比汽车票价也相对便宜一些。这对希望节省旅费的客人来说具有较强的吸引力。(4)污染少。(5)受气候影响小。(6)运行计划强。火车是在科学缜密的调度运行图的指挥下有计划运行的，是最遵守时间的交通工具。科技发达国家的列车运行可以用秒作为计算单位，这对安排旅游计划大有好处。

当然，在现代交通条件下，乘坐火车旅游的局限性越来越大：(1)速度较慢。火车因进站减速、到站停留和出站起动造成的时间耽误使其不能匀速行驶。加上火车行驶对地形和坡度有相应的技术要求，使其既不能类似航空的直线距离，也不能走类似公路的小半径转向，所以近距离旅游所耽误的时间有时比汽车还多。(2)可达性较差。尽管火车站比机场更靠近城市，但一般距旅游景点仍有相当距离，无法直接到达。

(四)船舶

水运曾经也有其优越性：(1)运载能力大。(2)票价低廉。(3)舒适。(4)悠闲。但随着经济及交通技术的发展，其速度慢、线路长、经营成本高的问题已无法适应当代旅游活动的要求。许多内河运输已陷于停业，只是在旅游水域经营着少数就地泛舟的游船，而且水上旅游项目较为单调。

三、其他旅游交通工具

旅游地区有许多特殊交通工具虽然也用于运载，但由于它们仅作为辅助交通工具在特殊地点使用，同时又因地形环境的限制，不宜推广，不具有普遍意义。

1. 缆车：又被称为观光索道，它特别适用于在地势陡峭、险峻的山区或峡谷中架设，上山、过江、跨峡谷都很方便。修建缆车能减少占地，对山体破坏程度小，并且不存在汽车特有的废气污染和噪声污染。

2. 自行车：在市区内或近距离内活动，骑自行车最能显出自由灵活的优越性。中国被称为自行车王国，有些外国人甚至把骑车游览当作体验中国民情的旅游项目。如果旅游城市的住宿业兼营自行车租赁业务，可为零散客人提供交通方便。

3. 人力船筏：主要是指各种人力水上运输工具，如用桨、橹、篙等操纵的小船、独木舟、竹排、牛皮船、羊皮筏等。由于稀有而备受旅游者青睐。

4. 城市交通：包括公共汽车、有轨电车、地铁等。

第三节　旅行社

一、旅行社的定义

世界上最早的旅行业务可以追溯到公元5世纪，当时的威尼斯已有为到巴勒斯坦朝圣的宗教徒办理船票预约业务。17世纪时，英国驿站马车业出现了登记乘客预约名单的账簿，这些都被称为旅行业务的前身。也就是说，人类早期的旅行业务是保障人们按预定计划使用交通工具。英国人托马斯·库克于1841年组织的570人乘坐敞棚火车旅游被世人公认为近代旅游历史的开端，库克于1845年正式开展旅行经营业务的机构被称为世界第一家旅行社。

1996年，我国国务院正式颁布了我国的《旅行社管理条例》。依据条例中的有关解释，旅行社"是指有盈利目的，从事旅游业务的企业"。这里所称的旅游业务"是指为旅游者代办出境、入境和签证手续，招徕、接待旅游者，为旅游者安排食宿等有偿服务的经营活动"。所以，按照国家旅游局发布的《旅行社管理条例实施细则》，凡是经营上述旅游业务的盈利性企业，不论其所使用的具体名称是旅行社、旅游公司，还是旅游服务公司、旅行服务公司、旅游咨询公司、旅游集散中心等其他称谓，都属于旅行社企业。

二、旅行社的分类

(一)外国的旅行社分类

在以欧美等发达地区为代表的世界上多数国家中，通常按照旅行社主要经营的业务类型将旅行社企业划分为两大类：

1.旅游批发经营商，即主要经营批发业务的旅行社或旅游公司。这里所说的批发业务是指旅行社根据自己对客源市场需求的了解和预测，在选定旅游或度假目的地的基础上，成批量地分别订购有关交通运输公司、饭店、旅游景点等各类有关旅游企业的产品和服务，然后将这些单项的产品和服务组合成为不同的包价旅游线路产品或包价度假集合产品，最后通过一定的销售途径向旅游消费者出售。

根据在使用销售渠道方面存在的差别，还可将这些从事批发业务的旅行社分为两个亚类，即旅游批发商和旅游经营商。旅游批发商在组成自己的包价旅游或包价度假产品之后，自己并不直接面向消费者大众出售这些产品，而是通过第三方，即通过独立的旅游零售商向消费者进行零售；而旅游经营商除了也通过独立第三方向消费者出售之外，还拥有自己设立的零售网络，也就是说，旅游经营商自己本身也直接面向消费者出售这些包价旅游或包价度假产品。

2.旅游零售商，即主要经营零售业务的旅行社，以旅行代理商为典型代表，也包括其他各种类型的旅游零售代理商。

一般来说，旅行代理商的角色是代表旅游消费者向旅游批发经营商及各有关行、宿、游、娱方面的旅游企业购买其产品。反之，也可以说旅行代理商是代理上述各有关旅游企业向消费者销售其各自的产品。

这种分类方法只是以欧美国家为代表的世界上多数国家对旅行社类型的基本划分。这种划分并不意味着作为批发经营商的旅行社绝不从事零售业务，也不意味着作为旅游零售商的旅行社从不介入批发业务。实际上，在这些国家中，有不少旅行社或旅游公司既经营批发业务，也从事零售业务，只不过是这两种业务有主次之分而已。

(二)我国的旅行社分类

我国的旅行社分类不同于欧美国家。在1996年以前，我国曾将我国的旅行社划分为一类、二类、三类三种旅行社。根据当时的规定，一类旅行社的经营范围是对外招徕和接待海外游客来大陆旅游，二类旅行社的经营范围是接待由一类旅行社和其他涉外部门组织来华的海外游客，三类旅行社只能经营国内旅游业务。

随着1996年我国《旅行社管理条例》的颁布，我国对旅行社的分类作了新的调整。《条例》中按照不同旅行社的经营范围，将我国的旅行社划分为两类，一类为国际旅行社，另一类为国内旅行社。

我国对旅行社类别的划分是出于国家对旅游业进行宏观控制、确保旅游接待质量的目的而做出的规定，而不是根据各旅行社在业务方面的自然分工所进行的归纳。实际上，除了在服务对象是否涉外方面有所不同之外，各类旅行社的业务职能并无根本不同。

三、旅行社的作用

1. 组合旅游产品。通常情况下，旅行社不制造旅游产品，它只是将各种现成的旅游产品组合到一起任旅游者选择或消费。旅行社最具有代表性的旅游产品组合是旅游日程计划。当参观、娱乐、食宿、交通等所有活动从时间与空间上被合理地组合到一起时，人们便能在有限时间内最大限度地获得提高旅游活动效率的便利。

2. 传导信息、提供咨询。旅行社通过各种宣传方式最大限度地招徕旅游消费者。旅游宣传不仅贯穿于整个导游活动过程中，还通过各种宣传媒体以无偿提供信息的形式诱发人们产生旅游动机。提供咨询服务也是旅行社的重要工作之一。只有明确某种旅游给自己带来的益处后，人们才有可能与旅行社发生经济业务关系。

3. 代办旅行手续。接受陪同、导游服务的旅游者通常可以免除办理各种手续的麻烦，诸如办理护照及签证、代办旅行保险、购买参观及娱乐的票据、预定食宿及交通、委托搬运及代管行李物品等繁琐的事宜均可交付给旅行社负责。

4. 全方位地提供旅行服务。旅行社的重点工作是组织和安排旅游活动。除预订交通票据和住宿客房、提供旅游信息外，派出专职陪同人员以保障消费者的旅游正常生活是旅行社的重要工作。旅行社以提供导游服务为最典型的生产方式，导游员的工作是负责旅游者在整个活动期间的所有生活服务的联系并提供部分直接服务的工作。我国在企业体制改革过程中，已将导游员认定为自由职业者，加入人才竞争机制的导游员队伍素质将会因此得到进一步提高。

5. 协调、平衡各生产部门的业务规模。旅游者在整个旅游活动过程中所得到的是享受旅游消费的权利。任何一种旅游消费者都需要以服务连接起来。旅行社虽然无法提供旅游者需要的所有服务项目，但它作为旅游中介的工作特点却可以将各种服务组合在一起。

旅行社在各个旅游企业之间客观上发挥了协调和分配接待工作的作用。掌握各旅游活动地点和旅游企业接待能力信息的旅行社须随时根据客流变化而调控客源的输送数量。

四、旅行社开展业务的主要方式

旅行社开展业务的主要方式涉及两大方面，一是组织和接待团体包价旅游，二是接待和安排散客旅游。

1. 包价旅游。一般来讲，包价旅游即我国旅行社业内人士所称的全包价旅游，是指旅行社经过事先计划、组织和编排旅游活动项目，向旅游大众推出的包揽一切有关服务工作的旅游形式。一般规定旅游的日程、目的地、行、宿、食、游的具体地点及服务等级和各处旅游活动的内容安排，并以总价格的形式一次性地收取费用。目前我国旅行社接待的入境国际旅游以及所组织的我国居民出境旅游，大都是团体包价旅游。我国从事国内旅游业务的旅行社在组织人们外出旅游时也都采用了包价的团体旅游形式。

2. 散客旅游。所谓散客是相对于团体而言的，按照国际上的行业惯例，主要是指个人、家庭及 15 人以下的自行结伴旅游者。根据我国旅游业中的现行惯例，则是指个人独自旅游或 9 人以下的自行结伴旅游者。散客旅游者通常只委托旅行社购买单项旅游产品或旅游线路产品中的部分项目。

散客旅游接待量的大小往往是一个旅游目的地成熟程度的重要标志，因为同团体游客相比，散客数量的增长通常要求该旅游目的地的接待条件更加完备和便利，否则该旅游目的地便不足以吸引大量散客前来旅游。近些年来，世界上散客旅游正呈现出一种逐渐扩大的发展趋势。在来华旅游的海外游客中，散客的数量也有了很大的增长。这主要是散客旅游在内容上选择余地较大，游客活动比较自由。

第四节　旅游饭店

住宿业通常被认为是旅游业的三大支柱行业之一。住宿业中的企业类型很多，具体住宿企业所使用的称谓也不尽相同，例如宾馆、饭店、酒店、旅馆、旅社、招待所、度假村、度假营地等等。这些企业都是以为不同类型的旅游者提供食宿接待服务为基本业务。只是由于它们在设施条件和提供服务项目的范围和档次上存在差别，从而使人们有必要以不同的名称将其划分为不同类别。绝大多数住宿业都是纯经营性企业，是具有独立法人资格的经济实体，它们的经营方向面对的是社会上所有随机投宿的旅行者。

一、旅游饭店的发展历史

(一)客栈时期(19 世纪中叶以前)

客栈是历史发展最早、最漫长的住宿设施，从人类出现旅行活动时就已出现，当今世界上仍有客栈的存在。随人类旅行活动出现而产生的古代住宿业相对于现代住宿业的物质条件，由于设备简陋而被统称为客栈。客栈的客人以朝廷官员或商旅客人居多，由于历史条件的限制，一般仅向住宿客人提供安全及住宿保障，规模稍大的客栈则向客人提供餐饮服务。此外，许多宗教场所虽非经营之地，也能为前来布施的教友们提供临时下榻的客房。

（二）豪华饭店时期（19世纪中叶）

Hotel（饭店）一词在西方据说是1800年前后开始流行。在19世纪中叶至20世纪初，饭店已成为供富裕阶层住宿与社交的场所，其中以攀比豪华生活方式并注重装潢和服务方式而闻名的住宿业被称为豪华饭店。

（三）商业饭店（20世纪初至今）

20世纪初，商品经济在美国全面发展，这为商业饭店提供了广泛的市场环境，住宿业也就从此进入到科学管理的新阶段。被后人称为现代饭店管理之父的美国饭店业大王斯塔特拉(E. M. Startles)成了商业饭店建设的代表人物。他一反追求奢华的做法，采取了薄利多销的经营方针，使饭店具有了标准化、方便化、简朴化、实用性的建设特色。

（四）新式饭店（20世纪后半叶）

二战结束以后，大众旅游普及全球，经济收入的不断增加也导致了城市居民生活方式的变化，新的社会需求促成了住宿业客源构成的改变。除商人外，旅游者和当地居民都开始对具有多种服务功能的饭店产生了兴趣，仅接待商务旅行者为主要经营方向的商业饭店所具备的原有接待能力逐渐显出了局限性。于是，迎合旅游消费需求和当地人民享乐需求的各种具有综合服务设施的高档饭店相继出现。此阶段住宿业的经营逐渐向多样化发展，其功能除为旅行者提供食宿安全等基本生活条件外，增加了能够满足人们社交、娱乐需求的设施。

二、饭店的类型划分

饭店的类型很多，但人们对饭店类型的划分并无统一的标准，综合人们对饭店类型的称谓，现列举可以见到的划分标准如下。

1. 根据饭店的坐落地点划分：如城市饭店、度假地饭店、海滨饭店等。

2. 根据同交通工具或交通设施的关系划分：如汽车饭店、铁路饭店、机场饭店、港口饭店等。

3. 根据使用者的访问目的或饭店主要针对的目标市场划分：如商务旅馆、度假饭店、会议饭店、旅游饭店等。

4. 根据饭店设施的规模划分：如大型饭店、中型饭店、小型饭店。

5. 根据饭店的档次或等级划分：如高档饭店、中档饭店、低档饭店，豪华饭店、经济饭店，一星级至五星级饭店。

6.根据经营管理方式划分:如独立(或单体)饭店、连锁饭店等。

7.根据饭店企业的经济类型划分:如国有饭店、民营饭店、内资饭店、外资饭店、合资饭店等。

8.根据饭店设施及服务范围划分:如综合饭店、公寓饭店等。

三、饭店的等级划分及其评定

(一)饭店的等级划分

为了控制国家或地区旅游产品的质量,维护国家或地区作为旅游目的地的对外形象和保护消费者的利益,世界各地都很重视饭店等级的评定工作,但对饭店等级的划分并不统一,有的划分为四个等级,有的划分为五个等级。在饭店等级的标识方法上,有的是以星号的多少表示,有的则以数字等级表示,或者以其它的符号表示。但国际上较为流行的划分和标定方式是以星号表示,即一星、二星、三星、四星、五星,共分五个等级。

就一般情况而言,考核一个饭店的等级时,需要从其"硬件"(设施设备)"软件"(服务和管理)、服务项目的数量和提供服务的质量等多个方面同时进行评定。其中主要的考核内容包括:设施和设备;服务项目和服务质量;餐饮产品质量;客人的满意程度;外界的印象。有些国家在考核饭店等级时,还要考察其每年支出的维修费用。例如在美国,一个饭店要保持其豪华等级,每年必须拿出盈利的5%用于维修工作;三星和二星饭店也要将每年盈利的3%用于维修工作。

(二)饭店等级评定的原则

饭店等级的评定工作一般实行以下几条原则:

1.参加等级评定的饭店必须要有一年以上的营业历史;

2.一个饭店的等级应通过多次调查后才能评定;

3.饭店等级的高低通常不受规模大小的限制;

4.评定后的等级并非永久不变,根据对其执行标准的检查结果,可予更改。

(三)我国饭店星级的评定工作

我国对涉外饭店开展的星级评定工作始于1988年,其做法是根据国家旅游行政管理部门制定的《中华人民共和国旅游(涉外)饭店星级标准》进行评定。国家旅游局设饭店星级评定机构,负责领导全国涉外饭店星级评定工作。对于饭店星级评定工作实行分级管理,并分级下放饭店星级的评定权。

为了加快饭店星级评定工作,国家旅游局还决定从2000年起实行饭店预备星级制度。该制度规定,旅游涉外饭店开业或更新改造后,即可申报相应的预备星级。预备星级饭店的评定由各级旅游局按照工作权限,依据饭店星级评定标准和工作程序进行。对符合标准规定条件的预备星级饭店,颁发预备星级饭店证书。获颁预备星级的饭店在开业一年后，应根据饭店星级评定标准，由各级旅游局按照工作权限与程序对其进行正式星级饭店的评定。凡达到标准的，可换发正式星级饭店证书并颁发星级饭店标牌。对于不能达到标准的，限期一年内进行整改，仍无法达到标准的，则取消其预备星级饭店资格或进行降低星级的评定。

四、饭店在目的地社会经济中的作用

（一）饭店业建设总体水平是衡量旅游接待能力的重要依据

饭店业发展到今天，已不是仅限于提供食宿的场所，而成为一种不断现代化、专业化、多功能化的综合性商业接待企业。在大多数国家中，饭店在为洽谈业务、举行会议、文化娱乐等活动提供场所和便利服务方面起着重要的作用。饭店业建设发展总体水平也是衡量旅游目的地接待能力的重要依据，其中包括客房数量、设施设备的利用程度、服务项目的数量、档次数量比例关系等具体指标。许多国家和地区在考虑旅游业的发展规划时，都把饭店的建设放在重要的地位。饭店的数量和服务质量往往是衡量一个国家或地区旅游业发展水准的重要尺度。

（二）饭店是旅游业创收的重要基地

饭店业对促进旅游业的发展具有不可低估的作用，它因在直接创造旅游总收入中占有很大比例而成为旅游业的重要部门。旅游是高消费，良好的住宿条件可以使旅游者不离开住地就得到全方位的享受，住宿业的设施设备和服务项目越齐全，促成人们集中于此地消费的可能性就越大。在接待国际游客的地区，饭店则是赚取外汇的重要部门。

（三）发展饭店业可以缓解社会就业矛盾

据相关统计，我国旅游业中住宿企业就业人员约占旅游业从业人员总数的83%，可见饭店业是旅游业中最能提供就业机会的部门。同时，饭店的建造和经营还为建筑业及其他有关行业提供了业务市场。饭店的设备、家具和陈设品由众多的制造商提供。饭店的食品、饮料及其他消费品购自农业、水产业、食品饮料业以及煤、水、电等供应企业。因此，除了直接就业于饭店的人外，饭店还为受雇于向饭店提供物资的其他行业的人带来很多间接的就业机会。

（四）饭店是旅游者和当地公众社交活动的重要场所

日益提高的社会消费需求拓宽了住宿业客源市场，致使现代化住宿业的经营范围已不再局限于外来旅行者，还扩大到当地居民。在人口爆炸的当今社会，生活在城市中的人们越来越感到活动空间的狭小。同时，保护个人隐私的意识逐渐强化，这使得人们感到家访式社交与聚会的诸多不便。在各种公共场合中，饭店因具有种类齐全的综合服务设施与场地而成为人们最理想的社交活动环境。

五、饭店业的集团化经营

随着经济全球化趋势的发展,特别是我国加入世界贸易组织之后,我国的旅游实业界对我国饭店业如何发展集团化经营以增强自身实力的问题也愈加关心。集团化经营有助于增强竞争实力,因而已成为全球饭店业中的发展趋势。

综观世界上饭店集团的发展现状,基本上可将其划分为饭店连锁集团和饭店合作集团。

(一)饭店连锁集团

随着全球大众化旅游的兴起,饭店业的规模、结构以及饭店业中的竞争也在不断发展。在这一发展过程中,少数大型饭店公司不断扩充实力,占有了越来越大的市场份额。这些少数大公司便是所谓的饭店连锁集团,即"一些饭店统一于某个集团公司的领导、监督、管理或指导之下,组成强有力的竞争实体"。目前,这种饭店连锁集团中的势力较大者已发展到200多个。自我国改革开放以来,已进入我国经营的外国饭店公司中,如假日饭店公司、喜来登饭店公司、希尔顿饭店公司、凯悦饭店公司等等,无一例外地都属于这种饭店连锁集团。

(二)饭店合作集团

饭店连锁集团势力的不断扩张对大多数独立饭店的生存和发展日渐构成严重的威胁。面对饭店连锁集团的市场竞争,越来越多的独立饭店已认识到单靠自己的力量远非饭店连锁集团的对手。为了缩小同饭店连锁集团在规模经济上的差距,增强自己的竞争地位,很多独立饭店开始谋求在某些方面采取联合行动,以求借助联合起来的集体力量同饭店连锁集团抗衡,饭店合作集团便由此而产生。

对于饭店合作集团,目前国际上比较流行的定义是:若干饭店为了在物资采购、房间预订、人员培训及市场营销等方面采取联合行动,而自愿组合建立起来的一种饭店合作组织。这种合作组织通常设有中央机构,负责主持整个组织合作领域内的有关工作,其活动经费通过征收会员费及认捐等形式由各成员饭店分担。显然,饭店合作集团实际上是一种其内部不存在统辖关系的松散型集团组织。在我国,有人也将这类合作集团称之为饭店联合体。

这种饭店合作集团自出现以来,发展速度非常迅速。以当今世界上最大的饭店合作集团——最佳西方国际饭店(Best Western International)为例,目前加盟该集团的成员饭店已达4020座,分布于全球84个国家和地区,客房总量超过31万间。

六、中国旅游饭店的发展

随着我国旅游业的兴起，我国的饭店业也有了相当大的发展。改革开放以来，随着中国旅游业的发展步入正轨，旅游涉外饭店业也取得了相当大的发展。在短短的二十几年中，我国饭店业的发展在经历了起步开拓、高速发展等阶段之后，如今正朝着国际化、现代化的方向稳步前进。

从旅游涉外饭店的硬件建设方面来看，1980 年我国能接待海外旅游者的涉外饭店仅有 203 家，客房总计 3 万多间，不仅总体规模小，而且绝大多数饭店功能单一，设备陈旧，难以满足对外开放后海外来华游客迅速增长的客观需求。此后，各地普遍对原有涉外饭店进行了更新改造，并利用内资和引进外资增建了一大批现代化的新饭店。到 1985 年，我国涉外饭店的数量比 1980 年翻了一番。同时，饭店设备设施的质量等级也有了明显的改善和提高，从而初步缓解了旅游业发展中食宿服务方面的供求矛盾。1985 年后，国务院制定了发展旅游业的"五个一起上"的政策，有力地调动了中央、地方、部门、集体和个人等各个方面的积极性，旅游涉外饭店的建设出现了空前的高涨势头，饭店的档次和结构也相应发生了明显的变化。原先那种只提供食宿的招待所式经营的饭店被当今接待功能多样化、经营管理专业化的现代化饭店所取代。当然，我国不少饭店在管理和服务方面距离国际先进水平和标准仍有一定差距，这些也都需要在今后的工作实践中尽快解决。

第五节 旅游信息传播

一、旅游信息的含义和作用

(一)信息的含义

从管理学的角度来理解，信息就是反映客观事物运动变化的、能够被人们所接收和理解的、对人类的行为决策有用的各种消息、情报、数据、指令、图像、信号等资料的总称。

信息既是人们管理的对象，又是各项管理活动的基础，信息管理就是如何去从事信息的收集、加工、整理、传输等活动。这些管理活动的结果又表现为大量的信息资料，成为人们从事各项决策和管理活动的依据和基础。

(二)旅游信息的含义和旅游信息化的内涵

旅游业是一个综合性极强的产业，涉及的信息综合而复杂，范围很广，大致可分为旅游目的地信息、旅游企业服务信息、旅游政府监管信息、旅游者个人信息、旅游产品信息五大类。在表现形式上，这些信息除了传统的文字形式、表格形式、图表形式外，还有图形形式，如旅游地图、行政图、交通图、景点分布图、商业网点图、导游图、餐饮饭店分布图等。

旅游信息是旅游资源、旅游活动和旅游经济现象等客观事物的反映，是旅游企业在业务运营以及旅游管理部门在旅游业务管理过程中采集到的、经过加工处理后对旅游管理决策产生影响的各种数据的总称。

狭义的旅游信息化就是把景点、景区、饭店、旅行社、交通等与地理位置和空间分布有关的旅游信息，通过技术手段采集、编辑、处理转换成用文字、数字、图形、图像、声音、动画等来表示它们的内容或特征。

广义的旅游信息化是指充分利用电子技术、信息技术、数据库技术和网络技术及现代传播媒介，对与旅游有关的实体资源、信息资源、生产要素资源进行深层次的分配、组合、加工、传播、销售，以便促进传统旅游业向现代旅游业的转化，加快旅游业的发展速度，提高旅游业的生产效率。

(三)旅游信息化的内容

旅游信息化的内容主要包括旅游企业信息化、旅游电子商务和旅游电子政务。

1.旅游企业信息化：指各种类型旅游企业在其办公流程、业务开发、市场营销、产品销售、经营管理、决策分析等各方面全面应用信息技术，建设信息网络和信息系统，通过对信息和知识资源的有效开发利用，调整和重组企业组织结构与业务模式及服务企业发展目标，以提高企业的综合竞争能力。主要内容包括信息基础设施的建设，各种应用系统的设计(包括办公自动化系统、业务管理信息系统、客户关系管理系统、供应链系统、企业资源计划等)，各项信息资源的开发、规划与管理，有关信息化复合人才的培养，以及企业信息化管理相关标准、规范、制度的确立。

2.旅游电子商务：旨在利用现代信息技术手段宣传促销旅游目的地、旅游企业和旅游产品，加强旅游市场主体间的信息交流与沟通，整合旅游信息资源，提高旅游市场运行效率，提高旅游服务水平。

3.旅游电子政务：指各级旅游管理机关，通过构建旅游管理网络和业务数据库，建立一个旅游系统内部信息上传下达的渠道和功能完善的业务管理平台，实现各项旅游管理业务处理的自动化。其主要功能包括：旅游行业统计，旅游行业管理，旅游行业监控，旅游信息管理等。

(四)旅游信息的作用

旅游信息在旅游活动中有着重要的作用,它不仅是旅游者进行旅游决策和确定旅游活动的重要参谋,也是旅游企业开展业务经营、进行运营管理的基础和核心,是联系旅游活动中各个管理环节的重要纽带。同时,它还是旅游管理机关开展旅游行业监督,提高管理与服务水平的重要依据。

进一步而言,旅游信息化拓展了旅游业的市场化、国际化功能,是实现旅游经营管理现代化的重要途径,更是保证旅游业可持续发展的重要手段。

二、旅游信息传播的影响和作用

1. 旅游部门通过建设计算机网络和应用系统,促进旅游信息的广泛使用,提升旅游工作效率,加速旅游部门电子化、智能化、信息化发展,促使其成为开放型、扁平型、服务型的机构。

2. 建立基于旅游行业信息服务的公众网络体系,提供统一、权威的旅游数据,通过数字化推动旅游产业的发展,提高市场业务运作水平,积极发展旅游电子商务,提供个性化旅游。

3. 通过信息化建设,旅游管理机构可以较好地实现一些过去非常困难的管理和服务。

三、我国旅游信息化的发展现状与问题分析

(一)我国旅游业信息化发展现状

信息技术应用于我国旅游企业是在20世纪80年代初期。1981年,中国国际旅行社引进美国PRIME 550型超级小型计算机系统,用于旅游团数据处理、财务管理和数据统计。1984年上海锦江饭店引入美国Conic公司的计算机管理系统,用于饭店的预订、排房、查询和结账。

进入20世纪90年代以后,旅游信息化开始被旅游政府机关和部分旅游企业所关注。国家旅游局从1990年起开始抓信息化管理并筹建信息中心,1994年,信息中心独立出来,专为国家旅游局和旅游行业的信息化管理提供服务和管理技术。2000年9月,国家旅游局正式开通了国家旅游门户网站——“中国旅游网”,同时旅游办公自动化等系统也在建设中。进入21世纪以后,我国旅游信息化进一步得到发展,包括旅游饭店、旅行社、旅游景区景点的信息化建设都取得了一定的成绩。

(二)我国旅游信息化建设的整体评价

如果从1981年算起,我国旅游业应用信息技术已有20多年的历史。但从我国旅游信息化发展的基本情况可以看出,我国旅游信息化建设整体水平还比较

低，至少落后于国际旅游业信息化水平 10 年，整体上尚处于发展初期阶段。

我国旅游信息化建设的总体表现是保守被动、不成体系、实用性差，信息化建设滞后于旅游业的整体发展需要；同时，还存在着重硬件轻软件、旅游信息资源零散且共享性差、旅游信息资源开发程度和服务质量低下、旅游信息技术人才短缺等问题。

（三）我国旅游信息化发展状况的行业比较

1. 饭店业：星级饭店由于与国际建立联网，普遍建立了饭店中央预订系统和饭店管理系统，部分饭店参加了全球预订系统。但数量占旅游饭店总数近半数比例的未评星饭店和 96％的国内饭店和招待所在饭店综合信息化系统方面仍基本处于初级或空白状况。

2. 旅行社：少数大型企业建立了信息管理系统和网络，且应用规模和深度发展较快，而中小型企业仍处在信息化的起步阶段，发展较为迟缓。从总量来看，旅行社企业建立独立网站的数量十分有限，绝大多数的旅行社仅选择了在门户网站和旅游综合网站建立数量有限的网页的应用方式。

3. 旅游景区：出于政府主管部门整体旅游形象的宣传需要，较大比例的景区已建立自己的网页，有的还有自己的独立域名，但信息化综合应用水平比上述行业更低。

（四）制约我国旅游信息化发展的主要因素

制约我国旅游信息化发展的主要因素有：旅游市场操作不规范、信息化基础设施落后、旅游信息系统功能单一、信息通道不畅，资源无法共享、网络营销手段落后和技术人才的短缺与软件厂商的相对弱小等。

（五）我国旅游信息化建设的发展趋势

随着旅游市场竞争的不断加强，国内的旅游信息化建设发展将逐步显示出以下趋势：

第一，竞争将越来越激烈，资金投入将越来越多。比如，全国的旅游网站已经突破了 1000 家，为了争夺国内巨大的旅游电子商务市场，各大旅游网站纷纷加大了投入力度。

第二，卷入的部门和行业越来越多，包括旅行社、饭店、航空公司、IT 公司等各行业的企业都纷纷介入旅游信息化领域。

第三，市场越来越细分，并且同传统行业的结合越来越紧密。同时，旅游信息化的业务建设浪潮正从京、沪、粤向其他省会城市和中等城市扩展。

四、旅游电子商务

旅游电子商务的出现是我国旅游业进一步发展的新曙光，应用它不仅可以

第五章　旅游区

本章提要

旅游区是旅游活动开展的具体场所，是旅游活动各要素和各类旅游企业的集中区域。旅游者在旅游区内的主要活动内容是观赏不同的旅游景观，这些景观的构景要素是决定该旅游区质量和吸引力的重要因素，也是当地旅游产品的有机组成部分。在经过比较长时期的旅游开发建设之后，旅游区的规划和旅游产品的设计已有一定的模式和成功经验，旅游商品也越来越成为旅游区发展的重要内容。

第一节　旅游区的概念和类型

一、旅游区的概念

按照国家质量技术监督局于1999年6月颁布的中华人民共和国国家标准(GB/T 17775—1999)，旅游区(点)(Tourist attraction)是指经县级以上(含县级)行政管理部门批准成立，有统一管理机构，范围明确，具有参观、游览、度假、康乐、求知等功能，并提供相应旅游服务设施的独立单位。包括旅游景区、景点、主题公园、度假区、保护区、风景区、森林公园、动物园、植物园、博物馆、美术馆等。

由此可见，旅游区是涵义较为广泛的概念，是环境质量高，景物相对集中，以开发旅游为主要功能空间，并有相应的统一管理机构的地域基本单位。至于度假区、风景名胜区、森林公园等单位，虽然所属主管部门有着明确的规定，但都是以开发旅游作为主要利用方向，从行业管理要求讲，都可归于旅游区范畴，是旅游区中的类型之一，其范围可扩大到综合提供食、住、游、购、娱旅游活动集中分布区的边界。

二、旅游区的类型

旅游区分类体系的建立有利于在规划中确定旅游区的性质，明确规划方向和指导思想。一般可将旅游区分为 6 个大类、25 个类型。

（一）风景名胜区（国家公园）

风景名胜区是指风景名胜集中、自然环境优美、具有一定规模和旅游条件，经政府审定命名、划定范围，供人们游览、观赏、休息或进行科学文化活动的地域。至今，中国风景名胜区总数已达近 600 处，总面积近 10 万平方千米，占国土面积 1%以上，其中国家级风景名胜区 187 处。中国风景名胜区是由多种自然资源和人文资源有机融合组成的各具特色的特定区域。为了能够科学、合理地配置各类资源，发挥资源的综合功能，避免造成资源及环境的破坏，中国各级政府对这一法定区域实行统一管理。

1981 年 3 月，国务院批转了国家城建总局、国务院环保领导小组、国家旅游总局和国家文物局《关于加强风景名胜区保护管理工作报告》。1982 年 11 月，国务院批准公布了国家第一批风景名胜区。1987 年 6 月，国务院发布了《风景名胜区管理暂行条例》。1988 年 8 月和 1994 年 1 月，国务院先后批准公布了国家第二批和第三批风景名胜区。为进一步完善对风景名胜区的管理，前建设部于 1992 年和 1995 年 5 月发布了《风景名胜区建设管理规定》等文件。1995 年 3 月 30 日，国务院办公厅发布了《关于加强风景名胜区保护管理工作的通知》，指出：“风景名胜资源是珍贵的、不可再生的自然和文化遗产，要正确处理经济建设和资源保护的关系，把保护风景名胜资源放在风景名胜区工作的首位，坚持严格保护、统一管理、合理开发、永续利用的原则，保障风景名胜区事业健康发展”；“风景名胜资源属国家所有，必须依法加以保护”。这些规定和要求为风景名胜区的管理保护和开发建设提供了重要保障和法律依据。2002 年 5 月、2004 年 1 月和 2005 年 12 月，国务院又公布了国家第四批、第五批和第六批风景名胜区。

风景名胜区的主要类型有：

1. 山岳型风景名胜区：风景主体是拔地而起的山体，多由奇峰、怪石、陡壁、峡谷、岩洞、飞瀑流泉、云雾、花草树木和人文遗迹组成。如黄山、张家界、泰山、华山、庐山等。

2. 内湖型风景名胜区：如太湖、杭州西湖、千岛湖、九寨沟等。

3. 海滨型风景名胜区：如海南三亚海滨、大连海滨、青岛海滨等。

4. 江河瀑布型风景名胜区：如桂林山水、三峡、黄果树瀑布等。

5. 泉水型风景名胜区：如安宁温泉、济南泉城、邢台百泉等。

6. 宗教型风景名胜区：如普陀山、五台山、峨眉山、九华山、龙虎山、青城山、武当山、崂山等。

7. 民俗风情型风景名胜区：如西双版纳（傣族）、苍山洱海（白族）、丽江（纳西族）等。

（二）森林公园

森林公园是和自然保护区、风景名胜区有密切关系的，以森林旅游为主体的特殊地域。从 20 世纪 80 年代初开始，以森林公园建设为主体的森林旅游产业取得了长足发展。目前，全国已经建立各级森林公园近千处。始建于 1982 年的湖南张家界国家森林公园是中国的第一个森林公园。1996 年 1 月，国家颁布了《森林公园总体设计规范》，为森林公园规划设计规范了技术标准。

森林公园是以良好森林生态环境为主体，充分利用生物的多样性、多功能的特点，经科学保护和适度开发，成为旅游者度假、休闲、健身、科学、教育、娱乐的场所。主要类型有：

1. 山地型森林公园：如恒山、五台山国家森林公园等。

2. 风景型森林公园：如莫干山、张家界国家森林公园等。

3. 海滨海岛型森林公园：如刘公岛、长岛国家森林公园等。

4. 河湖型森林公园：如富春江、鄱阳湖国家森林公园等。

5. 以人文为特色的森林公园：如玉泉山、楼观台国家森林公园等。

（三）旅游度假区

度假旅游是以消闲、健身为目的的旅游，其特点是停留时间长，多为中高档次的消费阶层，活动内容丰富多彩，并多以家庭为基本单位，因而旅游经济效益较高。所以，度假旅游在一个地方推出，表明该地旅游业的发展进入成熟阶段。

我国的度假旅游区是应国际旅游市场需求而开发、建设的高档旅游区，是以健康消闲、恢复体力精力为主导功能，豪华装饰与淳朴自然共存，现代文明与历史传统相映，优美环境与高质量服务结合的地域综合体，一般以海滨、山地、温泉、森林度假地为主，具有优质旅游度假环境，优越区位条件，建有最现代化的游览和保健设施，如网球场、高尔夫、泳池、健身房、负离子和超声波浴等。主要类型有：

1.康体疗养型:具有宜人的气候环境,能提供康体疗养活动的地貌、水体、生物等地理环境。如黄山温泉区、大连海滨等。

2.运动健身型:是以体育运动、健身锻炼为目的,以自然风光为背景的旅游地。如开展登山、滑雪等运动的山地景区,进行游泳、泛舟、赛艇、潜水等运动项目的水体景区,以动物、鱼类为对象的狩猎场、垂钓区等。

3.娱乐消闲型:主要以地域人文景观为主景,以现代娱乐休闲设施为基础,能提供娱乐、观赏和增长知识等多方面活动的项目。

(四)旅游城市

旅游城市是指具有丰富的旅游资源、景点集中、旅游是城市产业中的主要功能或功能之一的城市。其主要类型有:

1.历史文化名城,是指具有较高历史价值、文化价值的地上和地下文物较多且集中分布的城市。它们从不同的侧面和领域反映中华民族的历史,可分为古都、特殊政治意义名城、纪念名人名城、园林文化城市、少数民族地区名城、历史港口和手工业中心城市,如北京、西安、曲阜等。

2.风景旅游城市,是以自然山水为基础形成的城市,当今又以旅游功能为主,如桂林、杭州、青岛、厦门等。

3.现代旅游城市,是以现代工业发展起来的城市,由于区位条件好,注意城市生态环境建设,建筑、园林、主题公园各有特色,旅游是城市功能之一,商业、都市观光、节庆等旅游都很活跃,如深圳、珠海、上海等。

(五)旅游乡镇

旅游乡镇是以特色小镇、乡村为主形成的旅游区。由于地域分异规律的作用和社会经济、民族习惯等差异,各个地区形成的乡村景观也各具特色。小桥流水、田园茅舍、海滨渔户、草原牧歌、现代新村等,都各有其诱人之处。考察和欣赏这些风格各异的乡村景观,既能使人获得精神上的享受,又能体验当地民风民俗,从而修身养性,增长知识。

近年来,随着人民生活水平的提高和旅游需求的多元化,乡村旅游渐渐进入人们的视野,农业观光、体验农家生活、感受田园风光等成为乡村旅游的主要内容。主要类型有:

1.乡村风貌旅游区,如周庄水乡、安丘民居;

2.海岛渔村旅游区,如长山岛、长岛;

3.草原牧场旅游区,如呼伦贝尔草原、锡林郭勒草原。

(六)自然保护区

自然保护区是指为保护重要的生态系统,拯救濒于灭绝的物种,保护有特殊意义的自然遗迹而划定的进行专门保护和管理、具有法律保证的特殊地域。自然保护区主要供技术研究使用，也可在不违反自然生态原则上局部开放为观光游览场所。作为旅游场所的自然保护区主要是指在自然保护区核心外的试验区部分，对外开放，开展旅游，将保护与利用结合起来，有利于保护区的发展。主要类型有：

1.综合型的自然保护区，主要保护地带性或区域性生态系统和珍稀物种，如东北地区的长白山等。

2.保护珍稀树种和特殊价值植物原生地的自然保护区，如海南的红树林等。

3.保护珍稀动物的自然保护区，如四川的大熊猫等。

4.保护自然景观遗迹的自然保护区，如云南的腾冲火山等。

三、旅游区的等级划分

为了评价和衡量旅游区（点）的质量标准，国家质量技术监督局于1999年6月颁布了中华人民共和国国家标准GB/T 17775—1999《旅游区（点）质量等级的划分与评定》，明确规定了旅游区（点）质量等级及标志，旅游区（点）质量等级划分依据与方法、旅游区（点）质量等级划分条件、旅游区（点）质量等级的评定与监督检查。

旅游区（点）质量等级划分为4级，从高到低依次为一、二、三、四级旅游区（点）。旅游区（点）质量等级的标志、标牌、证书由国家旅游行政主管部门统一规定并颁发。其中，一级旅游区（点）标志为“AAAA”，二级旅游区（点）标志为“AAA”，三级旅游区（点）标志为“AA”，四级旅游区（点）标志为“A”。

旅游区（点）质量等级的确定，依据“景观质量与生态环境评价体系”、“旅游服务要素评价体系”的评价得分，并参考“游客评价体系”的游客满意率。“景观质量与生态环境评价体系”包括旅游资源与环境的保护和旅游资源品位与价值两个项目。“旅游服务要素评价体系”包括旅游交通、游览、旅游安全、卫生、通讯、旅游购物、综合管理、旅游接待人数8个评价项目。每一评价项目继续分为若干评价子项目。对各子项目赋以分值，各旅游区（点）按各评价项目及子项目的相应得分数确定其等级。其中：

得分率在85%以上者可评为一级；

得分率在75%以上者可评为二级；

得分率在65%以上者可评为三级；

得分率在50%以上者可评为四级。

游客评价体系是旅游区（点）质量等级评定的重要参考依据。包括总体印象、游览内容、可进入性、内部游览路线、路标和景点介绍牌、导游讲解服务、旅游安全、环境卫生状况、厕所卫生、公用电话服务、购物市场秩序、旅游商品特色、收费

价格、便民服务等评价项目。每一评价项目分为很满意、满意、一般、不满意四个档次,并依此计算游客满意率。其中:

一级旅游区(点)满意率应在75%以上;

二级旅游区(点)满意率应在60%以上;

三级旅游区(点)满意率应在50%以上;

四级旅游区(点)满意率应在40%以上。

2001年国家旅游局通过组织专家评定组评定,批准了187家旅游区(点)为全国首批国家4A级旅游区(点)。2003年,由国家旅游局对该标准进行了修订,并由全国旅游标准化技术委员会负责解释。与GB/T 17775—1999相比,该标准主要修改如下:

1. 在划分等级中增加了AAAAA级旅游区(点)。新增的AAAAA级主要在细节方面、景区的文化性和特色性等方面要求更高。

2. 对原AAAA——A级旅游区(点)的划分条件均进行了修订,强化以人为本的服务宗旨,AAAA级旅游区(点)增加细节性、文化性和特色性要求。

3. 细化了关于资源吸引力和市场影响力方面的划分条件。

2007年,国家旅游局通过组织专家评定组评定,批准了65家旅游区(点)为全国首批国家5A级旅游区(点)。

第二节 旅游景观构景要素

旅游景观是指存在于旅游区内的自然和人文多种因素有规律地组合起来的有形或无形的地域综合体,是地理景观的一部分,是由山、水、林木、建筑等组成的一个特殊地段。这一地段的景观与其他地段不同,具有美学特征,有着诗情画意,对旅游者有极大的吸引力。因此,旅游景观是旅游者通过视觉、听觉、嗅觉等感官对特定的旅游时间——空间内具有旅游意义的自然、人文复合物象和现象的感知景象。

一、地文景观构景要素

山是地文景观的构架。山体垂直变化大,气候多样,景色各异,能给人以攀登、观光、寻幽、度假、避暑、滑雪之利;而且,在不同的季节,山景会给人以不同的感受,正如宋代风景画家郭熙所言:"春山烟云连绵人欣欣,夏山嘉木繁荫人坦坦，秋山明净摇落人肃肃，冬山昏霾翳寒人寂寂。”因此，名山，尤其是风景名山向来受到游人的青睐。

(一)高度

山地的高度分为绝对高度和相对高度。根据我国山地的特点，按照绝对高度来划分，500～1000 米为低山，1000～3500 米为中山，3500～5000 米为高山，5000 米以上为极高山。

从旅游角度看，高度大的山地，具有雄伟、壮丽的特征，常常引起人们的赞叹、震惊、崇敬和愉悦。一般而言，山之势主要取决于相对高度，而不是绝对高度，如泰山，绝对高度根本无法与昆仑山相比，但泰山却以 1300 米的相对高差耸立在华北大平原上，因而有“会当凌绝顶，一览众山小”之势，被称为“岱宗”。在人们心目中，泰山已成为高大雄伟事物的象征，自古就有“重如泰山”、“稳如泰山”之喻，这就是泰山的相对高度大给人带来的感受。汉武帝曾面对泰山惊呼：“高矣，极矣，大矣，特矣，壮矣，赫矣，骇矣，惑矣。”而昆仑山，虽然它的东段海拔达 5000 多米，但由于相对高度小，即或登到山顶，也无高大雄伟之感。同样，非洲的乞力马扎罗山 5895 米，被誉为非洲之巅和“非洲大陆之王”，在无边的大平原上拔地而起，高耸入云，气势磅礴。

(二)坡度

坡度陡的山体有平地拔起之趣，具有险峻美和风光美，通过强烈的对比与夸张形式，激发游客奋勇进取，战胜险阻而获自豪感、刺激感，所以险景名山常成为游人光顾之地，“无限风光在险峰”已成为游人登山的源动力。华山素以“险”著称，路宽不足半米，两侧皆为深渊，以至出现“韩愈投书”之典故。由于路太艰险，游人必须手脚并用，才得以观赏华山美景。

山之险主要是由地壳的断裂作用形成的，多发生在断层面上。华山是由花岗岩株形成的断块山，经长期风化剥蚀，岩株出露地表，在断层错动和位移作用下，岩株与渭河平原之间升降差距越来越大，从而形成高耸的山地。花岗岩抗蚀能力强，但裂隙发育，流水沿裂隙不断下切，将花岗体分割成座座峻秀山峰。山峰四壁如削，险不可攀，如此便有了“自古华山一条路”之说。

(三)形态

山的形态是指山体的总体外貌，它是由山体的轮廓线构成的。我国西部地区的山脉，连绵起伏，山顶终年积雪，令人感叹。更具价值的是各种各样的岩石在地壳内力和外力的作用下所形成富有美感的形象，即造型地貌。应该说“造型”一词源于美学中的造型艺术，像雕塑、建筑、绘画等都属于造型艺术范畴。造型地貌与造型艺术的不同之处在于，造型地貌完全是大自然的“天斧神工”造就而成，有立体感地再现千姿百态、五彩缤纷的客观世界，根本没有人类雕琢的痕迹，当然会增加游人的浓厚兴趣。

我国造型地貌广布。宏观的如昆明西山，从其东南侧望去，形态酷似一位酣睡的少女，人称“睡美人”，为昆明第一胜景。再如“五岳”，清代学者魏源以人或动物的多种姿态来比拟“五岳”的形态，即“恒山如行，岱山如坐，华山如立，嵩山如卧。唯南岳如飞，朱雀展翅垂云天”。其实，这是由于岩石性质、地质构造和流水作用等共同塑造的结果。恒山东西延伸250千米，横亘于晋冀两省西北地区，且近于水平的岩层由石灰组成，受流水切割，如多匹骏马奔腾，故曰“行”；嵩山位于河南省中部，逶迤绵延，宛如醉卧苍龙，故曰“卧”；衡山分布在湖南省中部，南北走向，峰峦挺出，高峰罗列。远望祝融峰像鸟头，芙蓉、天柱诸峰像鸟身，紫盖、香炉等峰像飞翔着的鸟的双翅，故曰“飞”。

（四）层次

层次是指山脉的蜿蜒起伏状况。层次多，即山峦重叠，内涵丰富，信息量大，使人产深远不尽之感。庐山位于江西省北部九江市南，鄱阳湖西岸，山地呈东北、西南走向，长约25千米，宽约10千米，大部分山峰海拔1200米以上，多危崖峭壁，清泉飞瀑，素享“匡庐奇秀甲天下”之誉。山中云雾缭绕，山峰时隐时现，被苏东坡描绘为“横看成岭侧成峰，远近高低各不同，不识庐山真面目，只缘身在此山中。”该诗已成为庐山风景多层次的真实写照。

层次丰富的山谷还常给人以幽深之美。这种景观以山麓地带为地形基础，辅以茂密的乔木为条件，构成半封闭的空间，视野狭小而景深较大，有迂回曲折之妙，无一览无遗之坦。幽美在于深藏，景藏得越深，越富于情趣，越显得幽美。青城山山林之美就是一个“幽”字，素有“青城天下幽”的美誉。其间苍松翠竹，碧绿成阴，泉水潺潺入耳，偶尔传来鸟鸣声，有一种幽深莫测的神秘感。

层次简单的地表景观则给人以旷远之感。如非洲的撒哈拉大沙漠，给人以苍凉之美感，也有排忧解烦之效。

（五）色彩

山之色彩是指山体相对稳定的混合色、调和色。一般来说，近山绿而远山蓝，渐远淡，层次分明，直至天边。加上淡云薄雾常给山岳敷上一层调和色，使群山的色彩变得柔和、淡雅、协调，增添了峰峦的整体感，使重叠的峰峦显得更深远。若是海拔3000米以上有积雪之处，则形成壮观的冰雪世界。

旅游景观中最能构景的是特殊岩石的色彩。如火焰山，因小说《西游记》中所写的孙悟空过火焰山、斗铁扇公主的神话故事而流传海内外，其实是由红砂岩所构成，因夏季气候干热，在强烈阳光照射下，红色砂岩熠熠发光，宛如阵阵烈火，由此得名。美国科罗拉多大峡谷的颜色，因两壁岩石的种类、风化的程度、年代的演变，以及所含矿物质的各异而各有不同，铁矿石在阳光照射下，呈现出五彩斑斓的色彩，其他氧化物则产生各种暗淡的色调，石英岩又显出白色，形成一块深红，一方深赭，一团黝黑，一片铁灰，像一块缤纷的调色板，美不胜收。

二、水域风光构景要素

水是自然界最活跃的物质之一，其光、影、形、声、色、味等都是生动的风景素材。水面能点缀、映照周围景物，使风景更加妩媚、秀丽。水中倒影可反映出高低、起伏、明暗的景物，也可反映出春秋、朝夕、阴晴等季节与天气的变化。不同形状的水体又给人以不同的感受。缓流潺潺、急流汹涌更造成不同的声响与气势，所以水是构成旅游景观最活跃的要素之一。

水体的构景要素主要有：

(一)动态

水的动态，首先在于水面的辽阔和水势的激荡。当我们面对一望无际的大海，我们往往会惊讶和赞美其不可阻挡的阳刚之势。海是大洋的边缘部分，海岸带是海洋与陆地的接触带，处于水、岩石、生物和大气的相互作用于中，风光旖旎，是游人竞相光顾的地方。

其次，水的动态还在于水流速度和跌水高度，这方面以瀑布为最。瀑布是指从河床纵断面陡坎或悬崖处倾泻下来的水流，以奇称绝，具有声、形、势之美。其声，如雷轰鸣，惊心动魄；其形，如银河垂落，飞流直下；其势，磅礴宏大，喷珠溅玉。非洲的维多利亚瀑布比我国的黄果树瀑布还宽 90 倍，其巨响远达 15 千米，虽旱季也不减其气势，人称“魔鬼瀑布”，可见其雄壮之势。

第三，水的动态是有规律的，既不像地质地貌那样一成不变，也不像许多气象景色那样变幻莫测。因此，水的动态不仅丰富了景观，而且这种动态本身就是一种美妙的自然过程，人们可以在水体形象变化前后的对比中，触摸到大自然的脉动，欣赏着自然变化的韵律。例如观赏潮水的涨落，观察雨后山间小溪的水势变化等。

最后，水的动态不仅形成了自身丰富的景观，同时也使山地景色增辉，所以著名的旅游地，大多兼有水光山色之秀。李白《望庐山瀑布》在写瀑布动态美的同时，也写出了庐山之美。汹涌奔腾的长江，赋予三峡以惊心动魄的美感，因而有“两岸猿声啼不住，轻舟已过万重山”的佳句。

(二)声音

水体在受到外力冲击或流动时会发出多种声音，这些不同的声音往往会给旅游者以听觉上的享受。水声是多数水景构景要素的一部分，有些水景正是以其独特的水声取胜。例如，我们观赏瀑布，绝不会对其咆哮的轰鸣声无动于衷；欣赏泉水，若能聆听到泉水的淙淙声，将是十分美妙的；在海边旅游时，倾听惊涛的拍岸声会使我们更深切地感受到大海的狂放和磅礴的气势；其他如雨打芭蕉、巴山夜雨、小桥流水等等。水的声音加强了水的动感，同时又是形象的一部分。缺少了水的声音，不可能完全领悟水景之妙。

（三）色彩

纯净的水体本是无色透明的液体，但大自然的水体或多或少地含有各种各样的悬浮物和溶解物，加上光线在水中的选择吸收与散射作用，呈现出不同的颜色，构成了水的多姿色彩。例如海洋因受地理位置、深度、天气、水中杂质和浮游生物的影响，可以形成五颜六色的美景：大海在万里晴空的蓝天映衬下呈湛蓝，而在云雾蒙蒙的阴雨笼罩下则为灰暗；深海呈蓝色，浅海则受海底的影响呈青色或青灰色；我国的黄海因泥沙量大而呈黄色；红海则因繁殖大量的蓝、绿色海藻，这些海藻死后变成红褐色，漂浮在海面，使海水呈现红色；黑海里由于有大量的鞭毛虫繁育而使海面呈黑色，等等。水的色彩直接影响着水的形象和景致，因此也是水景的重要构景要素。

内陆水体因周围自然景物、水底背景和所含物质不同而产生色彩更为丰富，典型的如九寨沟的五彩池（海子）；江南之水在《忆江南》中描绘最出色："日出江花红胜火，春来江水绿如蓝，能不忆江南"；美国黄石国家公园的喷泉不仅数量多，而且有色彩，蓝宝石泉碧蓝，绿松石泉翠绿；欧洲的多瑙河以其水之蓝而闻名世界，更激发了许多音乐家和诗人的灵感。

当然，洁净的水能够给游人创造一个清洁的旅游环境，因而水质清洁的浴场受到越来越多旅游者的青睐和光顾。

（四）层次

水景的层次主要是由岛屿、长堤、桥梁等决定的。岛屿的存在既丰富了水景内容，又使游人有四面临水之趣，常常是赏景最佳之地。如被诗人誉为"白银盘里一青螺"的洞庭湖君山；在我国，岛屿众多的湖泊当数新安江水库，共有岛屿（原为山峰）1078座，因而该湖在1983年改名为千岛湖，面积575平方千米，受岛屿的分割，整个风景区可分为中心、东南、西北、西南、东北湖和若干外景景区；太湖不仅湖面开阔，而且岛屿排列有序，使水面多处被分割，几经收放，形成数个连续的风景层次。此外，舟山群岛、庙岛群岛以及长江诸岛也都是具有丰富水景层次的绝佳之处。

同时，水体不仅有自身的层次和形象，而且能够映出其他景物的影像而更加丰富水景的层次，这是水体独特的构景功能，特别是对于静态的水域而言，这种功能显得尤为突出和重要。山、石、树、花、建筑物乃至天上的白云和彩霞都会在水中形成影像，实物与影像交相辉映，构成一幅美不胜收的立体图画。

从另一角度分析，平远旷荡的水域景观给人一种心旷神怡的感受。李白《送孟浩然之广陵》"孤帆远影碧空尽，唯见长江天际流"；王勃《滕王阁序》中"落霞与孤鹜齐飞，秋水共长天一色"等对长江之水的描绘，让人感到心胸开阔，美不胜收，可看作是水域景观的另一构景要素——旷远。

（五）形态

水的实体包括海洋、江河、涧溪、泉水、瀑布等，每种水体都有一定的形态风韵，有的以静为主，有的以动为主，大都动静结合，创造出不同的景观。在众多的水体中，形态各异的湖泊构景功能最为明显。

湖泊是在面状地中积蓄的水体。按照湖泊的形成原因，可分为构造湖、火口湖、熔岩堰塞湖、河迹湖、海迹湖、冰川湖、风蚀湖、岩溶湖、人工湖等。

人工湖即水库，是人们兴修水利的产物，构景功能相对突出，价值比一般湖泊更高。人工湖遍及全国，如长江葛洲坝水库、黄河三门峡水库、汉江丹江口水库、北京郊区的密云水库等。

（六）内涵

由于各类水域往往是人类长期活动的场所，尤其是江河，常被人们视为生命的源泉，它为人类的生存和社会的进步建立了不朽的功勋，可以说，世界上的文明古国都和名川大河结下了不解之缘。所以，不少水域与人文景观有机结合，使具有不同动机的旅游者都能从中找到能满足自己需求的旅游对象，而且能随着时空的变化，会有不同的感受。在这方面，杭州西湖可为代表。曾有人评说"西湖有480可游处，360堪醉日"，即是明证。

（七）嗅味

水本为无嗅无味的液体，但有些水体却给人以不一般的味觉或嗅觉，因此带有浓郁的神秘色彩，吸引众多的游客前来探秘和旅游。例如有些河、溪、湖、泉的水质特别的清冽甘甜，形成"甜湖"、"甜河"、"甜泉"等独特的水景，成为游客先尝为快的旅游胜地。有些水体则能散发出一种奇妙的香气，而形成"香河"、"香泉"等水景。当然也有些水体的味道不是甜味和香味，而是酸味和臭味，这主要是由于人类生产和生活污染而产生的。这样的水体若不加以治理，会对旅游景观带来负面影响。

水景的嗅味以各类泉水为主。泉是地下水的露头，它不仅可供人饮用和观赏，而且还有疗养、疗疾的医学价值，很多名泉自古以来就成为游人喜爱的游览景点。

三、生物景观构景要素

（一）色彩

树木花草的色彩是旅游景观绚丽的衣裳，给人印象极为深刻。与其他旅游景观的色彩不同，动植物的色彩，是生命的色彩，最富有情感，色彩也最为丰富，如花卉的色彩每一种都有很多层次，仅红色便有粉红、洋红、桃红、水红、肉红、玫红、橙红、大红、深红、紫红、铁红、墨红等之分。当花木成片成丛时，无论是单色还是杂色，最能感染人的仍是色彩。我国不少名山大川、旅游胜地都有自己的特产花卉，如云南的茶花、广西的木棉花、上海的桃花。日本有“樱花之国”之称，共有300多个品种，有白色、淡红、黄色之分，赏樱花也是日本人民的盛大节日。某些动物的色彩也能构成特殊景观，如黑白分明的大熊猫、色彩斑斓的虎豹等。

（二）形态

生物的形态是指植物的伟岸挺拔、婆娑多姿、古朴苍劲，动物的亭亭玉立、雍容高雅、富丽华贵，不一而足。有的植物还具有象形性。

植物的造型分为自然和人工两个方面。自然的植物造型多指单株树木的形象，如黄山迎客松、卧龙松、龙爪槐等，苏州光福的“清、奇、古、怪”四棵古柏。而人工的植物造型多指植物的组合形象，例如用各种花草组合形成的狮子、熊猫、大象、飞鸟、植物钟等图案形象。

（三）动态

动态是动植物的形态在特定条件下的景观，如花卉植物在风等外力作用下更显得风姿绰约，春风中摇曳的杨柳，飞扬的落花，秋风中飘荡的落叶都给人强烈的动感。同时，植物生长的节律在难以觉察的变化中也反映出旅游景观的季相更迭。

动物的行止跳跃同样能构成富有特色的景观，如猛虎下山之威武，猿猴攀援之灵巧，象出深林之雄壮，雁过蓝天之整齐，鸭浮水中之憨态。

（四）声音

在大自然中，风起松涛、鸟语幽林、虫鸣寂夜等各种天籁之音共同组成了自然交响曲的乐章。对于久居喧闹城市的游客，能亲耳听听黄山的松涛、峨眉山万年寺“弹琴蛙”的鸣奏，无疑是一种享受，所以人们赋予动物的鸣叫以一定的感情色彩，如莺语婉转、燕子呢喃、蟋蟀吟唱等，特别是善仿人言的鹦鹉，历来被我国的王侯将相所宠爱。澳大利亚的笑笑鸟和琴鸟，一个能发出像人一样的爽朗洪亮的笑声，一个叫声如拨弄古琴，音色悠扬婉转，娓娓动听。

（五）寓意

许多植物，在长期的审美活动中被人为地赋予了某种寓意，使后人在欣赏这种植物时，看到的不仅仅是植物的外在形象，而且还感到了一种意境。这些寓意，一般都得到了公认，有了一致明确的观念。如“岁寒三友”指松、竹、梅；“园中三杰”指玫瑰、蔷薇、月季；“花中四君子”是梅、兰、竹、菊。具体来讲有以下例证：松（柏）——坚贞不屈；竹——节高谦恭；荷——洁身自好；兰——隐逸君子；菊——

谦谦君子；牡丹——富贵荣华；水仙——凌波仙子；梅——雪中高士；万年青——青春常在，等等。植物的寓意多为由其形象得到的借喻，它使人们的旅游和欣赏行为更具文化色彩和精神意义。

(六)旷远

主要指受人工影响较少的生物景观，如茂密的森林、茫茫的草原，色彩虽单调，却能给人以心情舒畅之感。

四、天象景观构景要素

天象通常指天文、气象方面的现象，包括大气中的冷热、干湿、风、云、雨、雪、雾、雷电、光象等，可以理解为某一地区在某一短时间内各种大气现象的综合，常形成变动景和朦胧景，给人以变幻莫测和虚幻缥缈之感。与旅游关系密切的天象构景要素主要包括：

(一)朦胧

朦胧是相对于清晰而言的，当我们隔着云雾观赏风景时，云雾中的景物若隐若现、模模糊糊，令观者捉摸不定，于是产生神秘玄妙之感，引起观者许多遐想，这就是朦胧所致。云是飘浮在空中的水滴。它常形成于一定高度的天空和山地中，所以山地多云海。云海多发生在午夜或早晨，因为这时山地中常形成稳定的逆温层，在冷暖气流的界面上出现层积云，它是一种灰色或白色呈较大团块或波状结构的云层，活动性大，且高低起伏，如大海波涛而得名。由于名山各自所处的位置与地形的差异，云海的特色也不同，如泰山云海稳重绵厚，衡山云海缥缈淡薄，峨眉山云海瞬息变幻，黄山云海壮观辽阔等。"不见庐山真面目"是朦胧的最高境界；顺长江而游，远望三峡巫山神女峰风姿绰约，是朦胧的典型。但若想用望远镜看清神女的面目，结果看到的只能是一块普普通通的石头，会令游人大失所望。

(二)色彩

天象景观的色彩是所有旅游景观的洪观背景，"蓝天白云"是旅游环境良好的基本标志。其中，某些景观的特殊色彩构成了该旅游区的重要吸引源。

1.旭日和夕阳：观赏日出和日落美景是人们旅游活动中普遍感兴趣的项目。以观赏旭日为例，人们常把风景名山和湖畔海滨作为观赏点，这样，有的名山胜地就有了固定的观日佳点，如庐山的汉阳峰和含鄱口、黄山的翠屏楼、泰山的观日峰。除了理想的观日佳点外，还必须选择合适的日期和天气，否则，还是看不到日出奇景。

2.宝光：又称佛光，是山岳巅峰所特有的自然美景。我国许多风景名山如峨眉山、庐山、泰山、黄山、长白山等都出现过宝光，其中以峨眉宝光最为驰名，它是金顶三大奇景之一。

3. 蜃景：即海市蜃楼。光线经过不同密度的空气层，发生显著折射（有时伴有全反射）时，把远处景物显示在空中或地面的奇异幻景。蜃景常发生在海滨和沙漠地区，一般可分为上现蜃景（正像）、下现蜃景（倒像）和侧现蜃景三种，也有其他更复杂的蜃景。山东蓬莱仙阁是我国最负盛名的观蜃景佳地，《梦溪笔谈》云："登州海中，时有云气，如宫室、台观、城堞、人物、车马、冠盖，历历可见，谓之'海市'"。蜃景出现在与太阳同一侧方向上，而宝光却出现在与太阳相对应一侧的方向上，这是二者的明显区别。

4. 极光：是经常出现在高纬度地区高空中的一种辉煌瑰丽的彩色光像。在南北两极磁场强度最大，对太空中带电微粒的吸引力也最大，故极光常见于较高纬度地区。黑龙江省的漠河县曾多次产生极光现象。

（三）形态

天象景观的形态，除了丰富多彩但缥缈不定的云海外，作为构景要素，较为典型的是雾凇。在我国若干地方都可见到雾凇，但名气最大的当数吉林市的雾凇（俗称树挂）。吉林树挂属于毛茸形晶状雾凇，它是由冰晶重叠起来形成的毛茸形晶莹洁白的疏松体，具有持续时间长、出现次数多、厚度大等特点。吉林雾凇常在每年 10 月至翌年 3 月出现，一冬可出现 60 多次。雾凇的功能是多方面的，最主要的功能是具有极大的观赏价值。"一夜寒风起，梨花遍地开"，人们常这样来形容它。此外，雾凇还是天然的"清洁器"，这是由于空气中的尘埃杂质作为凝结核被水汽吸附凝结在树枝上了，因而起到了净化空气的作用。

五、建筑景观构景要素

建筑是生产力发展水平、科技水平、社会制度、意识形态和文化艺术的综合反映，伟大的建筑物常常成为历史文化的标志，甚至国家民族的象征，被称为"石头（西方）和木头（中国）的史书"，是人类社会文明进步的强有力的实物见证。建筑景观的构景要素主要有：

（一）结构

中国传统建筑是以单体建筑组成庭院，以庭院组成单元，进而组成建筑群。这些建筑往往以南北方向上的一条直线为中轴线，中轴线上的两旁建筑讲究对称和均衡，在布局上显示出整齐和对称的美。如北京故宫，有大明门（大清门）、天安门、端门、午门、奉天门（太和门），即符合五门制度；太和殿、中和殿和保和殿三座大殿，符合三朝之制，故宫正是以这三大殿为中轴线的。我国寺庙宫观的布局也是中轴式、院落式格局，从寺院的正门——山门开始，沿中轴设有天王殿、大雄宝殿、藏经楼或法堂。大的寺院还有毗卢阁、三圣殿等殿堂建筑。在大殿左右又有伽蓝堂与祖师堂相对，斋堂和禅堂相对。

在中国古代宫廷门口，还常设有华表、石狮等装饰性建筑或雕塑，如北京天安门前后各有一对汉白玉华表，对故宫的主体建筑起到了烘云托月的作用。中国古建筑屋脊两端用鸥尾加强了屋顶形象特征，屋顶檐角角兽数量的不同，还表示不同的等级，等等。

（二）色彩

色彩的使用使建筑更具美感。为了保护门窗柱额免受日晒雨淋的侵蚀，我国古代很早就有在房屋上施加油漆彩画的习惯。明清两代，色彩的运用已趋于制度化，白石台基，黄、绿色琉璃瓦，朱红色的门窗墙柱和以青绿冷色为主调的金碧交辉的梁枋彩绘，成了宫廷、庙坛中最盛行的建筑色调。那些以龙为主的"和玺彩画"，以旋花为题材的"旋子彩画"和起源于苏州以描绘自然山水与人物故事为题材的"苏式彩画"，既暗含着严格的等级观念，又使我国古建筑更显得绚丽多姿，光彩夺目。为了区别等级，帝王的建筑一般是黄色琉璃瓦，王侯的建筑用绿色琉璃瓦，老百姓只能用灰色瓦盖房。北京天坛祈年殿蓝色的琉璃瓦顶，冠以巨大的鎏金顶，下面配以朱红色柱子、门窗和白色台基，使这组建筑富丽堂皇，溢彩流金。

目前许多地方开发夜景，主要是用不同色彩的灯光从不同角度照射建筑物，使在白天看来平淡无奇的建筑罩上一层华丽的光环。

（三）高度

古代匠师为了防潮、防腐、坚固以及增大体量等目的，而把建筑建在高高的基座（即台基）上，大型或重要的建筑多为白石须弥座，有时可以做到二三层，再配以石栏杆和台阶，使建筑更加雄伟、壮观，如北京故宫太和殿、曲阜孔庙大成殿等。

西方建筑常常以不同的柱式、屋顶、窗门的变化来体现其特点。希腊式、罗马式建筑都注重以圆柱、柱础和柱顶的各种搭配形成不同的风格；哥特式教堂耸而尖细的塔楼，直刺蓝天，在视觉上造成飞腾的效果。伊斯兰教清真寺采用葱头形穹隆顶，结顶部收束呈尖锥状，也给人以升举之感。

现代的不少建筑更是以高耸入云的气势成为当地的标志性景观，如印度尼西亚的独立纪念碑，高 137 米，由大理石构成，碑身上有许多雕像，反映印尼人民反抗荷兰统治的事迹。顶端是用 35 公斤纯黄金打造的火炬雕塑，象征印尼的独立精神；电梯可达碑顶，观赏市容，是雅加达的象征；加拿大的国家塔是世界最高电视塔，高 553 米，巍然耸立于北美五大湖北岸的多伦多市，塔内设有四部三面透明的高速电梯，以每分钟 365 米的速率将游客送至塔上的空间瞭望台，距地面高度 477 米，是专门为满足游客们"欲穷千里目，更上一层楼"的游兴而设。在此纵目远望，视距界限可达160千米，距离遥远的尼亚加拉瀑布的喷雾奇景，清晰可见。

另外，有些建筑物借助自然背景，可建在山顶、山背上，高入云端，如泰山南天门，或建于水边空旷之地，如黄鹤楼、滕王阁，也能构成宏伟的景观。

（四）和谐

和谐是指建筑物在宏观设计布局上与周围自然风景融为一体，或坐落于碧荫叠翠之间，依山托势，高低错落；或建于碧波环抱之中，以水载秀，相映生辉。峨眉山最大的庙宇伏虎寺建于唐代，由于僧徒们广植树木，使寺内殿宇隐于丛林之中，故有“密林隐伏虎”之称。相传林中多虎，常出为害，始建尊胜幢于无量殿前，以镇之，使其患遂绝，故名伏虎寺。寺周古木参天，环境清幽而秀丽。伏虎寺虽在密林之中，屋顶却一尘不染，绝无残枝败叶，堪称一绝，其实这是因为该寺居于山谷之中，山风形成环形气流把落叶给吹走了；法国的圣米歇尔修道院是欧洲哥特式建筑的杰作，修道院及周围建筑物犹如从圣米歇尔山上长出，气势雄伟。这个周长仅900米，高仅78米的岩石小岛与人类的创作巧妙地结合为一体，其最大价值在于将天、地、水、建筑恰到好处地组合在一起，成为欧洲著名的中世纪古迹和主要朝圣地。

（五）质感

质感主要是建筑物的物理特性给旅游者的触觉、视觉等形成的感受。如金殿、金佛、玉佛、旅游工艺品等。湖北武当山的金殿，坐落在天柱峰顶端，殿高5.54米，面宽4.4米，深3.2米。整座大殿除了殿基是用花岗岩石铺垫的之外，其余的全用铜铸部件拼合而成，重达80多吨，外鎏赤金。在阳光的照耀下，整座金殿庄严凝重，金碧辉煌，数十里外亦熠熠可见。虽历经五百余年，仍崭新如初，辉煌可见，令人叹为观止。金殿内所供的真武大帝铜像，披发跣足、体态丰腴，仪容庄穆，造型逼真，重达10吨；泰国玉佛寺中供奉一座由整块翠玉雕成的佛像，高66厘米，宽48厘米，置于11米高的金制礼坛上，周围配有多尊金佛，把玉佛烘托得更加庄严。

六、园林景观构景要素

园林是一种模拟自然环境而着意创造出来的人工生态环境，它把山、水、花、木等自然景物与楼、台、亭、榭等人工建筑巧妙结合为一体，成功地再现了大自然的缩影，造就出富有诗情画意的艺术性环境。

（一）结构

我国多数园林都以曲折自然的湖面和水池为中心，辅以溪涧、瀑布等，形成各种各样的水景。理水要求水面有聚有分，聚分得体。聚则水面辽阔，有水乡弥漫之感;分则水面似断似续,有深远不尽之意。如苏州拙政园的结构,是因地制宜,以水池为中心而设计安排。园中建筑稀疏错落,皆因水为势,格调古朴而自然,至今仍保留了池广树茂、旷远明瑟的明代规格,使人不出城市而能获林野逸趣。全园现包括东、中、西三个部分和部分住宅,其景区布局各具特色。中部是拙政园的主要部分,以水为主,水面广阔,景色自然。西部的补园带有晚清海派作风,但水石部分尚与中部接近,其中水廊、塔影亭的溪涧皆为绝处逢生的佳构。东部归田园居布局以平冈草地为主,配以山池亭阁,空间开阔。留园建筑群分为中、东、北、西四个不同景区。中部是精华所在,以山水见长。东部以庭院、建筑取胜。北部具农村、田园风光。西部林木高耸,有山林野趣。

(二)层次

我国古典园林在造园时往往善于寻求园与周围环境、自然景物的巧妙结合,采用借景、对景、框景、藏景、引景等手法构景。其中借景就是指把周围的佳景组织到观赏视线中,使园林空间扩大,层次增加。借的方法有远借、近借、邻借、仰借、俯借。借的对象有山水、建筑、日月、雨雪,甚至风声虫鸣等。如无锡的寄畅园位于惠山东麓,园外的景色是惠山、锡山,绿嶂巍峙、龙光塔影(锡山顶上有龙光寺),被纳入园内,构成园外有园、景外有景的效果。框景也是我国古典园林建筑中增加层次的手法,即利用门或窗作取景的画框,使景色好似嵌在镜框中的一幅图画。

(三)形态

在中国古典园林中,叠山是很普遍的,有"无园不石"之说。叠山最本质的艺术法则就是"有真为假,做假成真"。这是中国园林所遵循的"虽由人作,宛自天开"的艺术理论在叠山方面的具体体现。人工所叠之山应有势、有险、有态、有脉,在宏观上塑造园林的主景。相应地,山石独立造景或作为配景也讲究形态,如黄石由细砂岩经风化分裂而成,刚硬平直,浑厚沉重,层次丰富,轮廓分明;太湖石因水的溶蚀作用,岩石外观圆润柔曲,玲珑剔透,即人们常讲的透、漏、皱、瘦。苏州留园的冠云峰,为江南四大奇石之一,也是留园"三宝"之一。它高 6.5 米,重 5000 千克,是我国现存最高的独峰观赏假山湖石名峰。冠云峰集瘦、漏、透、皱于一身,修长灵气、玲珑剔透,传说是宋代花石纲的遗物。当冠云峰的侧影投入"浣云沼"时,更体现出峰石高耸的无穷意趣。

(四)色彩

园林建筑不仅在结构、用材方面十分讲究,其色彩的应用也独具匠心。如颐和园的彩色长廊,面向昆明湖,背靠万寿山,东起邀月门,西止石丈亭。全长 728 米,共 273 间,中间建有 4 座八角重檐的亭子。长廊的每个枋梁上都有彩画,共绘有大小不同的苏式彩画 14000 余幅,画的内容包括西湖风景、山水人物、花卉翎毛、历史故事、神话传说等。其中人物画主要出自四大名著及《封神演义》。画师们还在横梁上绘制了象征长寿的500多只仙鹤,栩栩如生。这条五彩缤纷的画廊把前山的建筑连接在一起,1990年被"吉尼斯世界记录大全"编委会确认为世界上最长的长廊。

同时,园林中的花木栽植,不仅为了绿化,而且要以供人观赏为主,故花木种植重姿态、色彩,多以苍劲与圆柔相配合,并通过树形大小、树叶疏密和色调的明暗等构成富于变化的景色。

另外,山石的色彩也能体现独特的景观。扬州个园是以山石取胜的园林,除用湖石、黄石外,还有宣石(白色石英岩),堆砌成春夏秋冬四景,是我国园林中创造鲜明个性的杰作。

七、民俗风情构景要素

民俗是指民间的风俗习惯,是一个民族或社会群体的人们在长期的共同生产实践和社会生活中逐渐形成并世代相传的一种较为稳定的文化现象,是各地人民独特的生活习俗、生活方式、审美观念、社会交流、文化历史背景及其载体的综合,包括一个民族的衣着、居住、饮食、娱乐、节庆、礼仪、婚恋、生产、交通、村落等方面所特有的喜好、风尚、传统和禁忌。

(一)色彩

色彩以少数民族服饰最引人注目,如苗族、瑶族的蜡染服饰,回族的白色衣帽,土族的五彩袖子,满族的旗袍等。各国绚丽多彩的民族服饰恰似一道风景,一向给游客留下美好印象,如苏格兰绅士花格裙、日本妇女的和服木屐、我国傣女细薄柔软、紧身而裹的装束。不同色彩的服饰还与不同的地理环境相配合,如宽大厚实的藏袍和右臂袒露的穿着方式,恰好与辽阔粗犷的高原环境一致。

在各种民俗礼仪中,不同的色彩也反映出不同民族的特色。如泰国在迎接贵客时,主人献上色彩鲜艳的花环,套在客人的颈上,表示对客人的热情;我国藏族同胞习惯以"哈达"(一种丝、棉或麻织的礼巾)献给宾客。他们认为:洁白的哈达表达了藏族人民纯洁的心,"献哈达"是对宾客最尊贵的礼节。

(二)动态

民俗的动态以各种节庆活动最为典型,是各民族独特的历史面貌和社会风情在特定时间内的集中体现。在欧美国家,最红火的、民众参与性最强的是狂欢节。一般在封斋(大斋节、四旬节)开始前三天举行,因封斋期间教会禁止肉食,人们在此节期举行各种宴饮和跳舞活动,故狂欢节又称谢肉节。世界上不少国家都过狂欢节,尤以巴西、德国、意大利的狂欢节驰名,如巴西里约热内卢狂欢节,场面极为华美、壮丽,桑巴舞的舞姿活跃而热烈,整个城市沉浸在节日的欢乐之中。

现代狂欢节已成为许多国家、民族送旧迎新、抒发对幸福和自由向往的重要节日，也成为旅游者向往并兴奋不已的游览项目。每当一年一度的狂欢节来临，大批的旅游者都会蜂拥而至，加入到以各式彩车为纽带的游行队伍之中，与当地居民一起欢跳狂呼。

东南亚一些民族和我国傣族的泼水节可称为东方的狂欢节，时间在每年的4月12日前后，内容有跳象脚舞、丢包、堆沙等，但以人们相互间泼水为主。在那里，清澈的泉水象征着吉祥、友爱和祝福，谁被泼得最透，意味着谁最幸运。

（三）嗅味

主要是指各类物产品尝与观赏，如德国慕尼黑啤酒节，西班牙烹调节，匈牙利面包节，泰国素食节，新加坡食品节，苏州阳澄湖大闸蟹节，寿县豆腐节，盱眙龙虾节，匈牙利、瑞士、法国的葡萄节等。各国流行的农家乐、渔家乐等更是五味俱全，内容丰富多彩。

（四）神秘

世界各地民俗中，不乏不可捉摸、不可思议的现象和行为。如西方的“万圣节”、墨西哥的“亡人节”以及中国的七月半“鬼节”所举行的祭祀活动和表演，西藏的传统葬礼，甚至偏僻山村里带有娱乐性质的民俗活动，都给人以神秘的感觉。

上述各构景要素并不是孤立存在，而是相互依赖、巧妙组合，共同构成旅游区的吸引源。我国自然景观中具有综合之美的首数黄山，因而有“黄山天下奇”之谓。黄山有“四奇”，即石、松、云、泉。黄山的奇峰怪石，似人似兽，惟妙惟肖；黄山奇松如卧如盘，长在悬崖怪石之间；黄山奇云似锦似缎，变幻无穷，更是驰名中外；黄山的温泉久旱不干，久雨不溢，流量稳定，清冽纯净，味道甘甜，是含碳酸盐的淡温泉，可饮可浴，对治疗皮肤病、风湿病、肠胃病等有一定的疗效。古人云：“五岳若与黄山并，犹欠灵砂一道泉”，指的就是黄山的朱砂温泉，为黄山之美锦上添花。

第三节　旅游区规划的主要内容

旅游区规划，就是以旅游区为对象，根据旅游区的资源特点和其他自然、社会、经济条件所进行的开发、保护、管理等内容的布局、设计与安排。其主要目的是为了使旅游区的开发与管理能够有计划、有步骤、合理、科学地进行；具体目的是能最大限度地满足旅游者吃、住、行、娱、购、游等旅游需求，在内容、规模上形成可独立开展旅游活动的区域。由于开发范围、开发规模、开发重点、背景条件不同，各地的旅游区开发规划内容难以统一。如城市附近的旅游区开发与远离城市的风景名胜区的开发，一个是着重于景点、游路的合理规划与城市原有服务设施的利用与改造；另一个则是从景点景观设计、旅游线路安排、旅游服务设施、与外界交通联系等的一整套建设。作为一个全面的旅游区开发规划，可参照风景名胜区规划内容，主要包括8个方面：

一、确定旅游区的性质

由于旅游区风景资源的成因和内容不同，在性质上有很大差别，有的属于自然资源，有的属于人文资源，而且自然资源和人文资源又包括许多种类，造成了其在景观特征、功能上的差异性，这种差异性也决定着旅游区在开发利用和管理手段上的区别。因此，规划工作必须首先在充分调查研究的基础上，根据资源的结构特征、生成原因和内容等实际情况，对旅游区的性质进行简明扼要的、恰当的概括，为开发和管理工作打下认识基础。

例如：北京市的八达岭—十三陵风景名胜区以万里长城和明代帝王陵墓为资源主体，属于文化古迹风景名胜区；河北省的秦皇岛北戴河风景名胜区以海岸、海滩为资源主体，属于海滨风景名胜区；浙江省的富春江—新安江风景名胜区以江河群山为资源主体，属于山水风景名胜区。

确定旅游区的性质，是进行其他内容规划的基础。

二、划定旅游区的范围及外围保护地带

规划是为了更好地管理和保护，而管理和保护工作的开展必须有一定的区域界限。因此，在规划中，一般应根据旅游区的结构状况，将旅游区划分为核心区和外围区两个层次。在两个不同的层次采取不同的保护措施，在植被抚育和保护、建筑物的选址和高度、建筑物的类别、游览开放管理方面制定不同的政策。例如：历史文化名城曲阜是一座历史悠久的文化古城，为保护古城和历史文化资源，文物部门划定了非常明确的古城保护范围，规定在古城区内建筑物高度一律不得超过9米，在外围保护区内不得建永久性建筑，不得建设地下工程，以保护地下资源不受破坏。

三、划分游览景区及其他功能区

不少旅游区范围很大，其内部结构也呈一定态势分布。为了使旅游区在开发、利用过程中旅游功能的特色更加突出和明显，以满足不同的旅游活动或其他

需要，应将旅游区以不同的内容特征和自然分布划分出不同的功能区和景区。

功能分区中一般划分为核心区和控制区。

核心功能区是对旅游住宿、餐饮、购物、交通、娱乐服务设施的规划，确定旅游设施的数量、规模和档次；客源组织安排、游客容量、确定旅游目标市场，吸引客源市场序位，确定旅游服务设施的网点布局。因此，旅游区核心功能除了确定不同特色游览区域，还要规划不同的生活服务区、管理设施区、娱乐活动区、购物区、停车场等。

控制区是为确定适度开发利用和保护自然资源而划定的外围保护带，以确保自然特色和人文景观面貌的完整性，达到旅游区开发的可持续性发展目标。

景区是旅游区吸引物的高度集中地区。地理学的空间分异规律研究表明，地球表层不可能存在任何两个特征完全一致的区域。旅游区规划的定位选择，着眼点是其具有独特性的旅游资源，即由优美的风景、奇特的地貌和生物、清新的空气和洁净的水源等组成的地理自然资源环境，以及由历史遗迹、建筑风格、当地的舞蹈、音乐、戏剧、节庆、工艺品、服装、风俗习惯等所构成的特异人文资源环境。正是因为自然、人工景观的差异，才构成了不同的景区。在较大的景区中还要划分若干景点——旅游者游览的基本单位。

根据旅游区的不同功能要素，还应以区内交通串联各旅游景点，为游客设计旅游活动路线。这种设计必须根据不同的游览主题有收有放，有抑有扬，把握游览的节奏，做到移步换景、峰回路转，并能串联所有景点，增加景观层次，力求建筑美和自然美的糅合，切忌平淡、呆板而无生气。

四、确定保护和开发风景名胜资源的措施

保护与开发并重是旅游区规划的重要原则，这一原则体现在规划内容中，就要求规划方案中必须明确规定风景名胜资源保护的具体措施。例如：为保护某些旅游区的风景资源，采取“退耕还林”、关闭或搬迁区内污染企业等措施，以提高旅游区的植被覆盖率，切断污染源。世界旅游组织编制的《四川省旅游发展总体规划》中，为保护九寨沟的自然资源不受污染和破坏，提出必须拆除沟内的所有住宿设施，以避免由于沟内生活设施的增加而出现城市化的趋势和生活垃圾的污染。进沟的交通工具也要逐步更换成对环境不造成污染的交通工具。

五、确定游客接待量和游览活动组织管理措施

旅游区的开放、接待工作必须有计划、有组织地进行。游人过少，从经济上考虑是不合理的；游人过多，超过风景资源和环境的负荷能力，则势必对环境造成破坏，也影响游览的质量。另外，有的旅游区因一些自然因素的影响，存在一定的

危险性，必须采取严格的保护措施，才能展开正常的开放经营活动。例如：桂林主要风景点芦笛岩长约500米，高峰时每日游客达万人，这种超负荷接待如同赶庙会，既影响游览效果，又威胁风景资源和游览环境的安全，所以必须采取必要措施，确定游客接待量，控制游客规模，确保环境、景物和游客的人身安全。

六、统筹安排公用、服务和其他设施

旅游区内除了有一定数量的景物外，还应有为开展游览活动而配置的各种公用和专用设施，包括交通设施（交通线路和交通工具）、生活服务设施、购物、休憩设施、生活设施、通讯设施等等。规划方案中必须对上述设施进行统筹安排、合理布局，以形成一个科学合理、方便务实的游览格局，便于管理工作和游览活动的开展。

旅游区的道路交通规划必须建立在客源结构的分析上，综合评价环境容量和客流量，为旅游者提供安全、舒适、快捷和廉价的交通方式。道路交通主要是考虑旅游区交通工具的可进入性。不管旅游者乘坐火车、飞机、轮船，都必须进行转运。毫无疑问，道路交通是旅游区发展目标的前提条件，是沟通旅游区和客源地、旅游区域内各旅游活动场所的神经。道路交通规划分为对外交通和内部交通。

对外交通主要考虑陆路、水路、航空、铁路，以及控制区和当地社区交通的衔接，即解决旅游者到旅游区空间转移的运输服务。

内部交通是解决旅游区各景区、景点、饭店、餐饮、娱乐、游览场所之间的运输服务，即解决旅游者进行游览的位移服务。

七、投资预测和效益分析

旅游区的开发、管理和保护，都涉及资金的投入和效益的大小问题。规划方案中要对开发的投资额度有一个总体的概算，并根据预测，规定收回投资的时间期限。值得注意的是，旅游区开发和管理的效益是多方面的，既有经济效益，也有环境效益和社会效益，必须统筹兼顾，不可偏废。

八、其他需要规划的事项

旅游区之间差异性很大，各有特色。因此，除上述内容外，规划时还可根据自身的具体特点或特殊情况，增加有关事项，以使旅游区规划方案真正建立在实事求是的基础之上。

同时，任何旅游区的开发，应符合当地区域经济发展的目标，充分利用当地现存的基础设施，最大限度地实现与公共基础设施的衔接，使社区在为旅游者提供旅游设施和服务、进行文化交流、促进地方产品流通等方面发挥应有的作用。

因此，旅游区规划应与区域发展规划相衔接，充分考虑当地政府对旅游区开发的政策、目标和鼓励措施，以及进出旅游地与社区政府内部的海、陆、空交通设施服务，供水、供电、垃圾及污水处理，电信等基础设施，等等。

旅游区的开发规划必须和社区社会发展体系建设配套，这是旅游区发展的依据。规划必须致力于提高当地人民的生活水平，保护当地的环境包括自然环境、文化环境及经济环境；有益于丰富、提高和完善当地的自然风光，文化历史古迹等传统旅游产品；有益于增加就业机会，促进文化交流及资金的流入，改善基础设施建设，带动地方经济发展；有益于对自然和文化资源保护；充分考虑旅游区容量，包括自然、生物、社会和心理感知等方面。这些都是旅游区规划中必不可少的考虑因素。

第四节　旅游产品

旅游产品是指旅游经营者凭借一定的旅游资源和旅游设施向游客提供的满足其在旅游过程中综合需求的服务。从旅游者角度，它是指游客支付一定的金钱、时间和精力后所获得的满足其旅游需求的经历。旅游产品是旅游业“食、住、行、游、购、娱”的综合体，主要表现形式是旅游线路、旅游活动等。

一、旅游产品的特征

旅游产品作为一种以服务为主的综合性产品，既不同于一般工农业生产的物质产品，也不同于一般服务行业所提供的服务性产品，而是与这两类产品既有联系、又有区别的特殊产品。旅游产品中既有有形的物质实体，也有无形的非物质的服务，而且它是一种主要以服务形式存在的消费品。人们购买它不仅得到物质上的享受，而且获得精神文化的满足，这就决定了旅游产品的独特性。主要表现为：

（一）功能（效用）上的愉悦性

产品能被生产出来并被人买去，是因为它有效用，有使用价值。旅游产品的效用就是满足人们旅游愉悦的需要。旅游产品的这一功能，其实与音乐、绘画、影视节目等并没有什么不同。旅游者购买旅游产品，也是通过愉悦感官求得心理的美感享受，陶冶性情。旅游者面对真山、真水、真民俗所产生的审美愉悦，与他幽居家中读名人书画、观看风光影视节目时的感受，除了强度、深度和广度有所差异外，恐怕不会有本质的不同。当然，仅就这种程度上的差异，也足可以催促人们离家远行了。

（二）空间上的不可转移性

旅游产品，不管是资源依托型旅游产品还是资源脱离型旅游产品，都离不开一定的空间条件，这一点与旅游资源的地域性以及不可转移性特点是对应的和一致的，因此也是判断其是否成为旅游产品的基本标准。正是由于这一特点，才使旅游与居家休闲有了根本的不同。

由于旅游服务所凭借的资源与设施在空间位置上是固定不变的，从而使整个产品无法移动，而且往往是在远离旅游者的某个空间位置上。在这种情况下，旅游企业就不可能像其他企业那样将旅游产品通过运输手段而易地销售，旅游者只能到旅游产品的生产地进行消费。这样，旅游产品吸引力的大小就成为旅游企业经营成败的关键，而这种吸引力往往随着空间距离的延伸而衰减，也就是说，空间的距离越大，旅游者购买该旅游产品的“阻抗”就越大。因为信息可能沟通不畅，交通费用可能过高，两地间的文化差异可能太大而使旅游者望而却步。当然，空间距离有时也可以构成某种吸引力。

（三）生产与消费的不可分割性

旅游产品的生产（经营）和消费常常发生在同一个时空背景条件下，密不可分，往往是一个过程的两个方面：旅游产品在生产开始的同时消费也即刻启动，消费结束时生产也不再进行。这不管对核心旅游产品还是对组合旅游产品都是如此。这个特性使旅游产品与一般消费品表现出巨大的差异，并深刻地影响着旅游企业管理原则的建立和管理方式的选择。

一般消费品从生产到消费往往要经过一系列的中间环节，包括储存与运输。由于生产与消费在时空上可能存在的差异，就允许企业在生产过程结束后动员各种技术手段对产品的质量进行检验。凡不合格的产品，为确保企业的长期声誉，企业都会将其予以剔除，杜绝劣质商品进入市场。然而，旅游产品的生产与消费过程几乎同时在同一空间进行，生产者与消费者直接发生关系，旅游者（顾客）只有而且必须加入到生产过程中去才能消费旅游产品，这无疑给旅游企业的管理人员提出了更为严峻的挑战。

（四）时间上的不可储存性

旅游产品被生产出来的另一个原因，是生产者希望以此获得更多的交换价值。与一般产品不同的是，旅游产品的效益和价值不仅固定在地点上，而且固定在时间上。旅游产品的交换价值体现为时间的累积函数。也就是说，旅游产品不能像一般商品那样被有效地储存起来，以备将来出售。旅游者购买旅游产品后，旅游企业只能在规定的时间、地点交付有关产品的使用权。随着时间的流逝，旅游产品如果没有实现对应时间上的交换价值，那么，此期间为生产该种旅游产品所付出的人、财、物力资源就都是一种浪费，无论是一条旅游线路还是一间客房，只要一天无人购买，所造成的损失就将永远无法追补回来，因为机会已经丧失，折旧已经发生，人力已经闲置，资金已经占用。不可储存性决定了旅游企业对其产品实行差别定价及运用各种营销手段驾驭市场需求的必要性和重要性。

（五）所有权的不可转让性

旅游企业在出卖旅游产品时，转让的仅仅是旅游产品在一定时间内的使用权，而不是像销售一般消费品那样同时转让所有权。客人在购买这种使用权的同时，不仅不能将旅游产品的基本部分带走，而且要承诺在使用期间保持旅游产品物质和非物质构成的完好无损。旅游产品的这一特点，往往造成旅游产品促销和销售的困难，因为消费者对购买某一旅游产品可能怀有较高的风险预期。事实上，如何使顾客克服消极的心理预期，促进销售，是服务企业共同面临的一个营销难题。目前，在西方一些国家，很多服务企业开始推行"会员制度"，以此巩固顾客与企业的关系。

（六）无形性

旅游者的经历是无形的，旅游目的地或企业凭借一定的设施与条件提供的服务也是无形的，旅游产品的价值和使用价值也是凝结在无形的服务之中。无形性要求旅游产品开发不仅要注重硬件，更要注重软件。

（七）综合性

旅游产品不只是物质形态的产品，也不是单一的有形设施与无形服务简单的组合，而是涉及旅游活动中六大要素组成的有形物质设施与无形服务全面的、相互关联的综合性组合。综合性要求在旅游产品的开发中要全面规划，统筹安排，注重产品的完整性和结构的合理性。

一地旅游资源开发形成的旅游产品，既可为区内外各企业共同利用，又可以在各地被其企业复制。因此，旅游产品同其他产品相比，它无专利、无产权。在旅游开发中，应将特色产品、垄断性产品和创名牌产品作为开发重点。

二、旅游产品的构成

旅游产品主要由旅游吸引物、旅游设施、旅游服务和可进入性等构成，其中旅游吸引物是旅游产品的核心，旅游服务是旅游产品的主体，旅游设施是旅游产品的载体，而可进入性则是其中介。

1. 旅游吸引物：即旅游资源，是旅游者选择目的地的决定因素，因而成为旅游产品的核心要素。它不仅是一种物质实体，而且是一种映像和心理感应。旅游吸引物的多样性决定了旅游产品的文化特色，吸引物的多寡和吸引力的大小是一个地区能否开发成旅游热点的先决条件。正因为如此，巴黎被称为"艺术之都"，日内瓦被誉为"国际会议中心"等。

2.旅游设施：是指向旅游者提供服务所凭借的各种物质条件，是实现旅游资源价值的载体要素。它虽然不是刺激旅游动机的主要因素，但也会影响旅游者的旅游决定。实际上，旅游设施是直接或间接为开展旅游活动，满足旅游者全部需要而建立的多种设施、设备的总和。

3.可进入性：是指旅游者进入目的地的难易程度，具体地说是指进入旅游地的费用和花费的时间、精力，它是影响旅游业发展的重要因素。可进入性除受交通工具的制约外，还受到一国经济开放程度的影响。封闭经济常常设置各种各样的壁垒以阻碍人口的流动，从而限制一国旅游业的正常发展。常见的可进入性障碍有：不便的交通、繁复的出入境手续、旅游地的过度拥挤、旅游服务信息的不完全、服务效率的低下等。此外，还受到经营者经营面的影响。

4.旅游服务：是旅游产品的主体要素，是实现旅游资源和旅游设施价值的关键。旅游者除在旅游过程消耗少量有形产品外，主要是消费旅游经营者提供的服务。

关贸总协定"乌拉圭回合"达成的《服务贸易多边框架协定》，对旅游服务做了明确规定，即指与旅游活动有直接关系的服务，包括住宿服务、餐饮服务、旅行代理服务，以及导游、翻译服务等。国际旅游界把构成 service 的每个字母都做出了详尽的要求：

S：smile，微笑服务；

E：excellent，每一项微小的工作必须出色地完成；

R：ready，随时准备好为宾客服务（如：西方饭店一句行语——I'm always at your service）；

V：view，认真对待每一位游客；

I：invite，每次服务结束后都要邀请宾客再次光临；

C：create，每位服务员要精心创造出使宾客能享受其热情服务的气氛；

E：eye，要求每一位服务人员要用热情的目光关注旅游者，预测服务需求。

三、旅游产品的类型

对应于旅游活动和旅游者的类型划分，旅游产品的类型主要有：观光旅游产品、度假旅游产品、特种旅游产品和专项旅游产品。

（一）观光旅游产品

观光是旅游者依赖于优美环境和景观而进行的一种文化性美学观赏活动。观光旅游是人类萌生旅游动机的第一选择，也是开展其他旅游活动的基础，是人类旅游活动中“永远不落的太阳”。传统的观光旅游产品有自然风光、城市风貌、名胜古迹等。随着世界旅游市场竞争的日益激烈,各种新的观光旅游产品不断涌现,其中主要有微缩景观、主题公园、野生动物园、观光农园、乡土民俗、海洋世界等。各旅游区在观光旅游产品规划和经营中,要进行优化和更新换代,进一步丰富游览内容,把游览和娱乐结合起来,提高参与性和吸引力。

(二)度假旅游产品

度假旅游是现代旅游产品最重要的组成部分。随着现代旅游活动向多样化和参与性方向的发展,度假活动与观光、游览、体育、健身、文化娱乐及商务贸易活动相互结合,从而使度假旅游从传统的静态休憩向现代化参与性方面大大迈进了一步,而且其开发建设和经营管理都极为重视自然生态和景观环境的质量,因此成为颇受旅游者欢迎的一种旅游产品形式。旅游度假产品的开发,是我国旅游业顺应国际旅游市场潮流和趋势,加速产品结构调整,实现产品升级换代的重要决策,使我国旅游产品的开发实现了由点到面的发展,由景点设施等单体项目建设转变为区域开发、成片发展,同时也为我国旅游业的发展开拓了新的领域,使度假区建设成为旅游行业管理的重要内容和调动地方政府发展旅游业积极性的重要手段。

(三)特种旅游产品

特种旅游是有特殊兴趣和强烈自主性的旅游者借助人力或自驾机动交通工具,在特殊的旅游目的地或旅游线路上,为实现其参与性、探险性或竞技性的个人体验目的而进行的旅游活动及其产品的总称,主要内容有探险、科学考察和体育竞赛等。特种旅游产品的开发集中在偏远山区、沙漠、戈壁、海岛,大江大河和远海区,其市场面虽窄,但具有产品功能、宣传功能、经济功能和引导功能。因此,有条件的旅游区在旅游开发规划时应对特种旅游产品给予关注,充分发挥“特”的作用。

(四)专项旅游产品

专项旅游具有主题明确,旅游者偏好突出、兴奋点集中,市场相对稳定、复游率高,客源层单一、产品多样的特点。发展专项旅游是旅游市场成熟的标志,也为旅游业带来更大的经济效益。专项旅游产品包括会展旅游、保健旅游、遗产旅游、文化旅游、森林旅游、节事旅游、体育旅游等。

四、旅游产品的开发

(一)旅游产品开发的原则

1. 精品原则。经过 20 多年的现代旅游大发展,我国已开发设计了一大批旅游产品,其中不乏精品、甚至绝品,但大部分仍是粗放型。因此,旅游产品开发首先要改变这种状况,设计出景观丰富奇特、文化主题突出、设施配套完善、市场形象鲜明、组织运作有效、服务质量优良的产品,以适应海内外旅游者的更高需求。

2.市场原则。旅游者对旅游产品的需求千差万别,旅游产品的开发应根据旅游市场的变化来安排不同类型旅游产品的开发时序和重点。由于我国旅游业起步晚,国际、国内市场大不相同。国际市场的需求特点是:出游决策理性化,产品形象要明确;旅游需求精致化,产品要进行深加工,增加内涵;旅游形式两极化,动(参与)静(回归自然)结合,提供更多的娱乐、生态产品;出游方式个性化,散客为主,产品要依照细分市场开发。由于国内旅游市场客源充足,波动较小,开发产品余地大,故需求特点不同:观光旅游为主,产品开发面要广,以中、低档消费为主;中青年游客为主,老年市场前景广阔;城市市场为主,文化产品需求增加;团体出游为主,旅行社的宣传相当重要。

3.整体原则。旅游产品的开发应根据旅游产业食、住、行、游、购、娱六大要素配套发展的要求合理组合。任何产业要素的短缺都会形成瓶颈,直接影响到旅游产品的销售。除了六要素比例要协调外,旅游产品的档次结构、区域结构及产品体系也是旅游产品整体性的内容。

4.质量原则。任何旅游产品要长期占有市场份额,质量相当重要。由于旅游产品的后效性和无形性,不同于一般产品可以检测或退货,所以,旅游投诉量成为旅游产品的质量标准之一。一旦上报或民间相传,造成损失相当大。另一方面,提高旅游产品的质量,除了景观设计,主要是服务员工的素质。增加经济投入不一定与一般产品提高质量那样成正比。现代游客需要的不单是低价,更是优质。许多国家建立旅游投诉制度,由政府监督执行,实为保障旅游产品质量之举。

5.更新原则。更新即旅游产品的"升级换代"。随着旅游业的高速发展,不少传统产品在旅游爱好者心目中已无多大吸引力;市场竞争激烈,使各类新产品不断涌现,部分产品生命周期缩短;散客市场的扩大,使市场需求越分越细。所以,旅游产品开发在新的世纪要注重"更新",在产品的内容、结构、服务方式、设备等方面更加适应或影响游客的消费习惯。

(二)旅游产品开发程序

为了提高旅游产品开发成功的概率,降低风险,旅游企业要特别加强对旅游产品开发过程的监督和管理,遵循科学的开发程序和方法。一般来说,旅游产品的开发需要经过以下几个阶段:设想、选择、样品、总结和检验。

1.设想阶段:设想即有一个想法或概念,有一个构思或方案。然而这种设想不是凭空而来,更不是异想天开,而是以科学的调查和分析为依据。

2.选择阶段:是指运用科学决策手段,从上述几个设想和方案中选择其一。

3.样品阶段:这是旅游产品的中试阶段,尤其是对于旅游产品的线路开发非常必要。所谓样品阶段，即安排一个试验性的路线，邀请旅游专家和有关客户进行可行性试验和分析，研究该路线在试验过程中的市场反响。

4. 总结阶段：该阶段工作包括产品总结和市场总结。关于前者，要分析产品投入市场后吸引力在哪里，为什么能引起消费者的购买动机；关于后者，要研究需求量的大小，该项产品的目标市场和细分市场在哪里，同时，要确定新产品的价格策略，研究中间商即销售渠道的选择等。

5. 检验阶段：在这一阶段，根据从市场上收集到的该产品的反馈信息，对该产品进行检查验看，以便及时发现问题，使该产品不断充实和完善。

（三）旅游产品开发的内容

旅游产品开发是根据市场需求，对旅游资源、基础设施、旅游景点等进行规划、设计和组合的活动，它包括了对旅游地域的开发、旅游线路的组合、旅游专题产品的设计和旅游活动的策划等内容。

1. 旅游地域开发

旅游地域是旅游产品的载体，旅游地域开发就是在一定地域空间上进行旅游吸引物建设，使之与其他相关旅游条件有机结合，成为旅游者停留、活动的目的地的过程。最典型最重要的旅游产品形式就是已经被开发出来的旅游地，它是指能够向旅游者提供审美和愉悦客观凭借的空间单元。按照开发的难易程度和工作量大小，主要类型有：

(1)配套性开发。以保持资源的原始风貌为主题，通过道路、食宿、娱乐等配套设施的建设、环境绿化、景观保护等，使人工造景与自然环境协调一致。

(2)维护型开发。主要凭借丰富的文化历史古迹和现代建设成就，进行维护、修缮、复原等工作，使其具有旅游功能。

(3)挖掘型开发。从地域资源优势出发，以挖掘有丰富文化内涵的民族风情、传统风俗、文化艺术等为主体，通过整理、提炼、改造、加工和组织经营，形成各具特色的旅游产品，优化旅游产品的结构。

(4)创新开发。旅游产品设计是科学——艺术——经济三位一体的创造，是知识经济的典型表现。在产品设计中，要从地区文脉的发展和资源特色出发，利用现代科学技术成果，创造出特异的旅游产品，以达到丰富特色、提高吸引力的目的。

从整体上来说，不论哪类开发，都要注重旅游地域的形象化与产品的科技化。随着社会进步、知识爆炸和消费个性化时代的到来，作为具有文化属性和享受生活情趣的旅游产业必然要反映时代信息和社会热点信息，旅游地域的形象化越来越受到重视。

2.旅游线路组合

旅游线路是旅游产品的具体表现,是对外销售旅游产品的具体形式。旅游线路是按旅游者的要求,通过一定的交通线和交通工具与方式,将若干个旅游城市、旅游点或旅游活动项目合理地贯穿和组织起来,形成一个完整的旅游运行网络和产品组合。由旅行社根据旅游地的区位、特点而综合设计的旅游线路,就是这样一种被大大扩展了价值成分的旅游产品。这一点与商业企业通过运输、储存、分捡、包装等发生在流通领域的生产行为改变工业产品的价值是同样的道理,也具有相同的性质。各旅行社所经营的组合旅游产品当属此类。

旅游线路组合的内容可由开发者、经营者根据旅游者个人意愿确定,也可以根据旅游市场需求而开发,还可以在旅游者自由选择的基础上,有一定客流规模后再经组合得以完善。

旅游线路的组织应该侧重于以下几个方面:

(1)主题突出。为了使旅游线路具有较大的吸引力,在线路组合时,应将性质或形式有内在联系的旅游点有机地串连起来,合理选择、大胆取舍,处理好主辅关系,形成一条主题鲜明、富有特色的旅游线路,并在旅游交通、食宿、服务、购物、娱乐等方面加以烘托。不同类型的旅游线路,应有不同的主题,体现出各具特色的吸引力。

(2)多层次、最大限度地满足不同旅游者的需求。旅游线路的组合可充分利用规划地区或周围的旅游点,根据旅游市场的变化,设计出沿线景点多变的多层次旅游路线,机动灵活地推出不同的旅游线路。因此,旅游线路的组合不仅要将点串成线,更要将线延伸成面。在旅游区内可将景点串连起来,组成一日游旅游线;在区外要巧于“借”,本着“借水行舟”、“借梯上楼”、“借景生辉”的原则,延伸出去,将高知名度景区串连起来,组成多个一日游,既带动自身的发展,又带来可观的效益。特别是中心城市要发挥接待基地的集散作用和辐射作用。

(3)合理安排顺序与节律。在旅游线路组合时,要预先筹划景点的顺序与节律,使旅游活动做到有起有伏、有动有静、有快有慢、有观光游览又有娱乐休闲,如同一部艺术作品一样有序幕、发展、高潮和尾声。既使游客的整个旅游活动始终保持在兴奋点上,又照顾到旅游者的心理和生理状况,做到有张有弛。

(4)以旅游热点带动温点与冷点。在组织旅游线路时,还必须合理兼顾冷点、温点旅游资源,做到以“热”带“温”、带“冷”,充分发挥旅游区整体功能的优势。由于旅游者行为的基本规律是最大效益原则,他们对旅游线路选择的基本出发点是以最小的旅游消费和有限的旅游时间获取最大的旅游收益,希望旅游线路上的选点都是著名的、最有价值的旅游点。如果组织者将旅游热点与温点、冷点搭配起来,不一定取得良好的游览效果。为了避免这种情况,在组合中应选择与旅游热点互补性强、可达性好、有利于增强主题思想的旅游冷点与温点，同时不断提高它们的文化品位，使它们真正充当旅游热点的辐射点、分流点。

(5)分析市场走势，创新、更新旅游线路。由于旅游市场具有不稳定性和可选择性，因此旅游线路的设计要随着市场的变化而不断创新和更新换代。旅游线路的更新与创新需要规划设计者要有超前的意识、深厚的文化知识内涵、旺盛的创新感，才能取得意想不到的效果。

3. 专题旅游产品设计

专题旅游产品是在上述两方面开发的基础上，围绕一个旅游市场的热门话题，设计专题旅游线路或主题旅游活动。近年来比较成功的有：红色旅游专题产品、人造乐园“嘉年华”等。

4. 旅游节庆活动策划

20 世纪 80 年代初，中国各地出于促进当地旅游业的迅速崛起，吸引更多的客流、物流、资金流、信息流，促进当地经济的发展，提升地方、城市的知名度并树立独特的地域形象等方面考虑，由当地政府带头，以当地旅游、文化为载体，以文化表演和经贸洽谈为主要内容，创办了一系列的“旅游节”，借以实现“旅游(文化)搭台、经贸唱戏”的初衷。这种旅游节庆的内容或者依托于当地传统文化庆典，或者自创一个极具现代内涵的综合庆典活动，其中很多都被冠之以“地方旅游节”的名称，这是狭义上的旅游节庆。此外，还有一类节庆或者事件并没有冠之以“旅游节”的名号，但却与旅游活动在四个层面上存在密切的关联：第一，设立的初衷是为了促进当地旅游发展；第二，本身以旅游资源作为节庆名称和内容；第三，具有非常大的旅游影响；第四，由旅游局等旅游主管部门承办。诸如此类的节事活动构成了广义的旅游节庆的内涵。

进入 90 年代，随着地方经济的活跃，国际间和地域间交流活动的频繁，节庆活动也得到进一步发展，在全国各地更为广泛地举办。几乎每个省市都分别推出了自己的旅游节庆活动。例如青岛国际啤酒节、北京国际啤酒节、宁波服装节、上海服装节、舟山沙雕节、西湖博览会、北京国际旅游文化节、南京国际梅花节、南宁国际民歌艺术节、菏泽牡丹节等。在这一时期，节庆的主题广泛化、细分化，不仅不再拘泥于当地的传统文化庆典，一草一木皆可入节，节庆主题也更加紧密地和当地特色经济结合起来。即使是相同主题的活动也依托不同的地方迅速发展。其中有些节庆活动越办越好，如大连服装节、上海影视节、北京国际旅游文化节、青岛啤酒节等，已经逐渐成为具有国际影响力的重大旅游节庆活动，但也有很多节庆活动并没有坚持办下来。

进入 21 世纪以后，节庆活动的发展特征不仅表现在主题的日益广泛化、组织形式和内容的国际化，运用方式也日益市场化和专业化。在思想上，各举办地更加注重节庆活动的综合影响以及对旅游目的地的整体提升效应。相应地，在组织结构上，也把旅游节庆的举办功能从旅游部门内部分离出来，一些城市目前成立了"大型活动办公室"，专门负责节庆的规划和协调。

我国目前旅游节庆活动众多，规格层次不一，发展阶段各异，主题内容雷同。这就决定了中国旅游节庆的发展必将是一个大浪淘沙的过程，在这一过程中，独具特色的、具有群众基础的、与市场经济巧妙结合的活动会不断发展壮大，不仅成为当地人快乐的节日，也为带动地方经济发展、促进旅游发展、弘扬当地文化、推动城市改造和更新贡献了巨大的力量。而那些粗制滥造、刻意模仿、主题含混的活动必将被淘汰出局。

因此，旅游节庆活动的策划应从这三方面考虑：

首先，现代节庆的创立要立足于发掘本地的文化基础，宣泄本地人的快乐，才具有持久的生命力。很多成功的节庆案例表明，节庆活动顺应了当地文化基础，也就是把握准了当地的文脉，这种文脉，不仅仅是当地的传统文化的历史遗风，也包括了外来文化的融合；即便是一个外来文化，也一定是已经"本土化"了的外来文化，而不是对外来文化的生搬硬套。当然，这种文化基础的培育需要经过相当长的一段时间，例如青岛国际啤酒节、大连服装节等国内相对成熟的节庆活动都经历了10年以上的时间。

其次，长期培育，市场化运作。目前国内相对成功的节庆活动基本上都举办了10届以上，并且已经具有了明显的综合效益。但是这种效益的取得并不是一朝一夕的事情，而是对节庆活动进行长期培育的结果。这种长期的培育不仅包括政府政策的长期性、当地市场培育的长期性，还包括经营行为的长期性、节庆主题定位的长期性等。而目前很多节庆的失败也从反面论证了这一道理，节庆主题雷同和定位不清、政府政策多变、办节人员流动频繁等短期化行为都损害了节庆活动的可持续发展。大多数成功的旅游节庆活动还有不同程度市场化发展的趋势，这种市场化趋势不仅为缓解政府经济压力、实现"以节养节"提供了一定的资金支持，同时也带来了专业化的管理和符合市场经济要求的运营方式。当然，节庆活动是否要市场化，如何市场化，何时市场化要因地制宜。节庆活动的市场化进程要依赖于节庆市场价值的增长进程，不宜过早地推向市场。一般需要政府搭台，做出一定的品牌和市场影响以后再推向市场，交由企业运作。

第三，政府主导，各部门支持。节庆活动需要多个部门的配合，并不是单个企业能够协调，尤其政府主导及其强有力的协调能力是节庆是否能成功举办的关键。因此，设立节庆活动管理的专门机构、形成节庆活动的协调机制是非常重要的。在我国旅游节庆的发展过程中，也出现过一些企业主办节庆的事例，但往往效果欠佳，特别是对那些在地区内不具有重大影响力的企业来说，办节时处处掣肘。由于节庆活动，特别是大型综合性旅游节庆活动对地方经济、文化、社会具有的“外溢效应”，使得企业缺乏动力主动承办节庆，除非节庆的主题与企业密切相关。节庆对地方的贡献决定了具有“公共产品”的特性，同时这种公共产品的提供又需要公安、工商、公交等各个部门的配合和支持。正是由于政府在公共事务上必须有所作为的责任以及政府所具有的综合协调能力，使得政府主导成为广泛被接受的办节模式。

此外，当地经济基础对旅游节庆成功举办的意义重大，也是旅游节庆活动策划时应考虑的重要因素。节庆活动是物质发达以后的精神需求，很难想象一个地方在生存问题还没有得到解决的时候便去追求形象塑造和精神愉悦。与此相应，在中国目前的体制下，地方政府的协调能力同地方经济发展状况也密切相关，而节庆活动由于牵涉面较广而需要政府具有极强的协调能力。

五、旅游商品的设计

旅游商品是旅游产品中一种特殊的形式。说它特殊，是因为它既与旅游产品相类似，都具有旅游者购买或体验的功能，又与一般的旅游产品有差异。一般情况下，旅游产品是不可空间位移的，旅游者必须亲自来到目的地方可实现产品的购买行为，而旅游商品则具有较大的移动性，旅游者可以方便地购置、携带。旅游商品有时也称为旅游购物品（简称旅游购品）。一般而言，只有为了某些特定目的（例如馈赠亲友、纪念自己的旅游经历或者采购在常住地无法买到的商品），旅游者才会购买旅游商品。从经济学角度来看，旅游商品既有一般商品的特性，也有一般商品不具备的特性，它是一类特殊的商品，是由旅游目的地国（或地区）向旅游者提供的商品，是旅游者在旅游活动过程中所购买的富有民族特色的对旅游者具有强烈吸引力以及具有纪念性、艺术性、礼品性和实用性的物质产品。

作为旅游活动“食、住、行、游、娱、购”六要素之一，旅游购物对于旅游业来说，有着特殊的意义。在旅游业发展过程中，旅游商品的生产和销售是旅游经济效益乃至社会效益的重要来源，也是旅游业具有关联带动效应的主要根据。因此，旅游商品开发是旅游区规划不可忽视的内容。旅游开发中对旅游商品的研究，需要根据旅游商品的一般特征，结合企业管理、生产营销、商品美学等学科理论，从地方旅游发展的总体要求出发，对地方旅游商品的发展进行研究。

作为旅游者，购买旅游纪念品的动机可分为几种情况：第一，回味旅游景点和昔日旅游经历；第二，炫耀自己去过的地方，表明自己见多识广和经济条件好；第三，馈赠亲朋好友；第四，有收藏各地纪念品、工艺品的偏好；第五，自己或家庭使用。在设计和开发旅游纪念品时，考虑以上因素，纪念品才会有市场，才会受到游客的青睐。任何一种旅游商品，不论质量高低和内在的品质如何，都代表着当地的文化品格和素质，甚至成为一种象征。因此，对旅游商品的设计、开发有一定的要求。从商品学的理论来看，旅游商品设计要突出六大特色，即地方性、纪念性、艺术性、礼品性、实用性、方便性。

1. 地方性：是旅游商品最重要的特性，主要是根据体现地方文脉（地理特色）的要求，使旅游商品采用地方性的原料、地方性的设计、地方性的包装。

由于地理、气候、历史以及当地资源不同，纪念品的文化性往往带有强烈的地方色彩，反映出地域文化的特点和差异。因此，许多纪念品是以当地慕名的建筑、地理环境、历史为内容而设计的。旅游纪念品策划应该突出地方性品格，以满足旅游者的消费心理。充分利用当地资源不仅经济实惠，而且还更具有区域特点。敦煌用驼绒制作的驼绒画，海南的贝壳雕，贵州的陶土面具等都受到中外游客的青睐。实践证明，旅游纪念品的材料资源越具有地方性、文化特征越明显，则其文化品位越高、价值越高。

2. 纪念性：是指旅游商品应该以能够使游客购买商品、回到常住地后引起"睹物思游"的感情为宗旨，在设计旅游商品图案造型时以当地名胜民情风俗为题材，明确标明旅游地名称。对商品的文化涵义和主要功能、使用方式作必要的说明和介绍，使游客真正了解其精神实质。比如许多少数民族的图腾复制品，要对它们的象征意义、历史由来、相关仪式等进行说明，才能使民族特色得到充分体现。

纪念品不同于其他商品的一个重要之处就在于其有特殊的纪念意义。一次旅游经历也许是向往已久或者不会有第二次同样的旅游。因此，旅游者都希望把富有特色和有纪念意义的商品带回留念或者转赠他人。

对于一些有民族特色的手工制品，比如陶制品、木雕、竹雕、刺绣等，可以在景点设立小型的"前店后厂（场）"专区（如"民族工艺一条街"），对那些不能采取这一形式的品种则可以在此进行半成品加工或者商品的后期处理，边生产边出售，甚至可以按照游客的设计进行加工，或者针对游客的好奇心，由游客自己动手生产一些简单的纪念品，以满足游客求新猎奇的要求。

具有象征意义的旅游纪念品往往会成为树立旅游形象的手段。有些旅游纪念品甚至已成为一国、地区的形象。比如，当看见四面佛像，就知道纪念品的主人是去过泰国的。墙壁上悬挂着民族特色的蜡染纺织布，就使人联想起贵州的风土人情等。

3. 艺术性：要求按照商品美学的原理，使旅游商品富有艺术欣赏价值。在设计旅游商品时，应注意题材、色彩、样式、档次的组合，使旅游商品系列化、配套化。运用商品美学理论，指导产品的开发设计。商品美学涉及商品的色彩美、造型美、包装美、材质美、工艺美、功能美、象征美、信誉美等众多内涵，对提高旅游商品的审美价值有很大帮助。同时也要照顾到消费者的审美情趣。一件旅游纪念品的艺术性，无论它的内容和形式如何，无论是古代还是现代的，或者是超现实的，在它们自己的艺术圈内总是有价值的。但从旅游消费者的角度，对纪念品艺术性的要求是美感。当然每个人的审美观念、文化素质和修养是不同的，由此，纪念品的艺术性应该是大众化的，从而容易被旅游消费者所接受。总之，具有独特纪念品性的旅游工艺品才能真正具有馈赠性和传播性。它的美誉才会在旅游消费者中传播。

4.礼品性：要求商品不仅有必要的文化内涵，还要注重商品的包装，外形要美观大方，包装要精细，便于游客馈赠亲友。从消费心理来看，顾客对商品形成深刻的"第一印象"主要就是靠商品的包装，精美夺目的包装有引起游客兴趣、吸引游客注意的作用。而且好的商品拥有了好的包装，从感受包装、接触包装到欣赏商品本身就是一种美的艺术享受。如果是"裸露型"，在一定程度上会影响旅游商品的发展。

一般地，旅游商品的包装装潢设计原则包括以下几个方面：对商品外形、品质具有保护作用；外观装潢美观大方；文字清晰易读；商标图形独特醒目，图形要对包装内的实物有所表现；造型结构科学合理，其体质大小要考虑到运输、储存、使用、携带和陈列的方便；包装材料要安全节约，注意轻便、防震、防潮；根据游客个性来确定包装的基本形象；包装富有民族性、时代性和国际性。

5.实用性：是指旅游者在结束旅游之后，纪念品能在生活上物有所用，或作艺术装饰，如书画、艺术挂毯等；或作日常生活之用，比如提袋、提包、钥匙链、竹制保健品、厨房盛器等。但也不宜以一般的日用商品作为旅游商品出售。

6.方便性：指商品不宜过于笨重、粗大，包装要牢固轻便，便于旅途携带。

思考与练习

1.举一你所熟悉的旅游区分析其结构特点和性质。

2.旅游服务与旅游区的发展有何关系？

3.对比旅游资源与旅游产品的特征，找出其关联之处。

4.如何理解旅游产品的开发原则？

第六章　旅游的作用与影响

本章提要

旅游活动及旅游业的发展将对社会经济、社会文化以及生态环境等方面产生一系列作用和影响，这种影响既有积极的一面，也有消极的一面。本章主要介绍了这些影响的基本表现，并分析了这些影响产生的原因和条件，探讨了应当如何正确地认识和把握旅游在上述各领域的作用和影响，以及实现旅游业可持续发展的现实途径。

第一节　旅游对国民经济的作用与影响

进入 21 世纪以来，旅游活动已经成为人们日常生活中一项重要的活动内容，旅游业也成为最具有影响力的新兴行业。虽然旅游活动是人们的精神享受，但旅游业经营则是完全意义上的市场经济行为。因此，随着旅游业在国民经济中的重要地位日益突出，旅游对社会经济的作用和影响也日益表现出来。

一、旅游业的经济地位

第二次世界大战结束以来，大众旅游在世界范围蓬勃发展，目前，旅游业已经成为当今世界最有影响的产业之一，具有强劲的发展势头和广泛的发展前景，为各国各地区创造着巨大的财富。

在我国，旅游业的发展在改革开放后也有了崭新的局面，并取得了巨大的发展成就。旅游业的产业规模不断扩大，产业效益逐步提高，在国民经济中的地位日益突出。改革开放30年来，旅游业的产业地位已经逐步为人们所认识。为了更好地发挥旅游业在国民经济中的积极作用，我国已经有很多省、市、自治区将旅游业确立为国民经济的支柱产业或先导产业(参见7-1)，给予重点扶持与发展。

表7-1 我国各省、市、自治区旅游业的产业定位

地区	旅游业的产业定位
北京	第三产业中的支柱产业
天津	第三产业中的支柱产业
河北	第三产业中的支柱产业
山西	支柱产业
内蒙古	第三产业中的支柱产业
辽宁	先导产业
吉林	第三产业中的支柱产业
黑龙江	支柱产业
上海	新经济增长点
江苏	支柱产业
浙江	支柱产业
安徽	支柱产业
福建	支柱产业
江西	第三产业中的支柱产业
山东	支柱产业
河南	支柱产业
湖北	支柱产业
湖南	支柱产业
广东	第三产业中的支柱产业
广西	支柱产业
海南	支柱产业
重庆	支柱产业
四川	支柱产业
贵州	支柱产业
云南	支柱产业
西藏	支柱产业
陕西	支柱产业
甘肃	支柱产业
青海	—
新疆	支柱产业
宁夏	第三产业中的支柱产业

二、旅游对国民经济的作用和影响

无论是那种类型的旅游活动，都会伴随着一定的消费行为。这些消费行为，不仅为旅游接待地区和接待企业创造了商业机会，也对旅游客源产生地区的经济产生了一定的影响。因此，旅游的经济作用和影响是双向的。也就是说，一方面，旅游者的消费行为给接待地区带来了财富的增加，另一方面，旅游活动也对旅游客源产生地的外汇储备、汇率变动、物价水平等方面有着直接或间接的影响，而这种作用和影响，既有积极的一面，也有消极的一面。

(一)旅游对国民经济的积极影响

旅游发展的实践已经证明，在促进一个国家和地区国民经济的发展与繁荣方面，旅游业有着重要的积极作用。

1.旅游业的发展有利于扩大社会再生产。进入20世纪后半期以来，随着世界经济的发展和人们收入水平的提高，人们在追求更高的生活质量和更丰富的精神享受过程中，旅游活动蓬勃发展起来。旅游消费是一种积极的消费活动，它对促进社会生产的发展和扩大具有巨大的推动作用。旅游产业的形成，为社会生产开辟了新的领域，对社会产品的更新换代也起着促进的作用。旅游业的迅速发展，刺激了各项旅游消费品的供给，不仅在数量上要求有足够的产品，而且在品种和质量上也对社会产品提出了更高的要求。大批新的旅游设施和新的交通、通讯设施的建设，以及旅游环境条件的改善，为旅游产业结构的调整，为社会扩大再生产增加了新的领域和机会。旅游生活作为一种新的消费方式，对于促进社会经济的发展和繁荣具有积极的意义。

2.发展国际旅游业可以增加国家的外汇收入，调节国际收支。外汇收入是国民经济的一个重要组成部分，一个国家的外汇储备是衡量国家经济发展水平和经济实力的重要指标。一般地，创造外汇收入的手段有两种：对外贸易手段和非贸易手段。对外贸易主要指外贸出口，也就是依靠对其他国家出售物资来换取外汇。非贸易手段，目前主要有劳务输出和旅游业等。与其他方式相比，旅游业的创汇功能具有更直接、更简便、更迅速、更经济等其他行业所不具备的优势。

首先，在国际旅游中，旅游业的经营是一种“无形出口”，主要是依靠风景名胜等旅游资源吸引外国旅游者到目的地国家旅游，通过外国旅游者的消费活动而获得外汇收入。在这个过程中，不需要通过一定的手段将产品运输到国外去进行销售，没有运输费用等消耗。此外，旅游活动中，旅游业各经营部门主要是靠提供服务性产品获得收入，对物质产品的消耗也相对较少。因此，旅游业的换汇成本较低，其获得外汇收入的收益率较高。

其次，旅游业的换汇过程不受一般的贸易保护政策的限制，没有关税壁垒，在当今世界贸易竞争越来越激烈的今天，具有重要的意义。众所周知，当今世界，经济一体化的程度越来越高，各国经济在密切联系的同时也存在着激烈的贸易竞争，为了保护本国的经济利益，各国各地纷纷出台了许多贸易保护主义的政策，通过一系列手段来限制其他国家产品的进口。在这种情况下，旅游这一以"风景出口"为特征的产业，实际上形成了一种"就地"的出口贸易，在换取外汇、增加外汇收入方面具有其它行业所不具备的优势。

第三，旅游业是朝阳产业，正在以极快的速度向前发展，具有广阔的发展前景。可以预见，随着世界经济发展水平的提高和居民收入的不断增加，人们对休闲生活的要求也会越来越高，而旅游业丰富的产品和高层次的享受，恰好满足了现代人的心理需要，其发展空间势必也越来越大。因此，国际旅游业经营的创汇功能具有极大的发展潜力。

3.国内旅游业的发展有利于增加税收，回笼货币，调节国内市场。税收是各国政府获得财政收入的主要渠道之一，而旅游业的发展可以扩大政府税收的渠道，增加政府的财政收入。旅游税收包括旅游企业的营业税、旅游行业职工的所得税、机场税、考察研究等特种消费品的消费税等。旅游业的发展，一方面可以促进旅游企业的经济效益的提高，另一方面也可以保证政府能够从旅游业的发展中获得稳定的税收收入，支持国家的建设。

回笼货币是一个国家为了稳定国民经济、保证经济的顺利运行而采取的重要手段之一。一般地，政府要对市场上货币的流通总量进行一定的控制和调节，使货币的流通量与市场供需关系保持在相对平衡的水平上。除了控制货币的投放量外，通过适当的方式将掌握在居民手中的货币回流到国家银行，也是重要的调节手段。回笼货币有利于稳定市场、繁荣经济，也是抑制通货膨胀的有效手段。

4.带动其他行业的发展，促进产业结构的调整。旅游活动的综合性决定了旅游业的发展需要与其他部门与行业的协作与配合，这使得旅游业的关联性比较强，相应地旅游业的发展也势必带动其他行业一起发展。因此，旅游业的相关联动能力较强，对相邻产业具有先导带动的功能。

首先，旅游业的发展可以带动交通运输事业的发展。旅游的基本特征之一是"异地性"，也就是说旅游活动的实现是以旅游者的空间位移为前提的。因此，旅游活动的展开必须建立在交通运输服务的基础上，而大规模、大范围的旅游者的活动，为交通设施的改善、交通服务水平的提高创造了市场前提，对交通运输事业的发展起到了积极的推进作用。

其次，旅游业的发展可以促进商业、通讯业、金融服务业等其他第三产业相关行业的发展。旅游者在旅游的过程中，除了参观游览之外，还需要有一定的食品、生活日用品、旅游纪念品等物质产品的消费和金融、通讯等服务产品的消费。

这些消费行为需要由相应的商业、金融等服务部门来满足。因此,旅游业的发展对当地商业服务业的发展具有积极作用,是第三产业中的龙头产业。

第三,旅游业的发展还可以带动基础建设部门的发展。为了接待旅游者,往往需要增加房屋、道路、车站、机场等各种基础设施的建设,提高综合接待能力,来满足旅游者的基本生活需求。因此,旅游业的发展,在客观上促进了旅游接待地区的基础设施建设,间接地促进了包括建筑、道路、供水、清污等基础建设部门的发展。

5. 增加就业机会,吸纳剩余劳动力。大力发展旅游业,对扩大社会就业有着十分重要的作用。世界旅游理事会早在 1993 年就提出:"全世界范围内,旅游作为一个整体雇用了世界从业人员的十分之一,已经成为世界上创造新就业机会最多的行业",并提出"旅游业是 21 世纪创造就业与保护环境的引导产业"。

旅游业在扩大就业方面与其他行业相比,主要有四个方面的优势:

第一,旅游业是劳动密集型产业,以提供服务性产品为主要的经营方式,能产生较多的直接就业机会。

第二,旅游业的就业门槛低,对从业者的技术水平要求不高,除翻译等个别特殊工种外,普通人经过一定的专项培训都能达到上岗要求,这对于解决大量无专门技术特长的下岗职工的再就业问题,具有积极的作用。

第三,相比于其他行业,旅游业的就业成本较低,同样的投入,旅游业能产生更多的就业机会。据有关部门的统计,英国每增加一名就业人员所需的平均投资额为 2.45 万英镑,而旅游业增加一名就业人员只需要 1.56 万英镑。

第四,旅游业的就业面广,层次多,有利于不同素质和不同能力的劳动者就业,就业成功率高。旅游业的综合性质决定了旅游部门的工作岗位是多种多样的,既有直接面对旅游者的一线服务人员,也有幕后的后勤保障人员;既有高层次的专业管理人员和技术人才,也有掌握简单操作能力的初级员工。这种多层次、多工种的就业结构,有利于不同素质和不同能力的劳动者就业选择,劳动者可以根据自己的兴趣、爱好、特长等选择适合自己的工作岗位,充分发挥生产积极性,有利于生产效率的提高。

6. 促进区域经济发展,缩小地区经济差距。由于历史、地理以及自然条件的不同,一个国家内不同地区间的经济社会发展水平往往会存在程度不一的差距,导致国家经济总体上呈现出不平衡的态势。我国幅员辽阔,各地区的自然条件差异很大,导致各地区的经济发展、文化发展、社会发展以及科学技术水平存在较大的差距,国民经济的不平衡性突出。改革开放 20 余年来,这种经济差距在东部沿海地区和广大的中西部地区之间表现得越来越明显。要改变这种局面,当务之急是确定中西部地区的优势产业,寻找符合当地实际情况的新的经济增长点,推动中西部落后地区的经济发展，以达到缩小地区间经济差异、促进国民经济全面、稳定发展的目的。旅游业发展的实践已经表明，旅游经济的发展，有助于开发和带动落后地区的经济发展。

7. 改善投资环境，促进对外开放。旅游业的发展可以从多方面改善投资环境，吸引外资，扩大出口，促进我国的改革开放大业。

首先，国际旅游业的发展创造了外国人来华旅游的社会前提。许多外国人都是通过旅游来了解中国的对外开放政策和投资环境的。在旅游活动中，他们通过各种途径了解中国人民和中国社会，逐步对中国的政策环境和市场条件有了深刻的认识，增强了与我国进行经济合作的信心，从而加强了中外间的经济合作与交流。

其次，旅游业的发展为中外经济合作提供了必要的物质条件。发展旅游业势必要加强道路、交通、通讯等基础设施和饭店、餐馆娱乐场所等旅游专门设施的建设，而这些设施除了可以为旅游者提供方便外，也为来华投资的外国商人提供了生活上的良好条件。

第三，旅游业本身的经营优势，使得它本身也成为中外经济合作的热门行业。旅游业投资少、见效快、风险小，又具有极大的发展潜力，是目前我国引进外资发展最快的产业，也是外商最乐于投资的行业。一些与旅游相关的行业，如食品、饮料、服装等，也是外商投资的热点。

（二）旅游对国民经济的消极影响

不同的国家经济发展水平不同，经济结构、生产能力、资源基础、旅游市场的发育程度也存在着差异，这就导致了各国对旅游发展的承受能力也不尽相同。如果旅游接待国家和地区不能正确认识自身的特点和优势，不能因地制宜地制定旅游业的发展政策，则旅游业的发展也可能对接待地区的社会经济产生负面的作用和影响。

1. 过度依赖旅游业会给国民经济增加不稳定的因素。旅游业的敏感性决定了在旅游业发展过程中不稳定因素较多的特点。旅游需求受多种因素的影响，复杂多变，往往难以由旅游接待国家和地区所掌握。因此，一个国家或地区不宜将旅游业作为发展经济的唯一途径。尤其是我国这样的人口大国，更不能将国民经济的命脉完全系于旅游业一身。否则，一旦遇到经济危机、战争、自然灾害、流行疾病等突发性变化，将对我国的国民经济形成毁灭性的打击。

旅游业对国民经济不稳定性的影响主要基于以下原因：

首先，旅游活动的季节性，导致旅游收入也呈季节性的波动。旅游旺季时各项事业发展顺利，而旅游淡季时则不可避免地出现资源和设施的闲置浪费以及劳动力的季节性失业现象，从而引发严重的经济问题和社会问题。虽然目前各国各地的旅游部门都在采取一定的措施尽量减少旅游活动的季节性差异，但要完全消除这种差异是不现实的。

其次，旅游业是一种敏感程度非常高的行业，随时都可能受到各种经济、社会、政治、自然因素的影响，从而引起旅游业经营的剧烈变化。2003 年由于“非典”的流行给我国旅游业带来严重损失，就是一个典型的例子。因此，有人说旅游业是“脆弱”的行业，是“建在流沙上的大厦”，就是基于上述原因。

第三，旅游客源产生国的居民收入水平、带薪假期制度和旅游时尚等因素，直接决定了世界旅游市场上的旅游需求取向，而旅游接待国家和地区对这种取向往往很难控制，造成了这些国家对旅游市场的把握不足。一旦客源国旅游者的旅游兴趣发生转移，就会引起旅游接待国家和地区的经济波动，甚至造成国民经济的巨大损失。

2. 有可能引起物价上涨和通货膨胀。一般地，旅游者的消费能力高于旅游接待地区的居民。这一方面是因为成为旅游者必须要有一定的收入水平，另一方面是因为旅游者往往是用积蓄来进行旅游活动。所以，在旅游旺季、大量旅游者来访的情况下，常常会造成旅游目的地的日常用品和其他消费品价格的上涨，能源和水资源供应短缺，交通及其他公共设施拥挤，土地价格上涨，物资供应紧张，形成供不应求的市场关系，甚至引起通货膨胀。这种局面不仅对当地的经济发展不利，也损害了当地居民的切身利益，产生严重的后果。如 20 世纪 70 年代的加勒比海地区，由于游客突然增多，造成当地居民的生活成本增加，物资供应紧张，生活质量下降。虽然国家通过发展旅游业获得了外汇收入，但本地居民的生活仍然困苦，造成了严重的社会问题。

3. 有可能造成资源浪费。由于旅游业广阔的发展前景和良好的经济效益，很多的旅游接待地区都不遗余力地大搞旅游资源的开发和旅游设施的建设，以期获得更大的旅游收益。但是，旅游业的建设必须遵循旅游发展的客观规律，必须从本地的实际情况出发，科学决策，严格管理，才能保证旅游行业的健康发展和旅游经济的良性循环。目前，由于管理思想受到一定程度的限制，世界各地都存在着旅游管理制度不完备和旅游管理手段落后等问题，致使旅游管理滞后，旅游发展过程中出现了盲目开发、重复建设等问题，造成资源浪费，形成巨大的经济损失。

此外，过分依赖外国资金发展本国本地区的旅游业，还会导致外汇的漏损，旅游创汇的作用被大大削弱，严重的甚至产生负面影响。如岛国汤加，每年都吸引大批的外国游客来访，但由于国家的资源有限，难以提供大量的生活用品和工业用品，为了满足旅游者的需要，只能依靠从国外进口相应的物资。结果导致大量的旅游外汇收入又流回了国外，造成国家外汇收益的巨大损失。

上述分析提醒我们,必须正确认识旅游的经济作用和影响,从本国本地的实际情况出发,立足于实际的旅游供给能力,加强对旅游发展的宏观控制和总体规划,充分发挥旅游业对国民经济的积极作用和影响,尽量避免产生不利的影响。

第二节　旅游对社会文化的作用与影响

一、旅游的社会文化属性

旅游是以人为主体的,由于社会性是人的基本属性,因此,旅游活动也必然存在着其社会属性。另一方面,现代旅游的大规模发展,也使旅游成为一种重要的社会现象。在这种特殊的精神消费活动中,来自不同地区、不同背景的人们面对面地直接交往联系,不同的社会文化体系得以交叉和渗透,相互发生着作用和影响。由于旅游活动是一种最理想的轻松的交往方式,因此它所带来的人际接触和文化交流,无论对旅游者还是旅游接待地区来说,都具有一定的积极作用。

旅游活动从本质上讲是一种文化活动,无论是旅游消费活动还是旅游经营活动都具有强烈的文化特征。只有挖掘出旅游活动的文化内涵,才能使旅游业保持长久的生命力。

二、旅游对社会文化的作用和影响

旅游业是带有文化性质的综合性产业,它不仅深刻地影响着一个国家或地区的国民经济,而且广泛涉及人们社会文化生活的方方面面。它直接作用于接待国家和地区的人民,改变着人们的思维、观念和价值取向,潜移默化地影响着接待地区社会的发展与变迁。

近年来,随着旅游业的迅速发展,许多国家的政府和学者已经开始注意到旅游活动给社会文化带来的影响与作用的问题。正确认识这个问题,有助于全面认识旅游活动的本质,有助于因势利导,有效控制,促进旅游活动的健康发展。

(一)旅游对社会文化的积极影响

旅游活动是文化活动,旅游业是文化性的产业。旅游的社会文化属性决定了它对社会文化具有积极的作用和影响。

1. 有助于民族文化的发展与保护。民族文化是旅游资源独特性的关键所在,是旅游吸引力的主要源泉,也是发展旅游业的灵魂所在。满足旅游者需求的旅游资源、旅游设施、旅游服务等，无一不是和旅游目的地的民族文化密切结合在一起的。旅游开发可以使当地的广大群众加深对民族文化的了解，充分认识到其宝贵的开发价值，从而自觉地树立保护民族文化的意识，并主动采取措施修复和维护民族文化遗址、抢救濒临消亡的民族艺术品种、挽救和整理失传的民间工艺等。例如在我国云南丽江，流传着古老的纳西族古乐。旅游开发前，由于其古老晦涩，当地的年轻人不肯学习古乐的演奏，导致古乐面临失传的危险。旅游开发后，丽江成为著名的历史文化名城，每年吸引成千上万的中外游客参观游览，纳西古乐也由于其悠久的历史和民族特色鲜明而受到了游客的欢迎，成为丽江旅游过程中不可缺少的重要内容。旅游业带来了古乐的新生，为了接待旅游者，发展旅游业，实现经济效益，年轻人开始积极学习和演奏纳西古乐，民族艺术得以传承和发扬。

2.有助于加强不同地区人民之间的友好往来和文化交流。旅游具有广泛性、群众性、灵活性的特点，是一种具有积极健康的社会交往活动。旅游活动的开展，不仅有助于增强不同国家和地区人民之间的相互了解，而且有助于加强不同国家间以及不同地区之间的友好往来和文化交流。正如世界旅游组织1980年9月在《马尼拉宣言》中指出的："旅游在国际关系和寻求和平方面，在促进各国人民之间的相互认识和了解中，是一个积极的现实因素"。

在国际旅游方面，由于旅游是不同国度、不同宗教、不同信仰以及不同生活方式的人们之间的直接交往，因而有助于增进国家与国家之间的了解，加强国家间的和平友好关系。在国内旅游方面，旅游活动使得不同地区的人们有了更多的接触和了解，并为地区间的交流与合作创造了条件。

此外，旅游的过程也是不同文化交流与碰撞的过程。一方面，旅游者通过与接待地区居民的往来和接触，亲身感受到当地的文化传统；另一方面，当地居民也从旅游者身上看到了外来文化的内容，不同文化的交流在旅游的过程中得以实现。

3.有助于增进社会文明。旅游业以旅游服务为载体和媒介，对外展示着一个国家和地区的精神和风貌。发展旅游业有助于良好社会风气的形成，有助于提高当地居民的文明意识，强化精神文明建设，促进社会整体文明水平的提高。此外，为了接待旅游者，需要美化环境，改善基础设施，形成有利于旅游发展的社会环境和自然环境，这在一定程度上也促进了旅游接待地区社会文明的发展与进步。

旅游有着深厚的文化内涵，它有助于培养人们崇尚文明的良好习惯，对于增进社会文明有积极的意义。

4.有助于提高人民身心素质和生活质量。

首先，旅游是一种积极的消闲活动，参加旅游活动可以消除紧张、放松心情、焕发精神、锻炼身体，使现代人紧张的生活节奏得到舒缓，增加人们的生活情趣，有益于人们的身心健康。

其次，旅游活动的开展可以使人们开阔眼界、增长知识，提高人们的认知水平。所谓“读万卷书，行万里路”，通过外出旅游了解世界，熟悉社会，增长知识和才干，是学习和接受新鲜事物的有效途径，也有助于人们突破惯常环境对思维的束缚。

第三，旅游活动的开展有助培养人们的爱国主义情感，形成高尚的道德情操。旅游活动能让人们在领略祖国壮丽河山、名胜古迹、风土民情、建筑风貌的过程中激起强烈的民族自豪感和爱国主义感情。当旅游者踏着先人的足迹追溯历史、缅怀先辈业绩时，也就潜移默化地接受了历史文化的熏陶，了解了祖国悠久的历史和灿烂的文化，培育和增强了爱国主义情操。因此，旅游是一种感性的、生动形象的爱国主义教育。

第四，旅游活动的开展还有助于提高人们的生活质量。当今世界，随着社会的进步和科学技术的发展，人们的生活方式和工作方式都发生了很多变化，人们开始越来越关注生活内容和生活质量。旅游是一种高层次的消费活动，能够满足人们不同的精神享受需要，并通过积极的方式达到休闲和娱乐的目的，既有益于身体健康，又有益于放松精神和活跃思维，因此，已经越来越多的人把旅游与提高生活质量联系在了一起。

5. 有助于推进科学技术的交流与合作，推进人类文明的整体进程。旅游活动与科学技术有着紧密的联系。一方面，旅游的产生与发展离不开科学技术的基础，另一方面，旅游活动对推动科学技术的交流与传播又有着积极的作用。古今中外，有不少学者、僧侣、科学家、艺术家等就是通过旅游来传播知识、交流技术、进行科学研究的，如张骞、玄奘、徐霞客、郑和等。在当今知识经济时代，人们通过现代商务旅游、专业会议旅游等形式，进行各种文化信息的传播，客观上也起到了传播和交流知识和信息的作用。并且，这种作用还在随着旅游活动的日益广泛而在深度上和广度上不断有新的发展。

此外，旅游在发展过程中也不断对科学技术提出新的要求，如交通运输工具的改善、通讯设施和通讯服务的加强等，这也在一定程度上促进了相关领域科学技术的发展。

(二)旅游对社会文化的消极影响

旅游活动综合性强，包含内容广泛，其中也有各种错综复杂的矛盾。在对旅游地的社会文化产生积极作用的同时，也可能带来一些消极影响。这种消极影响，有学者称之为“旅游污染”。一般地，旅游污染是指由于旅游业的发展而给旅游接待地区或国家造成的环境损害和对社会文化的负面影响。值得注意的是，这些消极因素的出现,并不完全是旅游开发带来的必然结果,而在很大程度上是由于管理不善、措施不当造成的,旅游在这个过程中更多的是起了“催化剂”的作用。

1. 对精神文化领域造成的消极影响。旅游活动的开放性,在促进不同文化背景的人们相互交流的同时,也给接待地区居民的风俗习惯、日常生活、社会活动,甚至信念、人生观、价值观等带来不同程度的影响,甚至可能引起接待地区居民价值观念的改变。在旅游接待过程中,原来闭塞的地区有了大规模的经济活动,并产生了前所未有的经济效益。在经济利益的驱使下,加之流入的一些不健康思想的影响,传统的价值观念可能受到冲击,实用主义和拜金主义的影响会大大加深。结果,原来“路不拾遗、夜不闭户”的古朴局面完全被打破,偷盗、欺诈等违法犯罪行为和不良现象增多,传统的价值观念发生了改变。

在国际旅游中,随着外国旅游者的到来,一些先进的思想和现代化的信息进入了旅游接待地区,但一些消极的东西甚至是文化糟粕也随之而来,并影响到了旅游地居民的生产和生活。卖淫、吸毒、犯罪等外来不健康的思想和行为,侵蚀着当地的精神文化领域,并给旅游接待地区带来了严重的社会问题。英国学者阿切尔曾经指出,接待地区伦理道德的沦落是旅游发展最重要的副产品。

2. 对传统文化领域造成的消极影响。在某些落后地区,当地居民通过对来访旅游者行为的观察,受西方旅游者较高的物质生活影响,逐渐在思想上和行为上发生一些消极变化,开始对自己的生活方式感到不满,产生崇洋媚外思想,从而否定自身的传统文化。

旅游开发还可能造成传统文化的商品化。传统的民间习俗和庆典都是在特定的时间和特定的地点、按照传统规定的内容和方式举行的。但是,随着旅游开发,一些传统文化项目逐渐被商品化了。他们不再按照传统规定的时间和地点举行,为了接待旅游者,他们随时都可以被搬上舞台。而且,为了适应旅游者的旅游节奏,传统活动的内容被压缩,节奏明显加快,以至于出现“十分钟速配婚礼”、“天天都过泼水节”等现象。这种商品化的倾向,使这些活动在很大程度上失去了传统文化的意义和价值。

在某些不发达的旅游接待地区,由于旅游者的消费水平比较高,当地居民盲目效仿旅游者的生活方式,使原来保存较完整的传统文化和民族文化在外来旅游者的冲击下逐渐发生改变,一些传统的习俗、服饰、生活方式、举止行为在不经意间渐渐地改变甚至消亡。

3. 对社会生活造成的消极影响。

首先,旅游开发对旅游地居民社会生活的影响表现在家庭结构的变化上。一方面,由于旅游行业收入较高,在一个家庭内,从事旅游服务的家庭成员的收入远远高于其他家庭成员，形成了很大的悬殊，结果使传统的夫妻关系、父子关系发生了变异，家庭矛盾加深，甚至导致家庭解体。另一方面，随着西方性自由等不良思想的流入，传统的家庭观念受到冲击，结果导致婚姻破裂、离婚率上升，造成一定的社会问题。在世界知名的旅游胜地夏威夷，就曾经出现过这类问题。

其次，旅游开发对旅游地居民社会生活的影响表现在就业问题的变化上。旅游业的发展提供了更多的就业机会，解决了当地的基本就业问题，但随之而来的是就业结构变化的问题。由于旅游业就业门槛低、收入高，容易吸引劳动者进入旅游部门工作，客观上减少了其他行业和部门的劳动力基础，如果处理不当，容易引起就业结构的不良变化，损害社会生产体系；同时，旅游的季节性比较明显，当旅游淡季到来时，为了节省生产成本，降低费用，许多旅游企业都采取放长假或减薪等措施，这种做法容易造成季节性失业问题，并对社会秩序的稳定产生一定的不利影响。

第三，旅游开发对旅游地居民社会生活的影响表现在当地居民生活质量的变化上。任何旅游接待地区的生活资料都是有限的。随着外来游客的大量涌入和游客密度的提高，当地居民的生活空间被挤占，公共设施和能源供应紧张，生活质量受到了严重的影响。在物质资源比较紧张的情况下，有关部门往往将质量上乘的消费品优先供应给出价较高或以外汇结算的旅游者，这往往引起当地居民的不满，容易造成旅游者与当地居民之间的对立情绪。情况严重时，还可能演化成民族矛盾。

最后，旅游开发对旅游地居民社会生活的影响还表现在妇女地位的改变上。从积极方面看，通过走出家门从事旅游接待工作，提高了她们的经济及社会地位，但消极现象也可能发生。当前，由于卖淫、嫖娼等不良社会现象的存在，导致一部分妇女为了金钱而从事违反传统道德的性服务活动，结果反而使她们的社会地位变得更为低下。

三、正确认识旅游对社会文化的影响

虽然旅游对社会文化的影响和作用存在着正反两个方面，但其中的积极因素始终占主导地位，不能因为存在着消极影响就因噎废食，限制和抵制旅游业的发展。实际上，旅游对接待地区社会文化的各种影响都是在一定的条件下产生的。只要科学管理，控制适当，就能够最大限度地发挥旅游对接待地区社会文化的积极作用，而将消极影响控制在最低程度。

为了达到上述目的，当地政府和主管部门要发挥积极的作用，因势利导，使旅游这一高层次的精神消费活动，能够沿着健康的道路持续发展下去。

1. 健全管理体制，实施科学管理。旅游接待地区的政府和主管部门，要通过行政的手段，对旅游的消极影响加以控制。首先，颁布与旅游相关的政策、法律、法规及各种规章制度，加强对旅游污染的控制和治理；其次，要健全管理体制，建立专门的组织机构，严格执行国家的各项政策，限制和打击不良现象；第三，要吸收先进的管理理念和管理经验，实施科学管理，提高管理的成效，达到控制旅游发展对社会文化负面影响的目的。

2.制订合理规划，积极发展旅游。为了避免由于旅游者大量涌入造成旅游接待地区承载力不足、资源供应紧张的状况，政府部门要根据当地的自然条件和社会经济条件，制订量力而行的旅游发展规划，防止和控制旅游接待超负荷运行，降低由于大规模旅游带来消极社会影响的可能性，既保证旅游者的权益，也维护当地居民的利益，在合理的范围内积极推进旅游业的发展。

3.加强旅游宣传，引导教育人民。宣传和教育包括外来旅游者和当地居民。对外来旅游者，要引导人们对旅游活动有正确的认识，以健康、向上的心态参与旅游活动；对当地居民，对其进行宣传和教育，使他们充分认识到发展旅游业给当地带来的经济效益和社会效益，以友好、开放的心态对待外来的旅游者和外来的文化。在旅游者与当地居民中间，则要提倡相互尊重和理解，使他们认识到彼此发展自身文化的权利，提倡双方在平等的基础上进行文化交流，以加深了解，增进友谊。

4.开发健康产品，丰富活动内容。为了丰富旅游者的旅游经历，旅游接待地区应当多生产、多提供品质优良和积极健康的旅游产品。旅游产品的内容应当丰富而充实，具有特色。凡是违反社会主义精神文明与不道德的东西，均须坚决予以抵制。

历史的发展已经证明，一个国家和地区的社会文化要发展，外来文化的促进是一个重要的条件。认识旅游的社会文化影响，主要目的是要在澄清认识的基础上采取措施，发扬旅游对社会文化的积极作用，抵制和最大限度地缩小其消极影响，保证旅游事业积极健康的发展，促进社会主义物质文明和精神文明的建设。

第三节　旅游对生态环境的作用与影响

旅游与生态环境之间的关系十分密切。一方面，大多数的旅游资源都是旅游接待地区生态环境系统的组成部分，另一方面，旅游者的旅游活动总是在一定的环境系统中展开的。因此，生态环境是构成旅游产品的最基本要素，它不仅是吸引旅游者来访的重要因素,其质量还将影响来访游客的满意程度。

由于旅游者的进入,接待地区的生态环境不可避免地会发生一些变化。这些变化中,有的是好的,有的则是对环境系统造成的破坏。当前,随着大众旅游的发展,旅游对生态环境影响的问题已经越来越受到人们的重视,如何使保护环境与发展旅游之间达到和谐、统一,是当今旅游发展中的重要问题。

一、生态环境及其旅游价值

生态环境系统是指生物有机体周围生存空间的生态条件的总和,它是占据某一地段的生物与非生物环境之间相互作用的统一体,并有一定的功能、结构和自我调节能力。生态环境由许多生态因子综合而成,对生物有机体起着综合作用。这些生态因子包括非生物因子和生物因子。生物因子指植物、动物、微生物等,非生物因子指气候、土壤、地理以及人为开发状态等环境条件。在自然界,生态因子不是孤立地对生物发挥作用,而是相互联系、相互影响的。

生态系统是一个物质循环和能量转化的动态系统,具有生产性、稳定性和连续性的特征。在一定的时间和空间条件下,生态系统中的能量、物质、信息和生物群落,具有一种自我调节能力,并达到一种相对平衡状态。一旦有外力进入正常的生态系统,原有的平衡状态就会被破坏,系统或是经过动荡调节后达到新的平衡,或是无法恢复而崩溃。

生态环境的旅游价值主要体现在两个方面:首先,生态环境中的诸因子是构成旅游资源的主要因素,因此,生态环境为旅游活动的开展提供了资源基础;其次,旅游者的旅游活动要以一定的环境为依托,生态环境为旅游活动的开展提供了环境条件的支持。

近年来,随着人们对环境问题的重视,兴起了一种全新的旅游方式——生态旅游。这种新的旅游方式,集中体现了生态环境的旅游价值。

二、旅游对生态环境的影响

当前,生态环境问题已经成为全球性的大问题。人们从一系列全球环境问题所带来的危害中认识到,如果没有良好的生态环境和长期可应用的自然资源,人类将失去赖以生存和发展的基础,经济和社会的发展也将难以为继,旅游的发展更是如此。因此,正确地认识旅游发展与生态环境的关系,具有重要的现实意义。

(一)旅游对生态环境积极方面的影响

1.使生态环境得到保护。由于旅游开发,特别是新型生态旅游的开发,使当地居民意识到了生态环境的旅游价值,从而自觉地采取各种手段和方式保护生态环境。如墨西哥的下加利福尼亚湾,是鲸鱼经常出没的地方。上个世纪 80 年代前，当地居民主要以商业性捕鲸为生，结果导致鲸鱼数量迅速减少，这一区域变成了“死亡之海”。提倡生态旅游后，当地居民收起鱼叉接待游客，使当地的生态情况大为改观，石斑鱼、海蜇等物种迅速繁衍，灰鲸也从灭绝的边缘挣扎了回来，成为吸引游客的一大旅游资源。在这里，旅游开发起到了保护生态环境的作用。

2. 使基础设施得到改善。旅游者的到来需要有相应的接待服务设施。为了更好地满足旅游者的需求，旅游接待地区要进行基础设施的改造和建设，提高旅游服务质量，增强综合接待能力。为此，当地的供水、供暖、道路、通讯等公共设施得到改善，一些新型环保的设备代替了原来能耗高、污染重的旧机器，这可以在很大程度上减轻人类活动对环境造成的压力，对于保护生态环境起到了积极作用。

3. 使环境卫生得到重视。环境卫生状况代表着旅游接待地区的形象，因而一直受到政府和主管部门的重视。出于接待旅游者的目的，接待地区主动采取措施，改善环境卫生，建立垃圾处理系统，减少废物向自然环境的直接排放，在客观上也起到了保护环境的作用。

4. 使人居环境得到美化。生态系统中的一个重要组成部分就是人居环境。人居环境是旅游者参观游览的重要内容，也是旅游者生活的重要组成部分。为了给旅游者提供优美的旅游生活环境，需要开展植树种草、育花养鸟等一系列美化环境的工作，其结果是人居环境得到了美化，生态环境系统也得到了改善。

（二）旅游对生态环境消极方面的影响

旅游发展在给人类带来巨大经济效益的同时，也造成了对生态环境的负面影响。由于环境保护意识不足，相应的管理制度不健全，因旅游开发而造成接待地区生态环境遭受破坏的例子屡见不鲜。旅游开发与生态环境之间的矛盾已经越来越尖锐。

1. 旅游开发造成环境污染。旅游开发造成旅游接待地区的环境污染是一个普遍性的问题。据有关资料显示，我国的旅游风景区基本上都存在着水体、大气、土壤、噪声等环境污染问题。在旅游旺季，由于游客的大量增加，对大气、水体排放的污染物总量也随着增加，给自然环境造成了沉重的负担，严重地威胁着生态系统的平衡。在许多风景名胜区，都可以看到游客废弃的饮料瓶、塑料袋等垃圾，甚至喜马拉雅山地区也不得不耗费巨资去清理游客留下的各种废弃污染物。

2. 大规模的旅游活动造成生态系统的破坏。很多学者的研究已经证明，构成自然景观的生态系统对旅游活动存在一定的承载能力，承载能力的大小由生态系统的结构所决定，超过其承载能力的旅游活动将使旅游地的生态系统结构发生变化。大规模旅游活动的开展，使旅游区长期处在超负荷的运行状态，久而久之必然造成当地生态系统被破坏，甚至打破原有的生态平衡。大量旅游者将旅游区的土地踏实，破坏了在自然条件下长期形成的稳定落叶层，造成水土流失，树木根系暴露；交通车辆的往来，产生了大量有害气体，造成大气污染；大量旅游者聚集产生的温室效应，改变了旅游区的温度条件，结果导致植被和物种的变化；旅游者的活动，挤占了动物群种的生活空间，迫使动物群体要么迁徙，要么死亡。据统计，在地中海地区，旅游业使得500多种生物物种受到灭绝的威胁。这些现象，不能不引起人们对自身行为的反思。

3.旅游设施的过度建设造成自然系统的破坏。在旅游业强大经济利益的驱使下，一些企业和部门采取竭泽而渔的办法，盲目开发，胡乱建设，修建大量的旅游接待设施，不仅破坏植被，而且使原来动植物赖以生存的地域逐渐缩小，破坏了它们的养料系统，结果导致动植物死亡，生态系统遭到破坏。由于对生态系统和生态旅游的认识不足，这种过度开发建设的情况还比较普遍，如在自然环境优美的景区建造不和谐的人造景观，不进行科学规划就建设公路、索道等。

三、旅游与生态环境的协调发展

旅游与生态环境的协调发展，是人类生存的需要，也是旅游业可持续发展的需要。

1.树立科学观念，进行科学规划。要促进旅游与生态环境的协调发展，首先要树立科学的思想观念，明确保护环境对人类发展和旅游发展的重要意义，确立旅游发展中环境保护工作的重要地位，真正实现旅游发展与环境保护的和谐统一。

旅游科学和环境科学的研究成果，是实施旅游开发的依据，也为旅游资源和生态环境保护与管理提供了科学的技术指导。必须将生态环境保护的内容纳入旅游规划体系，在科学评价旅游区域的环境承载能力以及旅游业的环境影响的基础上，编制科学合理的旅游区开发规划，用科学的手段落实旅游与生态环境的协调发展。

2.完善法律制度，保护自然环境。国家要立法保护生态环境和资源。只有将环境保护纳入法律条款，增强环境保护的力度，才能使环境保护落到实处。运用法律手段保护生态环境，就是给旅游者、旅游经营者和旅游管理者制定行为规范，使环境保护工作有法可依。

3.建立健全体制，加强行政监督。发展旅游业、开展旅游活动，如果管理得当，会促进生态环境的保护。如果管理不善，则会给生态环境带来灾难性的后果。在这一过程中，各级地方政府在发展旅游业和保护环境方面起着极其重要的作用。一方面，地方政府要解放思想，转换思路，深刻认识并正确理解旅游开发和环境保护之间的关系，真正树立起“发展旅游，环保先行”的思想，以科学的思想来指导旅游管理，促进旅游区生态环境的保护；另一方面，旅游主管部门要加强对旅游经营单位的指导和监督，从环保的观念出发，采取有效措施改善旅游环境氛围，保护好环境，更好地发展旅游业。

4.开发新型产品，发展生态旅游。开发新型的环保旅游产品，大力发展生态旅游，是现代旅游业发展的必由之路。生态旅游是一种适应旅游需求而创造的新型旅游产品，其基本内涵是亲近自然、享受自然，并强调在享受自然的同时也要保护自然。生态旅游活动既可以促进旅游接待地区经济的发展，又不破坏其原有的景观和文化特色，是一种人与自然和谐相处的旅游形式。

第四节 旅游的可持续发展

“可持续发展”是20世纪80年代以来，随着人们对环境问题的关注而提出的一个新概念，是当今世界的热点问题之一。“可持续发展”强调人与环境的和谐一致，重视人类经济社会发展与自然、资源、文化等环境因素的关系，是一种新的发展观念。

旅游活动是人们重要的休闲娱乐活动，是现代人类社会生活的重要内容。人类社会的可持续发展也必然包括旅游可持续发展的内容。因此，在旅游活动的发展中引入和运用可持续发展思想，不仅是实现旅游可持续发展目标的需要，也是旅游业发展的重要途径。

一、可持续发展理论

20世纪60～80年代以来，人们在重新审视自身发展历程时，发现历史上的许多人类生产和生活活动都在有意无意间破坏着人类的生存环境。而这种对自然的破坏又反过来影响着今天人们的生活，并对未来人类的生活质量造成了威胁。为此，人类开始积极反思和总结传统发展模式的弊端，努力寻找新的发展途径，探索在提高经济效益的同时保护资源和环境的发展模式。于是，可持续发展思想应运而生。

（一）可持续发展理论的产生及其发展

早在20世纪60年代，就已经有学者关注人类的生存环境问题。1972年6月，在瑞典斯德哥尔摩召开了联合国人类环境会议，这是世界各国政府共同讨论当代环境问题、探讨保护全球环境战略的第一次国际会议。会议通过了《联合国人类环境宣言》，总结了人类社会与环境的关系，并制定了环境保护的共同原则。这次会议，标志着环境问题已经被提升到发展的高度为人们所认识，并首次将环境问题列入了人类社会的发展日程。

进入 20 世纪 80 年代以后，国际关注的热点从单纯的环境保护问题转移到了环境与发展的主题上。在此背景下，联合国秘书处于 1983 年任命前挪威首相布伦特兰夫人为世界环境与发展委员会(World Commission on Environment and Development)的主席，并组织了相关领域的研究人员，集中研究和分析环境与发展的问题。以布伦特兰夫人为首的工作组，从大量的组织和个人那里收集了许多资料和报告，在对世界重大经济、社会、资源和环境进行系统调查和研究的基础上，于 1987 年 4 月提交了著名的长篇调查报告——《我们共同的未来》，并在报告中提出了"可持续发展"的思想。

《我们共同的未来》报告发布后，在全世界引起了广泛的影响，"可持续发展"这一名词也开始广泛地出现在各国的报纸杂志和学术论著中。1992 年 6 月，联合国环境与发展大会在巴西的里约热内卢召开，有 183 个国家和 70 个国际组织的代表出席了会议，并有 102 位国家元首或政府首脑到会，使这次大会实质上成了以环境与发展为主题的"世界首脑会议"。里约热内卢环境与发展大会，把人类的生态意识和环境意识从一般专家的议题转化为世界首脑的议题，对于推动可持续发展成为一种世界思潮起到了重要的作用。会议确立了可持续发展理论作为人类发展新战略的地位，提出了要为保护地球生态环境、实现可持续发展而建立"新的全球伙伴关系"的主张，并为此制定了开展全球环境与发展领域合作的框架性文件——《里约热内卢环境与发展宣言》。

里约热内卢环境与发展大会的另一个重要成果是通过了《21 世纪议程》。《21 世纪议程》被认为是全球环境与发展国际合作的纲领性文件，表达了各国共同努力、保护和管理生态系统、争取人类更加繁荣未来的美好愿望。《21 世纪议程》从经济与社会的可持续发展、资源保护与管理、主要群体的作用及实施的手段等四个方面，提出了全球范围内实现可持续发展的行动纲领，勾画了 21 世纪社会、经济与环境协调发展的宏伟蓝图。它把经济、社会、资源与环境视为密不可分的整体，提出可持续发展的战略、政策和行动措施，呼吁各国制定自己的可持续发展战略，并在此基础上建立"新的全球伙伴关系"。《21 世纪议程》还把消除贫困作为实现可持续发展的前提和最优先解决的问题，强调公众参与对可持续发展的重要作用，为在全球范围内推进可持续发展战略提供了行动准则。

总的看来，可持续发展思想顺应了人类社会经济高速发展和社会进步的内在需求，提供了人类社会持续稳定发展的科学思路，是人类社会进步的一大成果。因为它涉及人类社会的生存和发展的重大话题，因此，到目前为止，可持续发展的理论和实践仍然是国际社会广泛关注的话题。

(二)“可持续发展”的概念及内涵

可持续发展思想从产生到现在已有 20 多年了，但人们对可持续发展的准确概念在认识上还存在着一定的分歧。在 1987 年发表的《我们共同的未来》专题报告中，以布伦特兰夫人为首的世界环境与发展委员会对“可持续发展”一词的解释为：在满足当代人需求的同时，不能损害后代人满足需求的能力的发展。但除此之外，也有一些科学家从不同的研究领域出发，对可持续发展作出了不同的解释。

20 世纪 80 年代以来，世界上比较有影响的可持续发展概念主要有四类。

1. 从自然科学角度定义的可持续发展。因为可持续发展思想最早是生态学家提出的，因此这类对可持续发展的定义主要关注于生态的可持续性，强调自然资源及其开发利用程度间的平衡。1991 年 11 月，国际生态学联合会和国际生物学联合会举行了关于可持续发展的专题研讨会，将可持续发展定义为：“保护和加强环境系统的生产和更新能力”。

2. 从社会学角度定义的可持续发展。1991 年，世界自然保护同盟、联合国环境规划署和世界野生生物基金会共同发表了《保护地球——可持续生存战略》，将可持续发展定义为：“在生存于不超出维持生态系统涵容能力之情况下，改善人类的生活品质”。这个定义还指出，各国虽然客观上存在着经济发展水平、历史文化的差异，但发展必须包括提高人类健康水平、改善人类生活质量和平等获得资源的途径，并把平等、自由、人权纳入“发展”的内涵之中。

3. 从经济学角度定义的可持续发展。从经济学角度定义的可持续发展说法很多，但都认为可持续发展的核心是经济的发展。爱德华·B. 巴比尔在其著作《经济、自然资源、不足和发展》中，把可持续发展定义为“在保持自然资源的质量及其所提供服务的前提下，使经济发展的净利益增加到最大限度”。英国环境经济学家皮尔斯和沃福德在 1993 年出版的《世界无末日》一书中，认为“当发展能够保证当代人的福利增加时，也不应使后代人的福利减少”，这样的发展就是可持续发展。也有科学家提出，可持续发展是“今天的资源使用不应减少未来的实际收入”等。

4. 从科技属性角度定义的可持续发展。人类的可持续发展离不开科学技术的支持，因此，有科学家认为，“可持续发展就是转向更清洁、更有效的技术——尽可能接近‘零排放’或‘密闭式’工艺方法，尽可能减少能源和其他自然资源的消耗”。也有学者提出，“可持续发展就是建立极少产生废料和污染物的工艺或技术系统”。

(三)可持续发展的核心内容

关于“可持续发展”包含的核心内容,目前一般是从两个方面加以分析和解释的,即从“可持续”和“发展”两方面分别进行阐释。

1. 可持续性。可持续性是指人类在满足自身需求的同时,必须将需求限制在自然资源与环境资源的基础上,以保证人类社会长久、持续的发展。有学者将可持续性总结为生态的可持续性、社会的可持续性、政治的可持续性、经济的可持续性和文化的可持续性等。其中,生态的可持续性是可持续发展的基本内涵,经济的可持续性则是可持续发展的基础,文化的可持续性和政治的可持续性是可持续发展的条件,社会的可持续性则被认为是可持续发展的目标。

2. 发展。可持续发展的理论内涵中,发展的内容不应仅仅包括经济的增长,还应当包括社会、政治、文化等多方面指标的提高。

“发展”在发展中国家和发达国家有着不同的含义。对发展中国家来说,大多数人的基本需求尚未得到满足,因此发展必须优先考虑满足人民衣食住行的基本需要和提供满足愿望的机会。为此,在联合国可持续发展的一系列文件中,摆脱贫困始终是一个重要议题。在发达国家,发展的内涵则是鼓励采用在生态可承受范围内的消费标准和所有人都能向往的合理的生活标准。

总体上,可持续发展就是要实现人与自然之间的协调与和谐。可持续发展与传统发展的根本区别在于发展的手段和方式。传统的发展是盲目的发展,放纵的发展,可持续发展是自觉的发展,理性的发展。可持续发展在强调发展不可逆的同时,强调发展的科学性与合理性,既承认人类对环境的利用和享受的权利,又承认人类对环境的保护责任和义务。相应地,人们为了达到可持续发展的目标而制定的可持续发展战略,则应当包括经济、社会、文化、娱乐、生态、资源、环境等多方面的内容。

二、旅游的可持续发展

(一)旅游可持续发展理论的形成

半个世纪以来,世界旅游业发展迅速,创造了良好的经济效益和社会效益。但是,透过旅游业的发展成果,人们也看到了旅游业发展给经济社会带来的负面影响:对旅游资源掠夺式的开发、对旅游景区的粗放式管理造成了对生态环境的损害和对社会环境的破坏,导致旅游业的积极作用在减退。于是,人们开始从有效利用资源环境和环境保护的角度来审视旅游业的发展,并逐渐认识到在开展旅游的同时,必须要注意环境和资源的保护,才能保证旅游业的持续发展。

20 世纪 70 年代开始,探讨旅游与环境关系的学者日渐增多,并出现了一批论述二者关系的研究成果。1985 年《国际环境研究杂志》出版了“旅游与环境”专辑。1987年《旅游研究纪事》也出版了"旅游与物质环境"专辑。1990年,Globe'90会议在加拿大的温哥华召开,这是旅游业可持续发展理论形成过程中具有重要意义的一次会议。

Globe'90大会提出了旅游可持续发展行动战略草案,明确了可持续旅游的战略目标,在全球范围内发出了可持续旅游发展的倡议。大会指出,可持续发展旅游,就是要确保在进行旅游开发的同时,不损害后代人为满足其需求而进行旅游开发的可能性。可持续发展旅游的具体目标是:

(1)增进人们对旅游所产生的环境影响与经济影响的理解,加强人们的生态意识;

(2)促进旅游的公平发展;

(3)改善旅游接待地区的生活质量;

(4)向旅游者提供高质量的旅游经历;

(5)保护未来旅游开发赖以存在的环境质量。

Globe'90大会后,世界性的可持续旅游发展运动得到了极大的推动。1995年4月24日至28日,联合国教科文组织、环境规划署和世界旅游组织在西班牙加那利群岛的兰沙罗特岛召开了"可持续旅游发展世界会议",共有来自75个国家和地区的600多名代表参加。这次会议确立了许多有关旅游可持续发展的基本观点和基本理论,被大多数国家所认可。会议通过了《旅游可持续发展宪章》和《旅游可持续发展行动计划》。《旅游可持续发展宪章》探讨了旅游的世界性和旅游的两重性,奠定了可持续发展旅游的理论基础。《旅游可持续发展行动计划》明确指出:"旅游可持续发展的实质就是要求旅游与自然、文化和人类生存环境成为一个整体",旅游业的可持续发展不是单纯的经济发展,而是要实现生态、经济和社会三维复合系统的可持续发展。

《旅游可持续发展宪章》和《旅游可持续发展行动计划》提出的思想被世界各国所普遍接受,"可持续旅游发展世界会议"由此也成为旅游发展历史上具有里程碑意义的一次会议。

1997年5月,世界旅游组织在菲律宾首都马尼拉召开会议,通过了《关于旅游业社会影响的马尼拉宣言》。随后,在6月召开的联合国大会第九次特别会议上,发表了由世界旅游组织、世界旅游理事会、地球理事会联合制订的《关于旅游业的21世纪议程》,提出了旅游业可持续发展的行动纲领。至此,旅游业可持续发展的思想已经渐趋成熟。

(二)旅游可持续发展的核心内容

根据世界旅游组织等相关国际机构的认定,旅游可持续发展的主要内容包括四个方面:

1. 旅游发展的公平性。旅游发展的公平性有两方面的涵义，一是强调本代人以及代际间的公平，使人类都能够获得平等发展旅游业的机会。二是强调有限的旅游资源的公平分配，特别是要公平分配不可更新的旅游资源。需要指出的是，这里的公平分配，不是指公平占有，而是指满足人们旅游需求的公平机会。这一公平的原则应充分体现在人与人之间、民族与民族之间、国家与国家之间。

2. 旅游发展的持续性。旅游发展的持续性强调旅游资源的开发与旅游业的发展不能超越生态环境的承载能力，要以不破坏生态平衡为原则，保持生态体系的稳定性和生物物种的多样性，减少对不可更新资源的消耗，维护可更新资源的自生能力，尽量延长旅游资源的生命周期。为了能使后代人公平地享用这些资源，必须对旅游业的发展速度和规模做出限制，避免出现急功近利的掠夺式资源开发方式。

3. 旅游发展的全球观。由于各国文化、历史和社会经济发展水平存在较大的差别，旅游可持续发展的具体目标、政策、措施和步骤不可能一概而论。但是，自然资源是人类共同的财产，生态环境是人类共同的家，任何损害资源与环境的行为都将最终损害全人类的利益。因此，旅游业可持续发展作为全球旅游业发展的总目标，它所体现的公平性和持续性的原则必须遵守。为了实现这一目标，各国必须采取一致的行动。从根本上说，贯彻旅游可持续发展理论就是要促进全世界人民联合行动，共同肩负起保护生态环境的责任。

4. 旅游发展的资源观。旅游业的生存和发展与资源关系密切，正是资源与环境为旅游业的发展提供了宝贵的物质基础，资源的开发潜力和可利用程度是旅游业发展的基本前提。历史文化遗产、名胜古迹等旅游资源是不可复制的，一旦遭到破坏，其深厚的文化积淀和宝贵的价值将无法还原。因此，要本着可持续发展的原则科学规划、合理开发、严格管理，针对不同类别、不同属性的资源，采取不同的保护措施，在不损害资源的前提下最大限度地发挥其应有的价值，使旅游资源的生命力尽可能地延长到永远。

（三）旅游可持续发展的目标

旅游可持续发展是一个多层次的目标体系，包括三个方面的内容：

1. 生态环境的可持续性。生态环境的可持续性是指在一定限度内维持生态系统的生产力和功能，维护资源和环境基础，保护其自我调节、正常循环能力，增加生态系统的完整性、稳定性和适应性。由于旅游开发会不同程度地损害生态环境和资源，所以，消除旅游业发展过程中的负面影响、降低旅游开发对资源和环境造成破坏的程度、维持旅游生态系统的平衡、保证旅游资源的永续利用，是旅游业可持续发展的基本目标和准则。

2. 社会的可持续性。社会的可持续性就是利用最小的资源成本和投资获得最大的社会效益，以长期满足社会和人类的基本需要，保证资源和收益的公平分配。旅游业可持续发展在社会方面要达到的主要目标之一就是要满足需要，既要满足旅游者的旅游需要，也要满足接待地区人民生活的需要。旅游可持续发展的社会目标还包括实现公平。既包括同代人的公平发展和公平分配，也包括不同代际间的公平发展与公平分配。

3.经济的可持续性。经济的可持续性是指用最小的资源成本和投资获得最大的经济效益，同时保证经济效益的稳定增长，防止急功近利的短期行为。旅游可持续发展的经济目标关注旅游业的长远利益，其中也包含了对环境成本的考虑。旅游资源的开发利用必须服从当地经济发展的总体规划，并保证旅游开发商、旅游经营者可获得利润。与此同时，要充分考虑环境成本的效率，把环境污染费用和自然资源的耗费计算在生产成本之内，以关注旅游业的长远发展。

旅游可持续发展三方面的目标，相互之间是存在对立统一关系的。生态环境可持续性是旅游可持续发展的核心内涵，是经济、社会可持续性的基础；经济的可持续性则是旅游可持续发展的基础，是生态可持续性的经济目的和动力；而生态的可持续性和经济的可持续性则是社会可持续发展的条件。

三、我国的旅游业可持续发展战略

(一)我国的可持续发展理论

可持续发展思想提出后，在我国也引起了很大的反响。我国政府领导人曾在不同场合表达了中国对全球可持续发展问题的关注，并积极参与了国际社会对可持续发展问题的讨论，阐述了中国对可持续发展的理解。联合国环境规划署《关于可持续发展的声明》发表后，我国政府随即在《中国可持续发展国家报告》中表明，同意联合国环境规划署在《关于可持续发展的声明》中所持的基本意见。

里约热内卢会议后，为了与全球可持续发展的潮流相呼应，我国政府在会议结束后的一个月内，就组织了52个部门的300余名专家着手编写《中国21世纪议程——中国21世纪人口、环境与发展白皮书》。1994年3月，在国务院常务会议上，《中国21世纪议程》被正式通过。

《中国21世纪议程》从中国的具体国情和人口、环境与发展的总体联系出发，提出了促进经济、社会资源和环境相互协调和持续发展的总体战略、对策和行动方案。议程分总体规划、社会可持续发展、经济可持续发展、资源的合理利用与环境保护四个部分，强调了经济、社会、资源、环境密不可分的关系，并指出在我国这样的发展中国家，“发展”是可持续发展的前提，具有重要的作用和意义。

《中国21世纪议程》反映了我国政府对可持续发展战略的高度重视，表现出中国政府对全球的责任感。议程中的战略思想也成为了我国国民经济发展、社会发展和各部门发展的重要依据。关于西北地区,《中国 21 世纪议程》特别指出:“我国西部、西北部和西南部经济相对不够发达地区,重点是消除贫困,加强‘发展’所必需的诸如能源、交通、通信等基础设施的建设,提高经济对区域开发的支持能力。”

(二)我国旅游业的可持续发展战略

1994 年《中国 21 世纪议程》被正式通过后,可持续发展思想确立了在我国的基本国策地位,并开始向各个行业渗透。我国的旅游行业在发展的过程中,也开始重视对旅游环境与资源的保护,努力做到经济效益、社会效益与生态环境效益的有机统一,以实现我国旅游业的可持续发展。

当前,我国旅游业可持续发展的总体思路是:实行绿色开发,生产绿色产品,推广绿色经营,培育绿色市场体系,建设绿色管理体系。

1. 实行绿色开发。绿色开发主要体现在景点景区的建设方面。首先,要在景区景点的总体规划设计中强化生态保护意识。其次,要在经营管理的过程中始终贯彻可持续发展的原则和精神,在各类景区中都要大力加强绿化和美化,形成良好的生态环境。第三,要提倡景区景点开发的卫生、文明、安全、优雅,开行环保车辆,实行垃圾分类回收,在细节上体现生态保护的原则,达到可持续发展的要求。

2. 生产绿色产品。绿色产品在市场上的主要表现形式就是建设完整的可持续旅游产品体系,要积极主动地深化认识和开展工作,通过多种措施形成分层次的产品体系。从经营的角度看,主要体现在旅行社的产品创新上,如森林旅游、滑雪旅游、海洋旅游、观鸟旅游等。还可以进一步生产符合生态原则的人工产品,如野生动物园、海洋公园、生态博物馆等。在此基础上,还可以开发沙漠旅游、探险旅游等旅游产品,形成绿色旅游产品体系。

3. 推广绿色经营。绿色经营主要体现在饭店的经营中。目前,创建绿色饭店、推广绿色消费已经在国内开展了起来,并产生了实际的效果。旅游饭店通过节约洗涤费用、减少能源消耗、降低设备损耗等手段,节约了运营成本,提升了饭店形象,而饭店的总体服务质量却并没有降低。实践表明,“绿色饭店”的经营模式,具有巨大的经济效益和社会效益。

4. 培育绿色市场体系。旅游业绿色市场体系的建立,需要旅游管理部门、旅游企业、旅游者等多方面相互配合才能实现。

5. 建设绿色管理体系。建设绿色管理体系要健全和完善我国的旅游业管理制度和管理法规,制定符合可持续发展旅游要求的各项产品标准、管理标准和服务标准,使旅游业的可持续发展有具体的指标和依据,真正地具有可操作性,从而保证可持续旅游发展的实际效果。

思考与练习

1. 为什么旅游业能成为我国国民经济的支柱产业？

2. 旅游业对国民经济的作用表现在哪些方面？

3. 如何认识旅游的社会文化属性？

4. 旅游对社会文化的影响有哪些？

5. 生态环境的旅游价值体现在哪些方面？

6. 可持续发展旅游的目标是什么？它包含哪些内容？

7. 试述我国旅游业可持续发展的目标和内容。

第七章　旅游产业政策与旅游组织

本章提要

本章首先介绍产业政策以及旅游产业政策的产生、发展、主要内容及其相关理论，并重点介绍我国旅游业的产业政策体系。本章的第二部分，主要内容是旅游组织的分类和职能，并对我国的旅游组织以及部分世界旅游组织进行概况性的介绍。

第一节　产业政策的基本概念

一般说来，产业政策是指国家根据国民经济发展的内在要求，调整和优化产业结构，提高产业素质，从而提高供给总量的增长速度，并使供给结构能够有效地适应需求结构要求的政策措施及手段的总称。正确地制定和运用产业政策，对于保证社会总供给与社会总需求的平衡，提高宏观经济效益，具有重要的意义。

一、产业政策的由来

现代意义上的产业政策出现在第二次世界大战以后。二战后，随着各国经济的恢复和发展，人们逐渐发现，国民经济的发展随时存在着一些不协调发展的可能性:那些获得了发展的产业,需要保持发展势头;而有些产业停滞不前,需要予以刺激;另外还有一些产业面临倒退,需要给予扶持和振兴等。上述产业结构状态与趋势的不协调性,严重阻碍了社会经济的发展。此时,完全任由市场主体来进行国家经济结构的调整是不可能的,只能依靠国家政府采用政策手段,来干预国民经济,以达到国民经济协调发展的目的。

为此,各国在不断强化国家宏观经济管理职能的同时,不约而同地把政策对象指向产业结构以及产业内部组织结构上,期望通过有意识的、自觉的政策引导,解决深层次的结构性问题,从而实现经济的快速协调发展。

我国比较明确和自觉地实行产业政策是在20世纪80年代后半期。在此以前,产业政策的内容主要体现在国民经济发展计划中。1978年农村改革起步以后,整个经济运行机制和国民收入的分配格局发生了重大变化,传统的计划经济体制被打破,计划机制逐步弱化,客观上需要用一种新的宏观经济管理方式和手段去取代它。这时,日本实施产业政策的经验被介绍到我国,引起理论界和管理部门的重视,不少学者就产业政策问题展开了研究。到十三大召开的前夕,已有不少研究成果问世,其中一些成果被十三大报告所采纳。1989年2月14日国务院颁布了《中国产业政策大纲》,这是我国政府文件中首次使用"产业政策"一词。1989年3月15日,国务院又做出了《关于当前产业政策要点的决定》,这是我国第一个正式的产业政策。20世纪90年代以后,我国的产业政策工作逐渐步入正轨。国家先后制定并颁布了一系列的产业政策、规划,如《90年代国家产业政策纲要》、《90年代中国农业发展纲要》以及汽车、电子等专项产业政策。

二、产业政策的概念和内容

(一)产业政策的概念

产业政策是国家干预或参与经济的一种形式,它是国家(政府)系统设计有关产业发展,特别是产业结构演变的政策目标和政策措施的总和。这里的"干预"应该是一个广义上的概念,包括规划、引导、促进、调整、保护、扶持、限制等多方面的含义。

从上述产业政策的概念中可以看出,产业政策有着多方面的涵义:

1.产业政策的对象是产业结构或产业组织。这是产业政策与其他经济政策的主要区别,也是产业政策能够比其他经济政策更加深入社会经济运行的内部结构,直接干预产业间和产业内部资源配置的原因。

2.产业政策的核心是经济结构转换的问题。经济结构转换是国民经济中的核心问题,只有产业结构转换,才能达到国民经济的提升。产业政策就是要通过对产业结构自觉地设计和调整,实现经济结构的转换,特别是要实现产业结构的高级化,以达到社会经济快速、高效、协调发展的目的。

3.产业政策的实质是国家经济的计划化。产业政策希望通过国家政府介入资源分配,来弥补市场机制的不足,实施某种程度的计划化。但这种计划化的措施与社会主义国家推行的计划管理有本质的差别,它不排斥市场机制,而是以市场机制为基础发挥作用。

4.产业政策具有长期性。产业政策的目标是产业发展的合理化,即产业结构合理化和高级化,以及产业内部组织结构的优化。因而,产业政策的效果往往是中长期的,它对短期经济活动的影响比较有限。

5.产业政策具有高度的关联性。产业政策不是一项或几项经济政策,而是一组具有相互关联的经济政策的总和。它涉及财政、货币、国际贸易、收入分配以及垄断等各个领域,需要综合运用法律、经济、行政等各种手段才能得以实现。

(二)产业政策的内容

产业政策覆盖面宽,涉及范围大,因而内容也相当广泛。一般认为,产业政策主要由产业结构政策、产业组织政策、产业技术政策和产业布局政策等几部分组成。

三、产业政策的作用

产业政策是国家干预经济、引导经济结构优化和高级化的政策,它对于推动结构转换、保护国家工业、弥补市场机制不足、促进经济快速协调发展等方面都有积极的作用。

1.产业政策能够促进国家经济结构的完善与国民经济的良性循环。

首先,产业政策以政策的形式促进或限制某些产业发展,通过调整产业结构和产业组织形式来影响生产,有利于国家产业结构的调整。其中,产业结构高级化政策可以促进国家产业结构向高级的转化,对于推动国民经济在新的产业结构基础上不断发展具有积极的作用。

其次,产业政策通过优化资源配置,促进了生产要素的合理流动,对产品结构的升级换代也十分有利。

第三,在产业政策的影响下,通过建立合理的竞争秩序和最佳的企业规模,促使企业走专业化、联合化的道路,从而达到增加社会有效供给,改善供给结构的目的,为社会供求的总量平衡和结构平衡创造了有利的条件。

2.产业政策能够促进市场机制和计划机制的有机结合。建立在社会主义市场经济基础上的产业政策,是政府实行间接调控的重要手段,既与国家计划相联系,体现计划的宏观性,又能发挥市场机制的作用,保证企业的灵活性,因而是连接计划与市场两种机制的纽带。

与此同时，产业政策着眼于国民经济总体的发展，直接影响宏观经济运行，但它的作用渗透到了社会再生产过程，干预了产业内部企业的资源分配，又影响微观经济活动。因而，它有利于宏观经济管理与微观经济活动的有机统一，从而有利于宏观调控目标的实现。

3.产业政策是促进技术进步、提高宏观经济效益重要手段。产业政策侧重于调整产业结构，而产业结构变动与技术进步有密切的联系，因此，合理的产业结构及其演进能够推动技术的不断更新和发展。通过产业政策鼓励发展高新技术产业和改造传统产业，支持采用先进技术和淘汰落后技术，必然会加快技术进步，提高科技进步在经济增长中所占比重，促进整个经济由粗放经营向集约经营转变，这将有利于提高宏观经济效益。

4.产业政策有利于促进市场经济的不断发展和进一步完善。产业政策是促进市场经济发展的政策，它在弥补市场缺陷的同时，也依靠市场机制的有效运行来补充和改善自己。

5.产业政策能够促进经济布局的合理化，减少地区经济差异。

首先，通过产业布局政策，全面把握国家产业发展的空间形式，形成合理的分工协作体系，促进国民经济布局的合理化。

第二，根据不同地区的资源、技术等条件，选择合理的优势产业，并通过政策手段确立优势产业的优先发展地位，促进不同地区经济发展水平的提高。

第三，对落后地区实行政策倾斜，在财政、税收、国家投资等方面予以扶持，加快落后地区的发展，缩小不同地区间的经济差异。

第二节　旅游产业政策

一、旅游产业政策的特征和作用

旅游产业政策是国家发展旅游业的一整套政策体系，是国家对旅游经济进行指导和调控的主要手段。旅游产业政策的形成与旅游经济的发展程度密切相关，因而在旅游业发展程度不同的国家有不同的表现形式。

(一)旅游产业政策的特征

不同国家的旅游业发展水平不同，旅游产业政策的内涵和表现形式也有所不同。但是，就其本质而言，旅游产业政策一般具备以下几方面的特征：

1.诱导性和间接性。旅游产业政策的诱导性是指产业政策制定的出发点是促进社会生产力的提高和旅游产业素质的全面提升，已经形成的政策在引导旅游经济向最佳经济效益和最佳社会经济效益的方向发展上具有一定的意义和作用。旅游产业政策与其他产业政策一样，是一种规范性的政策。它以自身一定的规范性引导经济结构，包括旅游产业中的行业结构、地区结构、产品结构、组织结构和所有制结构，起到使企业行为趋向于合理化的作用。旅游产业政策与市场机制作用的方式不同，具有很强的间接性，即一般不具有指令性，不是通过直接干涉企业的经营活动来贯彻国家的意图，而是借助企业活力的激发，间接引导旅游企业来实现国家的旅游业发展既定目标。

2.系统性。旅游业的综合性特征决定了旅游产业政策的设计与实践牵涉到许多相关的领域和群体，因此，旅游产业政策必须与其他产业政策相融合、相协调，必须正确处理好产业之间的各种关系。在政策内部层次上，旅游产业政策是由若干个不同的行业政策和部门政策所组成的。各政策之间要形成一个高效的运作系统，相互协调，相互配合。此外，产业政策还必须与财政政策、金融政策、收入政策等其他的国家经济政策协调一致。

3.序列性和动态性。产业政策要确定一国的生产要素和资源在各产业之间的分配，不同的分配是由各产业在该国经济发展中的不同的地位决定的。不同的产业在同一时期的发展速度是不同的，这二者之间决定了各产业在同一时期的发展中呈现的序列。旅游产业在不同国家经济体系中所处的地位和所起的作用不同，所以旅游产业政策在该国经济体系中的构成也不一样。

在不同的发展阶段，由于收入水平随着经济增长呈现出从低到高的变化，需求结构、生产结构和就业结构也都有相应的变化。从旅游产业政策本身来说，其具体的内容和形式都会随着收入水平的提高和经济环境的变化而变化。

4.稳定性和连续性。旅游产业政策的影响和作用主要体现在中长时期内对旅游产业的促进和影响，因此，必须保持一定时期内的稳定性和连续性。旅游产业政策的制定要经过科学的预测和决策，保持一定的预见性。

5.国际性。旅游业的发展具有明显的国际性特征，旅游产业政策不可避免地也要显示出这一特征。旅游业在参与国际交流与合作的过程中，必须顺应世界经济的发展规律，遵守国际市场规则，才能保证在国际竞争中取得成果。因此，旅游产业政策要符合国际旅游产业变化的新动向，要符合现代市场经济的本质要求。在开放型经济的今天，旅游产业政策的国际性具有更加重要的意义。

（二）旅游产业政策的作用

制定旅游产业政策是为了最大限度地发挥旅游业的各项功能，协调旅游产业与其他产业的协作关系，取得旅游业发展的良好社会效益和经济效益。因此，旅游产业政策具有协调各种行业关系、促进市场机制和市场结构的完善和优化、提高旅游业的劳动生产率、提升旅游产业的竞争能力等作用。

1. 规划国家旅游经济的发展，规范旅游企业的生产经营。旅游产业政策可以协调旅游产业与国民经济其他产业之间的关系，从整体利益上对国民经济的发展进行规划，明确旅游产业的地位，提供旅游产业发展所需的外部环境。旅游产业政策还可以通过行业政策的制定，对旅游生产企业和销售企业的经营行为进行规范，保证旅游业持续和健康地发展。

2. 推动社会资源的优化配置，促进资源优势的充分发挥。有效的旅游产业政策可以通过调整需求总量和结构来改善资源在旅游业各部门之间的分配，促进社会资源的有效配置，从而保证资源优势的充分发挥，维护旅游市场供求的总体平衡。

3. 促进市场结构和市场机制的完善，引导旅游业的发展方向。在市场经济条件下，产业政策一般不能对市场主体的资源配置行为发生直接影响，而是通过市场机制，对市场主体的行为进行调节。因此，产业政策可以促进旅游市场结构和机制的完善，指导旅游企业的行为，引导旅游业的发展方向。

4. 通过鼓励和优惠政策，推动旅游产业的大发展。旅游产业政策可以通过一系列的政策手段，指导旅游业的经营，提高旅游业的效益，推动旅游产业的大发展。

首先，旅游产业政策可以在金融、税收等方面对旅游产业提供优惠，可以促进旅游业的融资，推动旅游业的迅速成长。

其次，在资源开发和市场经营方面，可以通过产业政策的手段，促进历史文化、自然生态等资源的保护，鼓励符合行业规范和市场规律的经营行为，提升旅游业发展的质量内涵。

第三，旅游产业政策还可以通过扶持中小旅游企业联合科研单位和设计部门，进行新产品的研究与开发，加速产业间的技术转移，促进产业技术水平的提高，以适应国际旅游市场新技术的发展趋势。

二、旅游产业政策的制定

旅游产业的发展离不开产业政策的指导，也离不开旅游产业政策所创造的良好外部环境。因此，制订旅游产业政策对旅游业的发展具有重要的意义。

(一)制定旅游产业政策的必要性

1. 制定旅游产业政策，有利于旅游业产业地位的确定。旅游业的产业地位是指旅游业在国民经济体系中的重要程度，确定旅游业的产业地位将对旅游业的长远发展产生直接的影响。只有在产业地位明确的情况下，旅游业才会受到相应的重视，才能找到正确的发展方向。制定旅游产业政策，有利于旅游业产业地位的确定，对旅游业的发展具有决定性的意义。

2. 制定旅游产业政策，有利于创造旅游业发展的良好环境。旅游业是一种综合性行业，涉及行业众多，参与部门广泛，需要协调各种关系，协调各部门的功能，单靠旅游部门的力量显然难以胜任。旅游产业政策是一种国家层次的经济发展政策，从宏观的角度对旅游业的发展进行政策性的引导，并调控旅游产业与金融、财政、文化、交通等产业部门的关系，有利于创造旅游业发展的良好外部环境。

3. 制定旅游产业政策，有利于充分发挥旅游业的功能和效益。制定旅游产业政策，可以通过政策引导来间接调控旅游业的发展方向和发展节奏，有利于旅游产业避害趋利，充分发挥对经济社会的良性营销，最大限度地获得旅游业的经济效益、社会效益和环境效益。

4. 制定旅游产业政策，有利于旅游业内部机制的建立与完善。制订旅游产业政策，还可以帮助调整旅游产业的内部结构，协调产业内部各行业和各部门的关系，划分部门职能，促进部门协作，建立旅游产业内部的良性循环机制，充分发挥旅游业的潜力，达到旅游业推动国家经济社会发展的目的。

（二）制定旅游产业政策的原则

制定旅游产业政策是国家加强宏观调控、有效调整经济结构和优化产业结构的重要手段，对旅游业持续、稳定、健康的发展具有直接的影响。因此，旅游产业政策要有明确的针对性、相对的稳定性和适度的前瞻性。

1. 旅游产业政策要符合旅游业发展的客观规律。不同产业有不同的发展规律，旅游产业政策也要针对旅游业的发展规律来制定。在产业政策制定的过程中，要研究旅游市场，并参考其他国家旅游业发展中的历史经验，制定切实有效的措施，避免影响旅游业发展的各种不利因素。

2. 旅游产业政策要符合国家的产业发展状况。由于经济基础、自然条件的差异，各国旅游业发展的水平有所不同，旅游产业政策的具体内容也势必存在差别。旅游发展程度较高的国家，旅游业的产业地位较高，相应的旅游产业政策也就表现出旅游发展的核心倾向。而旅游业发展不成熟、旅游产业地位较低的国家，旅游产业政策体系也必定是不成熟的。因此，旅游产业政策的制定，必须以国民经济的总体水平为基础，以旅游业的发展程度为依据，因地制宜，实事求是，确保政府职能与市场机制的协调关系。

3. 旅游产业政策要有一定的前瞻性。旅游市场的变化是客观存在的，而且是不以人的意志为转移的。当前，世界经济的发展速度越来越快，有可能引起国际旅游市场变化的因素也大为增加，在此背景下，为了保证旅游产业政策的科学性和先进性，旅游产业政策就必须要有一定的前瞻性。

制定旅游产业政策时要重视对旅游市场的研究，从实际需要和现实可能出发，对旅游市场的发展动向进行预测，突出重点，适度超前，保证旅游产业政策对旅游业实践的指导意义。

4.旅游产业政策要有必要的保障措施。旅游产业政策的贯彻执行，必须要有一定的经济手段、法律手段和行政手段来加以保障。旅游业是一种依托性比较强的行业，旅游产业政策的规定，必须具备比较强的约束力。除了原则性的规定外，旅游产业政策中还应当包含一定的硬性规定，如旅游业的投入产出要列入国民经济的规划、旅游业的法制建设等。只有将发展方向与保障措施结合在一起，才能使产业政策真正发挥导向和指南的作用。

三、旅游产业政策的主要内容

旅游产业政策是一整套综合性的政策体系，必须与国家的总体产业政策相融合，还要符合旅游业自身发展的客观规律。总体上，旅游产业政策应当包括以下主要内容：

1.旅游产业结构政策。旅游产业结构政策首先包括旅游业在整个国民经济中的定位，以及旅游业与其他行业的协调发展关系，是旅游经济在整个国家宏观经济中的规划。其次，旅游产业结构政策还应包括旅游中各行业结构的合理化组合，即“食、住、行、游、购、娱”这六大要素的合理配置。第三，旅游产业结构政策还应当包括国内旅游业与国际旅游业的关系以及政策的协调。

2.旅游产业地区政策。一个国家内部的经济发展状况在不同地区是存在差异的，这导致了旅游供给结构中地区的差异性。因此，旅游产业政策要具有相对的特殊性，以引导不同地区结合各自的特点来发展旅游业，形成合理的旅游产业布局。

3.旅游产业组织政策。旅游产业组织政策是对旅游企业实际运行的深层次的制约，涉及旅游企业与政府的外部组织结构及旅游企业的内部经济规模等问题，如旅游企业的集团化问题。

4.旅游市场开发政策。旅游业的外向性决定了旅游业的发展不仅要面向国内，还要面向国外，参与国际旅游市场的竞争。旅游产业政策中必须要有相关的旅游市场开发政策，对旅游企业的市场经营、宣传推销等工作加以规范和引导，促进旅游业经济效益的实现。

5.旅游产品政策。旅游产品是供给旅游者的一切消费内容的组合，具有非物质性和综合性。旅游产品的开发具有高度的复杂性，对旅游业的经营有决定性作用。旅游产品开发政策主要是在产品的类型、产品的技术含量等方面给旅游企业予以指导，以促进旅游产品吸引力的提高，增加旅游产品的附加值。

6.旅游技术政策。旅游行业是高新技术应用和推广的前沿区域，网络电子商务、卫星通讯、新型交通工具、高新材料等都可在旅游业得到推广和应用。高新技术的运用也是提高旅游业产业素质的重要条件。旅游产业政策中，以政策法规的形式支持产业技术手段的创新，促进应用技术的开发，加速科技成果的推广，是促进旅游产业提升的重要保障。

7.实施保障政策。旅游业能否健康发展还有赖于其实施过程中能否有相应的体制和保障政策与之配套。实施保障政策是综合的、成体系的，与旅游产业政策中其他方面的政策必须保持协调一致。

8.产业配套政策。旅游业是综合性的产业，其持续、快速、稳定地发展，离不开各部门工作的协调，离不开各个环节的支持和配套。因此，旅游产业政策要有相关的产业配套政策内容，如基础设施、社会治安、环境卫生、市场秩序等，以保证旅游业发展的综合环境质量。

第三节　中国的旅游产业政策

中国自20世纪80年代引入产业政策的概念以来，已经初步形成了一些产业政策思想，并在工业、农业的部分行业出台了比较系统的行业产业政策。改革开放后，我国的旅游业发展取得了很大的进展，但目前尚未形成系统的旅游产业政策，与我国旅游业的所取得的巨大发展成就形成了鲜明的对比。因此，研究我国旅游市场的发展规律，总结我国旅游业的发展经验，尽快出台完善的旅游产业政策，是当前我国旅游业建设中迫切需要解决的问题。

一、我国旅游产业政策的发展背景

改革开放初期，随着我国旅游业崭新发展局面的出现，已经开始有人提出了旅游产业政策的问题。但是，在当时的历史条件下，旅游业刚刚经历了从“政府招待”向“企业经营”的转化，市场发展还很不成熟，旅游业独立的产业地位也并未明确，因此各有关部门还没有形成对旅游产业以及旅游产业政策的明确概念。但是，作为一个富有活力的新兴产业，我国政府和有关部门对旅游业的发展还是给予了高度的重视，先后出台了一系列有利于旅游业发展的政策和方针，初步形成了旅游业发展的政策环境。

目前，从宏观产业发展讲，一套基于市场经济的旅游产业政策还没有真正成型。现有的旅游政策中，有关旅游产业的边界、投入与产出、产业结构、产业发展趋势、法律关系、政府管理构架、产业政策等等问题，概念与界限总体上比较模糊，相互之间还缺乏有机的协调，与旅游产业的市场化发展步调还不够一致。

二、我国的旅游产业政策

目前，我国旅游产业政策还未正式出台，但已经交由国家有关部门进行审定。我们可以从目前已经形成了的旅游政策体系中，对我国的旅游产业政策有一个大致的了解。

（一）总则

总则制定了我国旅游产业政策的目标、方向和总体方针。

1. 旅游产业政策的目标

旅游业是国民经济新的增长点，下一步的目标就是要争取进入到新兴支柱产业的行列。围绕这一目标，要形成一个指标体系。

2. 旅游产业政策的原则

第一，要实行可持续发展的战略，协调好经济效益与社会效益、眼前利益与长远利益、局部利益与全局利益的关系。第二，大力发展入境旅游，积极发展国内旅游，适度发展出境旅游。第三，坚持政府主导与市场机制相结合。第四，坚持依法治旅，健全和加强旅游的法制体系，提高旅游业的法制化程度。第五，坚持对外开放，与国际旅游市场接轨。第六，坚持科教兴旅，实施知识创新和人才创新。第七，坚持物质文明与精神文明一起抓，全面推进社会进步。

（二）旅游产品政策

1. 在旅游产品的发展方向上，要坚持以国际市场为导向、以国内市场为基础，充分挖掘特点和优势，突出地方特色和民族特色。

2. 在旅游产品的结构方面，目前，我国的旅游产品是以观光旅游为主体的，这也是我国的优势所在。未来发展中，应在继续保持优势的基础上，进一步发展度假旅游、特种旅游、各种城市边缘的休闲旅游等产品，突出旅游产品的大众化，使我国的旅游产品结构更加完善。

3. 实施精品战略，在原有资源基础上，充分发掘资源的文化内涵和深层价值，促使旅游产品上水平、出精品。

4. 建立旅游产品认证体系，在现有旅游饭店的星级标准、旅游区（点）的质量划分标准等基础上，由国家有关部门进一步推出旅行社的资质等级标准，建立并完善旅游产品认证体系，在产品构成的各个方面形成一个标准化的体系，提高旅游产品的质量。

5. 进一步丰富旅游产品的内容，打破旅游区(点)的局限，吸收旅游节庆等新型产品，充分发掘旅游资源的内涵，拓展旅游产品的外延。

(三)旅游区域布局政策

1. 在全国范围内，东部、中部、西部三大区域要各自发挥优势，形成一系列的配套政策，保证旅游业的顺利发展。西部各省区要抓住西部大开发的大好形势，将旅游业作为优势产业优先开发，实现旅游发展的优势效益。

2. 充分发挥城市在区域旅游发展中的突出作用，提升优秀旅游城市，创建旅游强县，形成最佳旅游城市——优秀旅游城市——旅游强县的体系。

3. 区域性旅游发展。区域旅游政策的关键是要有利于形成自己的特色，将概念性产品转化为实体性产品，以特色资源形成特色吸引力。

(四)旅游资源开发与旅游资源保护政策

目前，我国的旅游资源开发和评价体系已经出台，旅游规划设计单位的资质认证也已经有了统一的标准和规定。2000 年 10 月和 11 月，国家旅游局先后颁布了《旅游发展规划管理办法》和《旅游规划设计单位资质认定暂行办法》，对开发旅游资源、编制和实施旅游发展规划、旅游规划设计单位的管理等方面做出了明确的规定。

《旅游发展规划管理办法》规定，编制旅游开发建设规划应当服从旅游发展规划。旅游资源的开发和旅游项目建设，应当符合旅游发展规划的要求。旅游发展规划应当坚持可持续发展和市场导向的原则，注重对资源和环境的保护，防止污染和其他公害，因地制宜、突出特点、合理利用，提高旅游业发展的社会、经济和环境效益。

《旅游规划设计单位资质认定暂行办法》规范了旅游规划设计活动，指出凡从事旅游规划设计活动的单位，应当具有法人资格，可以从事编制旅游规划的业务，也可以开展与旅游规划设计相关的咨询服务。《旅游规划设计单位资质认定暂行办法》还对规划设计单位的资质认定和管理做出了详细的规定。

为了更好地贯彻国家旅游局制定的相关政策，便于有关单位执行，2003 年 2 月，由国家质量监督检验检疫总局发布了《旅游规划通则》和《旅游资源分类、调查与评价》两个国家标准，并于 2003 年的 5 月 1 日开始施行。

这些政策与措施，加强了对旅游规划的管理，提高了我国旅游规划水平，对于促进我国旅游产业的发展起到了积极作用。

(五)旅游市场促销政策

目前，我国在旅游市场促销方面问题比较多，主要有促销投入不足、宣传手段和方法落后等。相应地，世界旅游市场的划分越来越细，旅游产品如果不能和市场有效地衔接起来，就不能达到良好的销售状态。而没有销售就无法保证旅游业经济效益的实现，因此，必须要重视旅游促销环节，搞好旅游产品的销售。

在旅游促销政策方面，首先是形象宣传。通过加大投入，树立中国旅游产品的国际形象；其次，要完善旅游促销机制，建立多渠道、多层次的产品促销体系；第三，要更新观念，增强宣传促销的意识；第四，参照国际经验，建立国际化的促销运作模式。

（六）旅游消费政策

消费政策是旅游产业政策中的一个创新，我国目前制定的三个产业政策中，还没有消费政策的先例。在市场经济发展的过程中，必须树立以市场为导向的观念，政府的管理政策也应当做出相应的调整，重视消费政策。在这方面，旅游消费政策开了个好头。旅游消费政策的主要内容有：

1.鼓励全民参加旅游活动，有条件的地区要制订和实施国民旅游计划。目前，已经有广东、江苏等省区提出了国民旅游计划，并取得了良好的成效。

2.积极实施带薪假期制度，将带薪休假制度更好地落实。

3.鼓励各类企事业单位实行奖励旅游的方式。有条件的地区应制订鼓励开展奖励旅游的政策。

4.完善旅游黄金周制度。完善黄金周制度就是要避免短期冲击，在黄金周期间努力提高旅游的质量。目前，我国提出了黄金周安全、秩序、质量、效益四统一的原则，即黄金周内要以安全为第一位，秩序放在第二位，质量放在第三位，最后才是企业的效益。这个顺序充分说明了我国旅游消费政策重心的变化。

5.积极开发旅游项目。开发旅游项目的重点就是质量性要求，包括完善配套服务、完善景区预报制度、建立旅游紧急救援体系、健全旅游质量监督管理体系等。

6.简化入境手续，扩大海外需求。这要求公安、边防、海关等部门联动，共同达成旅游者入境手续的简化，并逐步将落地签证的城市范围扩大。

（七）旅游投资政策

我国的旅游投资政策主要有六方面的内容：

1.各级政府要按基础性投入和导向性投入分别进行旅游开发。近年国家从所发行的长期国债中拿出了一部分用于旅游开发和建设，在为拉动旅游投资、为旅游业发展创造条件方面发挥了积极的作用。

2.国家进一步完善了旅游发展资金的使用和管理，加大了开发国际旅游市场的力度。经国务院批准，财政部和国家旅游局从1993年开始设立旅游发展资金项目，用于旅游宣传促销，加快旅游发展。国内有些地方也设立了旅游发展资金，也有些省市采取了其他的方式，保证旅游发展的投入需要。

3.国家安排旅游资源开发和生态保护专项基金，重点扶持西部地区旅游开发中的环境保护工作。

4.对旅游业的基础设施和基础装备的重大技术改造项目,国家实行贷款贴息的政策。

5.对不发达地区,国家扶贫资金,包括以工代赈资金,可考虑优先用于旅游开发项目。

6.对旅游企业的政策调整。

首先,统一旅游企业与其他企业的水、电、气价格,消除对旅游企业的不平等待遇。

其次,支持旅游企业采取股票上市的方式融资,同时积极探索建立境内外的旅游产业基金,从资本运营的层面上来支持旅游产业的发展。

第三,支持旅游集团的网络化发展,培育强大的旅游集团。

(八)旅游创汇政策

对国际旅行社,根据奖励金额与创汇业绩挂钩的原则,按每年实际结汇额进行奖励。

在旅游商品方面,扩大对海外旅游者销售的旅游商品范围,进一步发展旅游城市免税商店业务。

在旅游购物方面,参照国际惯例,按照一定的数额标准,对海外旅游者在华购物实行退还增值税的制度。

(九)旅游税收政策

旅游税收政策的主要内容有两方面:

1.开征新税种

目前主要是征收中国公民自费出国旅游特别消费税,将这一部分税收收入用于旅游市场开发和市场促销,形成这方面主要的资金来源渠道。

2.减免税政策

其一,对旅游车船公司更新车辆实行赋税减免,对进口的大型旅游客车适当地减免关税。

其二,旅游企业当年安置就业人数超过企业总人数的60%,应免征所得税3年。企业免税期满后,当年新安置社会就业人数占企业员工人数的30%以上的,减半征收所得税两年。

其三,新投资开发建设旅游景点、兴办旅游项目或旅游企业,应参照执行有关新办企业减免所得税等政策。创汇旅游企业以及利用贷款更新设施、改造设备的,可适当返还企业所得税。

第四节　旅游组织及其职能

为了加强对旅游业的领导和管理，促进旅游业的迅速发展，第二次世界大战以后，世界上几乎所有的国家和地区，都建立了各级各类旅游组织，以规范旅游业的发展、加强行业之间的协作，并保证旅游业与国民经济其他部门的均衡和协调。

一、旅游组织概述

从目前情况看，各级旅游组织数量众多，有不同的种类和不同的组织范围。从世界范围看，有全球性旅游组织和区域性旅游组织；从旅游组织的性质看，有旅游行政组织和旅游行业组织；从一个国家的范围看，又可分为国家旅游组织和地区旅游组织等。目前，为了便于国家对旅游业的干预和有效地组织实施国家旅游政策，几乎所有的国家都设立了全国性的旅游管理组织，这就是国家旅游组织(NTO 或 NTA)。

(一)国家旅游组织

按照世界旅游组织的解释，国家旅游组织是指为国家政府所承认、负责管理全国旅游事务的组织。

根据上述定义，国家旅游组织不一定是该国的政府部门。实际上，世界各国国家旅游组织设立的形式也是有所区别的。目前看来，国家旅游组织的设立形式主要有三类：

1. 由国家政府直接设立，并在编制上作为国家政府的一个部门或机构。

以这种形式设立国家旅游组织的国家较多，但各国的具体情况又有所区别。总体上，又可以分为四种：

(1)设立完整而独立的旅游部，或是一个相当于旅游部的旅游局。这种形式在那些旅游业比较发达、旅游业经济在国民经济中占比重比较大的国家较为常见。如菲律宾、泰国、墨西哥、埃及等国，都是设立独立的旅游部来管理国家旅游事务。

(2)设立混合职能部，即与其他部门联合设立一个部。如法国为工业、邮电与旅游部；意大利为旅游与娱乐部；澳大利亚为体育、娱乐、旅游部；西班牙为交通、通讯与旅游部等。

(3)没有部级旅游单位，而是将旅游主管部门设为某一部的下辖机构。如美国的旅游管理局设在商业部下，韩国的旅游局设在交通部下，而日本是在运输省下设观光局，加拿大在工商贸易部下设旅游管理局等。

(4)设立直属中央权力机构的旅游局，其地位低于部，但高于部属局。我国国家旅游局的设置是这种形式的典型代表。1981年10月17日，国务院办公厅发布《关于国务院侨务办公室和中国旅行游览事业管理总局由国务院直接领导的通知》，明确旅游总局(1982年更名为国家旅游局)不再由外交部代管，改为国务院直接领导。

2.经国家政府承认，代表国家政府执行全国性旅游行政事务的半官方组织。

这种组织形式常见于欧洲国家。在这些国家中，虽然在政府中有旅游管理机构，但该部门并不承担具体的旅游管理事务，而是在政府部门之外另设一个组织来执行全国性的旅游行政管理工作。这一组织在编制上并不属于政府机构，其工作人员也不属于政府雇员，但该组织的主要负责人需由国家主管旅游的机构来任命，并且该组织的部分经费由政府划拨。英国、爱尔兰、挪威、瑞典、丹麦和芬兰等国的国家级旅游组织都是这种形式。

3.经国家政府承认，代表国家政府行使旅游行政管理职能的民间组织。

这种民间组织多为影响较大的全国性旅游组织，在政府的授权下，代政府行使旅游管理职权，而政府通常会向其提供一定的财政拨款。与前一种形式不同，这一民间组织的领导是由该组织的会员选举产生的，而不是由政府指定的。如德国旅游事务由德国政府授权给德国旅游中心管理，而该中心是由汉莎航空公司、德国旅行社联合会等12个会员组成的民间组织。德国政府每年向其提供所需经费的95%，另外5%则由会员承担。与德国类似，新加坡的国家旅游组织也是由民间的旅游组织兼任的。

(二)其他旅游组织

除国家旅游组织之外，为了更好地对旅游行业进行管理和规范，协调各方面关系，还有其他各类旅游组织在发挥着作用。

1.旅游行政组织：是指管理旅游业经营发展、协调旅游相关部门关系的国家管理机构。通常情况下，一个国家的最高旅游行政管理机构往往代表该国的国家旅游组织。但是，在国家最高旅游管理机构外，还存在着其他一些旅游行政组织，这里主要是指各地方的旅游行政管理机构，如各省、市旅游局等。

2.旅游行业组织：是指那些在旅游业发展过程中为了加强行业间的协作与沟通，提高行业声誉，促进行业发展，由旅游企业自愿联合组成的社会旅游组织，如旅游协会、旅馆业联合会等。

旅游行业组织属于非官方机构，以自愿和不盈利为原则，主要开展一些与旅游相关的沟通和协调工作，在旅游业发展中发挥了重要的作用。

二、旅游组织的职能

不同的旅游组织，由于其性质、地位和权限有所差别，所以在旅游业发展中的作用和职能也是有所区别的。

（一）国家旅游组织的职能

国家旅游组织是代表国家政府工作、执行国家旅游政策、实施旅游管理的具有官方性质的旅游组织。其职能主要体现在以下几个方面：

1.制定国家旅游发展总体规划：包括制定旅游业发展的总体目标和方针政策，确定旅游业的产业地位。

2.海外市场推销宣传：通过设立海外办事处、组织本国旅游企业参加国际性的旅游博览会、举办旅游产品展览会等手段，加强本国旅游产品的广告宣传，扩大海外旅游市场，促进旅游产品的销售。

3.确定并参与优先发展旅游地区的开发工作：通过全国旅游资源的普查和规划工作，从中确定优先发展的项目和地区。对重点开发的旅游区，国家旅游组织要给予宏观指导和监督检查，也可以通过国家投资等形式直接参与重点旅游区域的开发和建设。

4.就旅游业的发展问题同政府有关部门进行协调：负责旅游业的宏观调控，制定相关的旅游法规和旅游政策，并协调旅游发展与其他各部门的利益和关系。

5.规定和控制旅游服务的质量标准和基本价格：负责制定旅游业行业技术标准，并行使行政职权，进行旅游服务质量管理和价格管理，监督旅游企业的经营行为，维护旅游消费者的合法权益。

6.旅游发展问题的调查与研究：特别是根据调查研究结果分析和预测未来的市场需求，统计客源、客流、客房出租率等各项数据，分析旅游需求的变化情况，预测旅游市场的动向，帮助旅游企业制定营销策略，指导旅游业的经营活动。

7.旅游业人力资源开发：一是负责编制人力资源的培训大纲和考核标准，制定人力资源的技术规范，组织各种旅游人力资源的资格考试；二是直接或间接开办培训机构和培训院校，为旅游业的发展提供不同层次的实用人才。

（二）其他旅游组织的职能

国家旅游组织在宏观管理的层面上对一国的旅游事业行使行政管理职权，是一种具有宏观性、政策性和战略性的旅游管理机构。除国家旅游组织外，还有其他一些民间性质的旅游组织和各地方旅游行政部门，也在一定的领域和一定的范围内对旅游发展发挥着作用。

1.旅游行政组织的职能。国家旅游组织之外的其他旅游行政组织，其职能主要包括5个方面：

(1)在国家宏观旅游发展规划的指导下，制订本地区的旅游发展目标和方针政策，综合平衡并调控本地区的旅游发展。

(2)落实并具体执行国家的各项旅游政策，规范旅游业经营。

(3)组织宣传本地区旅游产品，开拓旅游市场。

(4)指导并监督旅游企业的经营活动，处理旅游纠纷和矛盾。

(5)对本地区的旅游发展进行调查和研究，为国家主管部门的决策提供建议。

2.旅游行业组织的职能。旅游行业组织不具备官方性质，不能通过行政手段发挥作用。因此，旅游行业组织主要是通过协调沟通的手段为旅游业的发展创造良好条件。

(1)向政府有关部门反映会员单位中带有普遍性的问题和合理要求，向会员单位宣传政府的有关政策、法律、法规并协助执行，发挥中介组织的作用。

(2)开展调查研究，在旅游发展战略、旅游方针政策以及行业发展等方面，向国家旅游组织提供咨询和建议。向会员提供国外行业信息、资料和咨询服务。

(3)协调会员间的关系，发挥行业自律作用，制定行业公约，规范会员的经营行为并协调会员间的竞争矛盾。

(4)组织开展会员间的交流和合作，促进行业经营管理水平的提高。

(5)以民间组织的身份开展国际交流与合作，组织会员联合对外宣传，开拓国际旅游市场。

第五节 国际旅游组织

一、国际旅游组织的现状

1.国际旅游组织的定义

国际旅游组织有狭义和广义之分。狭义的国际旅游组织指其成员来自多个国家并为多国利益工作和服务的全面性旅游组织。广义的国际旅游组织则还包括那些部分地涉及国际旅游事务的国际组织，以及专门涉及旅游事务某些方面的国际性旅游行业组织。

广义的国际旅游组织中，有一些原来并不涉及旅游事务。其最初形成，或是由国家间通讯、交通及贸易的发展与交流，或是出于国际合作的需要。然而，二战后旅游的迅速发展，使这些国际组织将旅游也纳入了工作范围，从而成为广义上的国际旅游组织。

2. 国际旅游组织的基本类型

依据不同的标准可以有不同的划分方法。常用的划分标准有四种。(1)按组织的地位划分，可以分为政府间国际旅游组织和非政府间国际旅游组织。(2)按组织的范围划分，可以分为全球性国际旅游组织和地区性国际旅游组织。(3)按组织的成员划分，可以分为以个人为成员的国际旅游组织、以公司企业为成员的国际旅游组织、以机构团体为成员的国际旅游组织和以国家政府代表为成员的国际旅游组织等。(4)按组织的工作内容划分，可以分为部分涉及旅游事务的国际旅游组织、全面涉及旅游事务的国际旅游组织以及涉及旅游事务某一方面的专业性组织。

3. 国际旅游组织概况

与旅游相关的国际旅游组织目前有很多，其中既有全球性的，也有地区性的。在这些国际旅游组织中，规模最大、也最有影响的是联合国的相关机构。除了维护国际和平与安全外，世界经济的发展也是联合国的重要工作领域。旅游业是当前世界上就业人口最多的产业，对世界经济的发展有着重要的作用和影响，因而，旅游发展也是联合国机构所关注的问题。联合国成立后，主要是由联合国经济及社会理事会(ECOSOC)负责处理与旅游相关的国际事务。1963年，在联合国经济及社会理事会的召集下，在意大利的罗马召开的“联合国国际旅游会议”，是世界旅游业发展的标志性事件。

联合国经济及社会理事会对旅游事务的参与，主要是通过联合国组织的有关机构来进行的。其中，世界旅游组织(WTO)是全面涉及旅游事务的政府间国际组织，具有官方的性质；国际民航组织(ICAO)和政府间海事协商组织(IMCO)则涉及具体的旅游业部门；世界卫生组织(WHO)、联合国教科文组织(UNESCO)、国际劳工组织(ILO)等组织部分地涉及旅游事务；万国邮政联盟(UPU)则是间接与旅游有关的组织。

除联合国经济及社会理事会参与旅游事务外，联合国贸易和发展会议(UNCTAD)还编写出版了《旅游统计准则》，确立了国际旅游业统计的规范和标准，为世界旅游业的发展做出了重要的贡献。

在地区性的政府间国际组织中，全面涉及旅游事务的比较少，大部分都是在处理地区经济事务时与旅游发生间接的联系。这样的国际组织主要有欧洲共同体(EC)、美洲国家组织(OAS)、欧洲投资银行(EIB)、经济合作与发展组织(OECD)等。

除政府组织外，大量的国际旅游组织都是非政府间组织。这些组织不是由国家间签订条约组成的，而是由来自不同国家的个人、企业以及团体机构出于共同的兴趣或利益而成立的国际组织。它们虽然不像政府组织那样拥有特权，但对于旅游业务的参与更为具体和直接，因而，非政府间国际旅游组织在促进世界旅游业发展方面发挥的作用比政府间国际旅游组织要大得多。

影响比较大的非政府间国际旅游组织有：国际旅游科学专家协会(AIEST)、国际旅游联盟(AIT)、旅游研究协会(TTRA)、国际航空运输协会(IATA)、国际铁路联盟(IUR)、国际旅馆协会(IHA)、国际海运联合会(ICS)、国际旅游代理商协会联合会(UFTAA)、欧洲旅游委员会(ETC)、太平洋亚洲旅游协会(PATA)、加勒比旅游协会(CTA)、非洲旅游协会(ATTA)等。

二、同我国有关的国际旅游组织

(一)世界旅游组织(WTO)

世界旅游组织是联合国系统的政府间国际组织，其宗旨是促进和发展旅游事业，使之有利于经济发展、国际间相互了解、和平与繁荣。世界旅游组织的主要职责是收集和分析旅游数据，定期向成员国提供统计资料、研究报告，制定国际性旅游公约、宣言、规则、范本，研究全球旅游政策。目前，世界旅游组织的总部设在西班牙首都马德里。

1. 世界旅游组织的产生和发展：世界旅游组织的前身是“国际官方旅游联盟”，1975 年改为现名。

1925 年 5 月 4 日至 5 月 9 日，在荷兰海牙召开了国际官方旅游协会大会。1934 年，在海牙正式成立了“国际官方旅游宣传组织联盟”。1946 年 10 月 1 日至 4 日，在伦敦召开了首届“国家旅游组织国际大会”。1947 年 10 月，在巴黎举行的第二届国家旅游组织国际大会上，决定正式成立“官方旅游组织国际联盟”，总部设在伦敦。1951 年，官方旅游组织国际联盟的总部迁至瑞士日内瓦，现总部设在西班牙的马德里。1969 年，联合国大会批准将“官方旅游组织国际联盟”改为政府间组织。

2. 世界旅游组织的组织机构：包括全体大会、执行委员会、秘书处及地区委员会。其中，全体大会为最高权力机构，每两年召开一次，审议组织的重大问题；执行委员会是大会休会期间世界旅游组织的主要执行机构，每年至少召开两次。执委会下设 5 个委员会：计划和协调技术委员会、预算和财政委员会、环境保护委员会、简化手续委员会、旅游安全委员会；秘书处负责日常工作，秘书长由执委会推荐、大会选举产生；地区委员会系非常设机构，负责协调、组织本地区的专业研讨会、工作项目和地区性活动。地区委员会每年召开一次会议。目前，共有非洲、美洲、东亚和太平洋、南亚、欧洲和中东6个地区委员会。

3.世界旅游组织的会员：分为正式成员（主权国家政府旅游部门）、联系成员（无外交实权的领地）和附属成员（直接从事旅游业或与旅游业有关的组织、企业和机构）。联系会员和附属成员对世界旅游组织事务无决策权。

1975年5月，世界旅游组织承认中华人民共和国是中国唯一合法的代表。1983年10月5日，世界旅游组织第五届全体大会通过决议，接纳中国为正式成员国，成为它的第106个正式会员。1987年9月，在世界旅游组织第七次全体大会上，中国首次当选为该组织执行委员会的委员，并同时当选为统计委员会委员和亚太地区委员会副主席。1991年，中国再次当选为世界旅游组织执委会委员。

4.世界旅游组织的会刊及其他：世界旅游组织出版有《世界旅游组织消息》、《旅游发展报告（政策与趋势）》、《旅游统计年鉴》、《旅游统计手册》和《旅游及旅游动态》等刊物。世界旅游组织确定每年的9月27日为"世界旅游日"。为不断向全世界普及旅游理念，形成良好的旅游发展环境，促进世界旅游业的不断发展，世界旅游组织每年都推出一个世界旅游日的主题口号。

（二）太平洋亚洲旅游协会（PATA）

太平洋亚洲旅游协会1951年1月成立于美国檀香山，现总部设在旧金山，其原名为太平洋地区旅游协会，1986年起改现名，是一个地区性的非政府间国际旅游组织。

太平洋亚洲旅游协会的宗旨是：联合亚洲与太平洋地区所有热心于旅游的团体和组织，鼓励和支持本地区旅游业的发展，保护本地区特有的旅游资源，促进和便利世界其他地区的游客前来太平洋地区各国旅游以及本地区各国居民在本地区内开展国际旅游。

太平洋亚洲旅游协会每年举办1次年会，讨论修订协会的工作和长期计划。大会下设4个常务委员会，即管理工作常务委员会、市场营销常务委员会、开发工作常务委员会和调研工作常务委员会。太平洋亚洲旅游协会的总部设在美国旧金山。此外，它还有两个分部：一个设在菲律宾的马尼拉，负责处理东亚地区的事务；另一个设在澳大利亚的悉尼，负责主管南太平洋地区的事务。

（三）国际航空运输协会（IATA）

国际航空运输协会是世界航空运输企业自愿联合组织的非政府性的国际组织，其宗旨是"为了世界人民的利益，促进安全、正常而经济的航空运输"，"对于直接或间接从事国际航空运输工作的各空运企业提供合作的途径"，"与国际民航组织以及其他国际组织通力合作"。

国际航空运输协会的总部设在加拿大的蒙特利尔，并在蒙特利尔和瑞士的日内瓦设有总办事处。另外在纽约、巴黎、新加坡、曼谷、内罗毕、北京等地，设有分支机构或办事处。在瑞士的日内瓦还设有国际航空运输协会的清算所。

(四)国际民航组织(ICAO)

国际民航组织是协调各国有关民航经济和法律事务，并制定各种民航技术标准和航行规则的国际组织。

国际民航组织的宗旨和目的主要有以下几点：

(1)保证全世界国际民用航空安全地、有秩序地发展。

(2)鼓励为和平用途的航空器的设计和操作艺术。

(3)鼓励国际民用航空合理地使用航路、机场和航行设施。

(4)满足世界人民对安全、正常、有效和经济的航空运输的需要；防止因不合理的竞争而造成经济上的浪费。

(5)保证缔约国的权利充分受到尊重，每一缔约国均有经营国际空运企业的公平的机会。

(6)避免缔约各国之间的差别待遇。

(7)促进国际航行的飞行安全。

(五)世界旅行社协会联合会(UFTAA)

世界旅行社协会联合会是目前世界上最大的国际民间旅游组织之一，成立于1966年。其前身是1919年在巴黎成立的欧洲旅行社和1964年在纽约成立的美洲旅行社。1966年10月，这两个组织合并，并于1966年11月22日在罗马正式成立了世界旅行社协会联合会。最初，世界旅行社联合会的总部设在比利时首都布鲁塞尔，后改设在摩纳哥。

世界旅行社协会联合会的宗旨是：加强各国旅行社行业组织的交流协作，并协助解决会员间的专业纠纷，提供必要的业务和技术上的指导、培训与帮助等。

(六)国际旅馆协会(IHA)

国际旅馆协会是旅馆和饭店业的国际性组织，于1947年在法国巴黎成立。总部设在巴黎。

国际旅馆协会的宗旨是：联络各国旅馆协会，并研究国际旅馆业和国际旅游者交往的有关问题；促进会员间的交流和技术合作；协调旅馆业和有关行业的关系；维护本行业的利益。

(七)妇女旅游组织国际联合会(IFWTO)

妇女旅游组织国际联合会是世界范围的、独立的妇女旅游组织，成立于1968年。当时，美国旧金山旅行者组织的成员伯郎彻·伯格和马瑞恩·苏利文提议，旅游业中的妇女应组织在一起，相互提供支持、鼓励和帮助。在她们的努力下，来自澳大利亚、英国和美国等9个团体的成员于1970年召开了第一次年会。会议的主题是“人比地方更重要”。

妇女旅游组织国际联合会的主要目标是：

(1)帮助提高在旅游业中就职的妇女的地位，增进其效率，并为她们提供与国内及国际同行的个人接触和交换意见的机会。

(2)进一步促进国际间友善和理解。

(3)协助尚无妇女旅游俱乐部的地区建立旅游组织。

(4)通过专业和个体教育计划的实施，使其成员的专业素质不断提高，为旅游业的积极发展做出充分贡献。

(八)国际旅游科学专家协会(AIEST)

国际旅游科学专家协会于 1951 年 5 月 31 日在罗马成立，会址在瑞士伯尔尼。

国际旅游科学专家协会的宗旨是：加强成员间的友好联系，鼓励成员间的学术活动，特别是促进个人接触，交流经验；支持具有学术性质的旅游研究机构以及其他有关旅游研究与教育的组织的活动。

第六节　中国的旅游组织

一、我国的国家旅游组织

我国的国家旅游组织是中国国家旅游局，它是直属于国务院的主管我国旅游行业的行政机构。

(一)国家旅游局的产生和发展

国家旅游局的前身是 1964 年设立的中国旅行游览事业管理局。1964 年 2 月，中央外事工作小组上报中央《关于开展我国旅游事业的请示报告》，强调在新形式下加强旅游事业组织和领导的重要意义，提出了改组和扩大国家旅行社总社为旅游事业管理局的建议。6 月，国务院决定设立中国旅行游览事业管理局，7 月，全国人大做出了批准成立的决议。当年 12 月，中国旅行游览事业管理局正式开始办公。最初，中国旅行游览事业管理局实行的是政企合一的体制，与中国国际旅行社总社是“两块牌子，一套人马”。

1978 年 3 月，党中央和国务院同意将原“中国旅行游览事业管理局”改为“中国旅行游览事业管理总局”，直属国务院。此后，根据我国旅游业管理工作的需要，国务院决定将中国旅行游览事业管理总局作为国家旅游行政机构，统一管理全国的旅游工作，从而确立了旅游总局作为国家旅游组织的地位。

1982年初，中国旅行游览事业管理局与中国国际旅行社总社正式分离，不再承担旅游接待和业务经营的任务。

1982年8月，全国人民代表大会常务委员会做出《关于批准国务院直属机构改革实施方案的决议》，决定将“中国旅行游览事业管理总局”正式更名为“中华人民共和国国家旅游局”，由国务院直接领导，是我国旅游事业的最高管理机构。

（二）国家旅游局的主要职能

作为我国的国家旅游组织，国家旅游局的主要职责有：

1. 研究拟定我国旅游业发展的方针、政策和规则，拟定旅游业管理的行政法规、规章并监督实施。

2. 研究拟定国际旅游市场开发战略，组织我国旅游整体形象的对外宣传和重大促销活动，组织、指导重要旅游产品的开发，指导驻外旅游办事处的市场开发工作。

3. 培育和完善国内旅游市场，研究拟定发展国内旅游的战略措施并指导实施；指导地方旅游工作。

4. 组织旅游资源的普查工作，指导重点旅游区域的规划开发建设，组织、指导旅游统计工作。

5. 拟定各类旅游景区景点、度假区及旅游住宿、旅行社、旅游车船和特种旅游项目的设施标准和服务标准并组织实施；审批经营国际旅游业务的旅行社；组织和指导旅游设施定点工作。

6. 研究拟定出国旅游和赴香港特别行政区及澳门、台湾旅游及边境旅游政策并组织实施；审批外国在我国境内和香港及澳门特别行政区、台湾地区在内地设立的旅游机构；负责旅游涉外及涉香港及澳门特别行政区、台湾事务，代表国家签订国际旅游协定，指导旅游对外交流与合作。

7. 监督、检查旅游市场秩序和服务质量，受理旅游者投诉，维护旅游者合法权益。

8. 指导旅游教育、培训工作，制定旅游从业人员的职业资格制度和等级制度并指导实施，管理局属院校的业务工作。

9. 负责局机关及在京直属单位的党群工作。

10. 承办国务院交办的其他事项。

二、我国的旅游行政组织

我国的旅游行政组织主要由三个层次构成：国家旅游局，各省、直辖市、自治区人民政府下设的旅游局，各市县设立的主管旅游的行政机构。其中，国家旅游局是我国的国家旅游组织。

1.省、自治区和直辖市旅游局。我国各省、自治区、直辖市均设有旅游局或旅游管理委员会。他们分别主管其所在省、自治区和直辖市的旅游行政工作。这些旅游行政机构在组织上属于地方政府部门编制，在业务和工作上接受地方政府的领导和国家旅游局的指导。

省、自治区和直辖市旅游局的主要职能有：编制本省、自治区和直辖市的旅游业发展规划，开发本地区的旅游资源，负责旅游业的管理工作，促进本地区的旅游宣传和旅游产品的销售。

2.省级以下的地方旅游行政机构。在省级以下的地方层次上，很多市、县也设立了旅游行政管理机构，负责其行政区域范围内的旅游业管理工作。在未设专职旅游行政机构的县、市，有关旅游方面的事务则在上级旅游行政部门的指导下，由当地政府中的有关部门来具体承担。

三、我国的旅游行业组织

我国的旅游行业组织指由有关社团和企事业单位在平等自愿的基础上组成的各种行业协会。目前，我国主要的旅游行业组织有：

(一)中国旅游协会(CTA)

中国旅游协会是由中国旅游行业的有关社团组织和企事业单位在平等自愿基础上组成的全国综合性旅游行业协会，具有独立的社团法人资格。它是1986年1月30日经国务院批准正式宣布成立的第一个旅游全行业组织，1999年3月24日经民政部核准重新登记。协会接受国家旅游局的领导以及民政部的业务指导和监督管理。

1.宗旨和任务。中国旅游协会遵照国家的宪法、法律、法规和有关政策，代表和维护全行业的共同利益和会员的合法权益，开展活动，为会员服务，为行业服务，为政府服务，在政府和会员之间发挥桥梁纽带作用，促进我国旅游业的持续、快速、健康发展。

中国旅游协会的主要任务是：

(1)对旅游发展战略、旅游管理体制、国内外旅游市场的发展态势等进行调研，向国家旅游行政主管部门提出意见和建议。

(2)向业务主管部门反映会员的愿望和要求，向会员宣传政府的有关政策、法律、法规并协助贯彻执行。

(3)组织会员订立行规行约并监督遵守，维护旅游市场秩序。

(4)协助业务主管部门建立旅游信息网络，搞好质量管理工作，并接受委托，开展规划咨询、职工培训，组织技术交流，举办展览、抽样调查、安全检查，以及对旅游专业协会进行业务指导。

(5)开展对外交流与合作。

(6)编辑出版有关资料、刊物，传播旅游信息和研究成果。

(7)承办业务主管部门委托的其他工作。

2.组织机构。中国旅游协会的最高权力机构是会员代表大会，每四年召开一次；会员代表大会的执行机构是理事会，由会员代表大会选举产生。理事会每届任期四年，每年召开一次会议；在理事会闭会期间，由常务理事会行使其职权。常务理事会由理事会选举产生，每年召开两次会议。常务理事会设办公室作为办事机构，负责日常具体工作。

中国旅游协会现有理事163名，各省、自治区、直辖市和计划单列市、重点旅游城市的旅游管理部门、全国性旅游专业协会、大型旅游企业集团、旅游景区(点)、旅游院校、旅游科研与新闻出版单位以及与旅游业紧密相关的行业社团都推选了理事。协会的组成具有广泛代表性。

中国旅游协会会员为团体会员。凡在旅游行业内具有一定影响的社会团体和企事业单位，以及与旅游业相关的其他行业组织等，均可申请入会。

中国旅游协会根据工作需要设立了5个分会和专业委员会，分别进行有关的专业活动。即：旅游城市分会、旅游区(点)分会、旅游教育分会、妇女旅游委员会和旅游商品及装备专业委员会。

在中国旅游协会指导下，还有4个相对独立开展工作的专业协会：中国旅行社协会、中国旅游饭店业协会、中国旅游车船协会和中国旅游报刊协会。

中国旅游协会还有5个直属单位：中国旅游出版社、中国旅游报社、时尚杂志社、旅游信息中心和中国旅游管理干部学院。

3.主要活动情况。中国旅游协会成立以来，根据章程规定的任务，积极开展有关旅游体制改革、加强旅游行业管理、提高旅游经济效益和服务质量等方面的调研工作；支持地方建立旅游行业组织，提供咨询服务；与一些国家和地区的旅游行业机构建立友好关系，发展与国际民间旅游组织的联系与合作，同时还先后加入了世界旅行社协会联合会(UFTAA)及其所属亚太地区联盟(UAPA)、美国旅行商协会(ASTA)，扩大了对外影响；编辑出版了不少旅游书刊，以适应国内外旅游者的需要。

(二)中国旅游饭店业协会(CTHA)

中国旅游饭店业协会成立于1986年2月，经中华人民共和国民政部登记注册，具有独立法人资格，其主管单位为中华人民共和国国家旅游局。

中国旅游饭店业协会是由中国境内的饭店和地方饭店协会、饭店管理公司、饭店用品供应厂商等相关单位，按照平等自愿的原则结成的全国性的行业协会。

中国旅游饭店业协会的宗旨是：遵守国家法律法规，遵守社会道德风尚，代表中国旅游饭店业的共同利益，维护会员的合法权益，倡导诚信经营，引导行业自律，规范市场秩序。在主管单位的指导下，为会员服务，为行业服务，在政府与企业之间发挥桥梁和纽带作用，为促进中国旅游饭店业的健康发展做出积极贡献。

（三）中国旅行社协会(CATS)

中国旅行社协会成立于 1997 年 10 月，是由中国境内的旅行社、各地区性旅行社协会或其他同类协会等单位，按照平等自愿的原则结成的全国旅行社行业的专业性协会。它是经中华人民共和国民政部正式登记注册的全国性社团组织，具有独立的社团法人资格。中国旅行社协会接受国家旅游局的领导、民政部的监督管理和中国旅游协会的业务指导。协会会址设在中国北京市。

中国旅行社协会的宗旨是：遵守国家的宪法、法律、法规和有关政策，遵守社会道德风尚，代表和维护旅行社行业的共同利益和会员的合法权益，努力为会员服务，为行业服务，在政府和会员之间发挥桥梁和纽带作用，为中国旅行社行业的健康发展做出积极贡献。

（四）中国旅游车船协会(CTACA)

中国旅游车船协会是由中国境内的旅游汽车、游船企业和旅游客车及配件生产企业、汽车租赁、汽车救援等单位，在平等自愿基础上组成的全国旅游车船行业的专业性协会，是非营利性的社会组织，具有独立的社团法人资格。协会于 1988 年 10 月在桂林成立，当时名为中国旅游汽车联合会。1989 年 12 月，更名为中国旅游车船协会。

中国旅游车船协会的宗旨是：加强对旅游车船行业的理论研究和经验交流，组织旅游车船行业在信息、人才、物资储备等方面的协作，促进我国旅游车船事业的改革与发展，更好地为旅游业服务。

（五）中国旅游报刊协会

中国旅游报刊协会成立于 1993 年 8 月 25 日，是由全国与旅游信息传播相关的报纸、期刊、大众传媒单位及相关单位的报刊，按平等自愿原则组成的全国性专业组织。中国旅游报刊协会是非营利性社会团体，具有独立的社团法人资格。中国旅游报刊协会接受国家旅游局和民政部的管理与监督，接受中国旅游协会的业务指导。

中国旅游报刊协会的宗旨是：遵守中华人民共和国宪法和法律，遵守国家有关旅游和新闻的法规，遵守社会道德风尚。代表和维护会员的共同利益和合法权益，努力为会员服务，为政府服务，为行业服务，在政府部门和会员之间发挥桥梁和纽带作用，团结全国各类传播旅游信息的报刊和大众媒体，为促进旅游业持续、快速、健康发展做出积极贡献。

思考与练习

1. 旅游业为何要进行宏观管理？
2. 如何制定我国旅游产业政策？
3. 什么是国家旅游组织？什么是国际旅游组织？
4. 国家旅游组织的基本职能包括哪些方面？
5. 旅游行业组织的基本职能包括哪些方面？
6. 简述我国国家旅游组织的基本情况。
7. 我国有哪些旅游行业组织？
8. 主要的国际旅游组织有哪些？

第八章　旅游的发展趋势

本章提要

本章首先介绍世界旅游市场的发展变化以及世界旅游发展的总体趋势，进而分析我国旅游业发展的国际、国内环境和发展前景，汇总了对我国旅游业发展的趋势的基本认识，并对我国旅游业的发展战略进行了归纳。

第一节　世界旅游发展趋势

一、世界旅游的发展前景

21世纪初始，世界经济新的总体格局已经初步形成。一方面是世界经济全球化的发展，新的经济和技术进步使得各国之间的联系更加紧密。另一方面是经济区域化的发展，北美自由贸易区、欧洲统一大市场、东亚太平洋经济圈等都在逐步发展。世界经济的大背景对今后世界旅游业的发展将产生决定性的影响。

据美国《幸福》杂志对今后世界消费趋势走向的分析，消费者将集中追求5个目标：时间、质量、健康、环境、家庭。节约时间是为了丰富生活，有更多的时间来享受生活；追求质量意味着提高生活水平；追求健康则是现代人共同的目标，以进一步享受生活;保护环境,回归自然,反映了新时期人们精神上的普遍追求;家庭不仅早已超越了生产单元的概念,也超越了消费单元的概念,而成为人们心目中向往的文化单元。

有专家分析,能同时满足这5个目标的最佳消费领域就是旅游活动。但传统的旅游活动模式和旅游消费方式还不能很好地满足消费者的需求,因此,必须发挥旅游经营者的创造力,不断开辟新的天地。

当代世界经济的总体格局和经营趋向、消费趋向的种种因素变化互相交织,共同作用于世界旅游经济,也将导致世界旅游业在今后产生一系列的变化。旅游业将在变化中发展,并以新的姿态出现在新世纪。

按照世界旅游组织的预计,到2020年,全世界将接待16亿人次的国际旅游者,国际旅游消费将达到20 000亿美元,国际旅游人次数和消费年均增长率分别为4.35%和6.7%,远远高于世界经济年均1.3%的增长率。从市场潜力看,国际旅游人次数只占世界潜在旅游人次数的7%,而目前欧洲国际旅游人次数占世界潜在旅游人次数的14%,美洲为8%,东亚和太平洋地区为10%,南亚为1%。国内旅游方面,发达国家的国内旅游收入已经趋于饱和,未来国内旅游发展最快的地区为亚洲、拉丁美洲、中东和非洲。到2020年,国内旅游和国际旅游人次数比例将保持在10∶1,消费比例将保持在3∶1或4∶1的水平上。从发展过程看,2001年国际旅游接待人数为6.92亿人次,到2010年将达到10亿人次,2020年将达到16亿人次。1995年~2020年国际旅游业的年均增长率是4.3%,其中2000年~2010年为4.2%,2010年~2020年为4.4%。在未来的20年间,世界旅游业发展最显著的特点是远程旅游的增加,到2020年区域内旅游和洲际旅游的比例将从目前的82∶18上升为76∶24,洲际旅游的年均增长速度将达到5.4%。

当前,旅游业已经成为服务贸易的主题性产业,它创造了大量的利润和税收,提供了众多的就业机会,扩大了出口,吸引了投资,拥有广阔的发展前景。

二、世界旅游市场的新特点

世界旅游组织认为,除了少数政治动荡地区,目前世界旅游业已经开始走向全面恢复。值得强调的是,虽然受到"9·11"事件和西方国家经济普遍衰退的影响,国际航空业仍然不断恶化,但国际旅游业并没有瘫痪,只是产生了微妙的变化,消费者选择了其他交通方式和近距离的旅游点。

根据世界旅游组织分析,国际旅游趋势会有如下转变:

- 远距离旅行缩减;
- 远距离旅行缩减现象在随着时间的推移不断好转;

· 旅行社销售额增幅较小；
· 价格对消费者来说是决定因素；
· 旅游者保持过去的特点，即预订晚，并在最后时刻购买；
· 旅行社仍把盈利作为首要目标；
· 从 2001 年“9 · 11”事件后，各国政府纷纷动用技术和资源支持旅游业的恢复和发展；
· 从中期预测，全球旅游市场情况普遍乐观；
· 巴以冲突和印巴冲突对这两个地区的旅游业造成严重威胁。

世界旅游组织同时分析认为，国际旅游市场需求的发展趋势有如下特点：

· 一次性度假长度明显缩短，假期分几次休完；
· 由于旅游市场日趋成熟，游客对个性化旅游服务的要求增加；
· 对非酒店式住宿需求增加；
· 游客要求深入了解旅游目的地，亲身体验当地居民的生活；
· 老龄游客数量增加；
· 移民旅游行为对旅游业的影响日益扩大；
· 世界经济一体化进程影响旅游业；
· 新兴旅游地的出现要求各旅游企业开发新产品；
· 游客要求旅行服务多样化(如蜜月＋海滩＋游船＋文化游)。

世界旅游组织指出，从旅游企业来看，值得强调的是，兼并或强强联合成为许多企业的新发展战略，在交通工具和分销方面占优势的联合体日趋强大。

三、世界旅游的发展趋势

进入 21 世纪以来，世界经济发生了新的变化，人们对此有各种各样的描述，如知识经济、数字经济、信息经济、网络经济、风险社会等，也有专家将其概括为“新经济时代”。

(一)新经济时代的旅游业

与传统经济相比，新经济时代表现出一些不同的特征。我国国家计委宏观经济研究院的研究成果表明，新经济的特征主要表现为：市场的动态化、竞争范围的全球化、组织结构的网络化、知识创新的重要化、竞争优势的速度化、政府行为的指导化等。

新经济时代的到来，改变了人们的生活，对人类社会也造成了全面的影响。一方面，人们可以借助发达的网络技术更方便地获取更多的信息，社会文化的交流范围前所未有地广阔；但另一方面，新的技术也给人们带来了压迫，很多工作可以在家里进行，不需要外出即可以满足娱乐、购物等生活需求，人们的生活空间被进一步压缩了。在这种异化和压迫面前，人们对社会交往的需求超过了任何一个时期，新的旅游市场也由此产生了。

新经济时代旅游业的发展变化主要表现在四个方面：

1.旅游产业经营中旅游信息技术的飞速发展和普遍应用。如旅游网站的发展、旅游产品网络销售系统的建立以及旅游企业自身的信息化发展等。

2.现有旅游企业的经营职能被逐步分解。随着旅游网站，特别是网络销售系统的建立，现有旅游企业的职能将得到分化，饭店等旅游企业将不再是传统意义上完整的经营单位，而是成了一个单纯的生产单位。

3.推动旅游产业组织结构的变化。随着网络技术的发展，旅行社、饭店等旅游企业会出现新的集团化形态，旅行社行业的批发、零售、代理三级组织结构正在形成，而新的旅游饭店集团正在以一定的网络销售系统为中心形成。

4.促进旅游产品的个性化和多样化。当今世界旅游的发展，旅游者的个性化需求越来越多，所需要的旅游产品也更加多样化。新经济时代网络技术的发展和应用，为旅游者预定个性化的旅游产品提供了技术条件，并有可能逐步形成一种普及化的旅游消费方式。旅游企业为了适应市场的这一变化，就必须提供多样化的产品和多样化的产品组合，来达到经营的目的。

当前，世界旅游经济正经历着一个前所未有的良好发展局面，旅游总量不断增加，旅游经济不断加速。新经济时代的到来，为旅游业开拓了更为广阔的空间，提供了更好的技术条件，必将带来旅游业更大的发展与进步。

（二）世界旅游的发展趋势

随着世界经济的全球化发展，世界旅游也呈现出新的发展趋势：

1.旅游人数继续增长，旅游产业继续扩张。全球化经济的发展促使人们的社会消费观念发生变革。一般地，人们的消费目的有三类：一是满足物质上的需要；二是满足心理或精神上的需要；三是满足炫耀的需要。前两种需要是为了保持生理和心理健康而进行的消费，后一种需要则是属于社会性的消费。当基本物质生活满足之后，人们自然开始追求进一步的享受。旅游消费介于心理需要和社会性需要之间，因此，在全球化经济时代具有良好的发展前景。未来世界旅游发展的必然态势就是旅游人数持续增长，旅游产业持续扩张。目前，旅游业在创造外汇收入、提高国内生产总值、提供就业岗位等方面的作用越来越大，已经形成了规模巨大的产业，对世界经济发挥着越来越重要的影响。

2.个性化服务日益突出，旅游产品日益丰富。随着旅游市场的发展，旅游消费者也越来越成熟，在旅游活动中消费者“跟风”、“赶潮”的现象将会越来越少。相反，旅游者越来越注重在旅游过程中个人的美好享受，越来越追求旅游过程中个性的张扬。因此，未来的旅游市场，个性化的旅游需求将越来越突出，旅游者对观光、休闲、度假、探险等旅游项目的要求会越来越细致，旅游需求表现出个性化、多样化的总体特点。

与此相适应，旅游产品的种类必然是日益丰富，各种专项旅游产品不断创新，市场也随之不断细分，节庆旅游产品、休闲旅游产品、探险旅游产品、奖励旅游产品、生态旅游产品、科教旅游产品等层出不穷，旅游市场将出现异彩纷呈的局面。

3. 旅游竞争日益激烈，服务质量逐步提高。全球化的经济发展意味着世界性的经济竞争，旅游业的发展也不可避免地存在着更加激烈的市场竞争。随着洲际旅游的进一步发展，在区域经济一体化的背景下，除了传统上国家与国家之间的竞争外，未来旅游业的发展也将是地区与地区之间的竞争。同一地区的不同国家将进一步联合，发挥整体优势，争夺国际客源市场。

旅游产品的竞争日益激烈，旅游服务的质量也将进一步提高。各个国家将通过完善旅游服务设施、增加服务项目、提高服务人员素质等手段，强化旅游服务的竞争力，提高旅游综合质量，从而保证旅游业发展的经济效益和社会效益。

4. 旅游价格相对下降，消费总额总体提高。随着世界经济的发展、交通运输手段的进步以及网络技术的普遍应用，大大缩短了各个国家市场的空间距离，降低了商品、资本、劳动及其他生产要素的费用，国际旅游的成本将大大降低，从而使旅游价格相对下降。随着旅游价格的下降，参加旅游的人数会越来越多，由此造成世界旅游花费的总额仍将保持增长态势。

5. 网络营销逐步普及，技术创新日益重要。新经济时代网络技术的发展，使得现代营销技术有了更大的空间和更多的形式。由于旅游业经营的是一种信息化产品，具有发展网络营销的较好条件，旅游者可以通过网络获取相关的旅游信息并进行选择，旅游企业完全可以借助于网络技术达到向目标市场传输相关信息的目的。因此，未来旅游企业的网络营销活动将会大大增加，网络营销将在全行业得到普及。

6. 生态旅游进一步发展，环保意识进一步加强。20 世纪 80 年代以来，随着人们对人类生存环境的重新认识，可持续发展已经逐渐成为当今世界的主流思想之一，环境保护的思想也逐步成为全人类的共识。在此背景下，生态旅游逐步发展起来。

生态旅游是一种以吸收自然和文化知识为取向，尽量减少对生态环境的不利影响，促进旅游资源可持续利用，将生态环境保护与公共教育发展、促进地方资源保护与社会经济发展有机结合的旅游活动。在当今人们普遍追求美好、珍贵的环境，追求人与自然和谐的今天，生态旅游有着美好的发展前景。

7. 文化旅游渐成主流，文化竞争渐趋激烈。全球化旅游的发展将会进一步刺激旅游者对文化差异的追求。文化具有地域性和民族性，不同国家、不同民族的文化会呈现出不同程度的差异。旅游者求新、求异的心理导致文化旅游具有长久的生命力。因此，在未来旅游业的发展中，文化竞争和文化创新也会进一步突出。各个国家都将采取一系列手段，对本民族文化进行发掘和保护，从各个方面研究历史化、民族化、乡土化、个性化等问题，弘扬地方特色和民族特色，把握好本民族文化的异质特点，以吸引更多的旅游客源。

8.旅游经营趋向联合，旅游格局发生改变。通过加强区域旅游合作，实现资源共享、客源互送，已成为全球旅游业的共识。一些国家和地区为了加强在旅游业中的竞争实力，与邻国结成同盟关系，对共同的客源市场开展联合推销，形成旅游区域联合或地区旅游一体化，已经成为旅游业发展中的趋势。东盟和中、日、韩三国以推动旅游业合作为区域合作的重要目标；加勒比共同体乃至美洲国家合作组织，也将推进旅游合作作为重要的工作内容；“欧洲旅游委员会”为增加欧洲旅游业的竞争实力，通过开展“欧洲旅游年”、建立“欧洲无边界区”等活动，逐步形成了区域旅游一体化的联盟。

各地区旅游合作的加强以及地区旅游一体化的发展，使世界旅游的总体格局发生了相对变化。总体上，欧美的主体地位不会改变，但其所占世界旅游的份额将会下降，东亚和太平洋地区、南亚地区将会进一步崛起，而非洲的自然之旅也会成为未来引人注目的新的旅游热点。

9.行业功能逐步强化，综合作用日益显现。目前，旅游业对社会经济的促进作用已经毋庸置疑。在未来旅游业发展的过程中，旅游业的其他功能也将进一步强化，旅游的综合作用逐步显现。

旅游的综合作用体现在五个方面：首先，旅游的发展会促进社会的进一步开放。全球化旅游的发展，旅游者的流动范围更大，流动频率更高，促进了世界多层次、宽领域、全方位的立体开放，对于开放社会的建立具有积极意义。其次是旅游业的发展会促进社会民主与平等的发展。国际政治权利公约中明确了公民享有带薪休假的权利，有迁徙的自由，有旅行的自由。随着世界旅游的发展，必然促进社会民主和平等的发展。第三，旅游业的发展会促进社会的安全和世界和平。安全是旅游的生命线，没有安全就没有旅游。从各个国家的利益、旅游公司的利益以及人民的利益来说，安全与和平具有重要的意义。第四，旅游发展会促进社会文化的发展。文化是旅游接待地区人们社会生活的基本元素，也是旅游产品的灵魂。未来旅游业的发展，文化及文化产品占有越来越重要的地位，促使各国努力发掘和保护本民族的文化特色，从而促进旅游接待地区社会文化的发展。第五，旅游业的发展促进环境的改善。一方面可以通过发展旅游逐步改善环境，另一方面又可以通过环境的改善进一步促进旅游的发展，二者相辅相成，形成良性循环的互动过程，从而达到保护环境的目标。

总之，社会在发展，旅游也在发展。在世界经济全球化的过程中，旅游业创造了财富，增加了就业，保护了环境，促进了社会文化的发展，对人类社会有着广泛的影响和作用。

第二节　中国旅游的发展趋势

一、中国旅游发展现状

从近几年我国旅游业蓬勃发展的过程中可以看出，我国旅游业已在以下几个方面形成了新的热点：

1. 国内旅游市场持续升温，出境旅游形成新的突破。我国的国内旅游起步于20世纪80年代，在20世纪90年代经历了大规模的发展。我国公民的出境旅游热是近几年我国旅游市场的新变化。随着我国经济发展水平的提高，我国公民的出境旅游已经成为世界旅游市场上引人注目的新动向。

2. 区域合作再掀高潮，红色旅游等新产品应运而生。2004年以来，“区域合作”成为旅游业界的热门词汇。为了争取更大的客源市场，取得更大的竞争优势，各地区纷纷开放市场，与邻近省(区)联合，采取一系列措施，有效整合资源，谋求共同发展。从《长三角旅游城市合作宣言》的签署到《泛珠三角(9+2)区域合作框架协议》的制定，再到“5+1”大西北旅游合作圈构想的提出，区域旅游合作在全国得到了极大的推进。

2004年2月，在全国旅游工作会议期间，上海、北京、江西等省市签署了《郑州宣言》，拉开了红色旅游热潮的序幕。同年12月，国家发改委、中宣部和国家旅游局等部门共同研究制定的《2004—2010年全国红色旅游发展规划纲要》正式出台。“红色旅游”的推出受到了各级政府和业界的积极反响，有关省市和地区积极规划，打造精品线路，展开了规模宏大的促销宣传活动，并已经取得了良好的市场效果。

3. 节庆会展成为热点，城市旅游孕育新机。节庆旅游、会展旅游是近年来我国旅游市场上的新产品，并且，随着世界经济一体化进程的加快，各国各地区的经济联系更加紧密，各种各样的节庆会展活动必然是未来旅游市场上极具潜力的旅游产品。此外，在世界上享有盛誉的“环球嘉年华”活动也在近几年来到我国,给我国的旅游业带来了新的思路,也开创了新的旅游发展模式。

节庆会展也好、嘉年华也好,都必须以一定的城市为依托,因此,城市旅游前景广阔,蕴含着丰富的旅游商机。

4.文化旅游持续深入,古村古镇大放异彩。文化旅游是旅游市场的热点,文化旅游资源也是各地区重点开发建设的主要对象。近年来,随着文化旅游的持续深入,一些古村、古镇、古院落等成为新的旅游热点地区,围绕着古村古镇和古院落开发的旅游产品,也都有着良好的市场业绩。可以预见,在未来旅游业的发展中,文化旅游还将以独特的魅力创造更多的价值。

5.行政管理谋求变革,旅游企业变化出新。2004 年 7 月 1 日,《中华人民共和国行政许可法》正式实行。《行政许可法》强调了"依法行政"的重要意义,进一步明确了国家行政机构的权利和义务。《行政许可法》发布之后,国家旅游行政管理机构随即提出整改意见,各地方政府和地方旅游管理部门也做出了积极的反应,我国旅游业的行政管理进一步走上了法制化的轨道。

旅游企业方面,近几年也出现了一些新的变化。一是外资旅行社开始进军我国市场,并表现出迅猛的发展态势。2004 年 7 月,全日空国际旅行社(中国)有限公司成立。当年 8 月,由澳大利亚福莱森特(Flight Centre)有限公司和中国康辉旅行社有限责任公司共同组建的福莱森特康辉国际旅行社在北京宣布成立。目前,世界上最大的旅行社或旅游公司多数已经开始进驻中国;二是在旅游饭店领域,经济型饭店蓄势待发。经济型饭店有市场需求大、投资相对较少、回收期短等优势,其发展前景十分看好。2004 年 1 月到 5 月间,先后有法国的"宜必思"(Ibis)、美国的"速八"(Super 8)、英国的快捷假日等世界著名的经济型饭店连锁集团进入我国大陆市场,而本土两大经济饭店品牌"锦江之星"和"如家快捷"也纷纷加大了扩张步伐;第三是旅游集团竞相重组,并表现出重组层次高、力度大、着眼于战略调整的特点。2004 年 4 月首都旅游集团公司、新燕莎控股公司、全聚德集团公司重组,11 月中国国际旅行社总社与中国免税店总公司合并重组成立中国国旅集团公司,不久后,中旅集团宣布与中国旅游商贸服务总公司合并重组。

二、中国旅游业的发展前景

未来旅游业的发展,需要进一步认识旅游市场的规律,找出以往发展中的经验和问题,对我国旅游业发展的环境和条件做出客观的评价,才能使我国的旅游业保持强劲的发展势头,取得更大的经济效益和社会效益。

(一)现阶段中国旅游业发展存在的主要问题

经过改革开放后 20 余年的发展,我国旅游业已经取得了显著的发展成就,确立了在国民经济中的重要地位，并成为世界旅游市场上引人注目的新兴旅游区域。但是，我国真正意义上的旅游业发展时间毕竟还不长，旅游主管部门和相关的企业还缺乏经验，这导致在我国旅游业的发展过程中，不可避免地存在着一些问题。

1. 管理体制有待理顺，宏观调控还需加强。随着我国经济体制改革步伐的加快和旅游业的发展，管理体制限制旅游业发展的问题越来越突出。旅游业是一个综合性非常强的行业，涉及的部门多、范围广，目前还缺乏有效的协调。一方面，政出多门、职能交叉，导致管理中争夺利益和推诿责任的现象时有发生；另一方面，部门所有、各自为政的传统习惯难以改变，局部利益和地方保护主义思想使旅游市场统一管理面临困难。因此，理顺管理体制、深化管理体制的改革仍将是我国旅游行业的重要任务。

管理体制的问题导致在旅游业宏观管理方面存在较大的问题：一是资源开发和景区建设的总体规划不足，缺乏相关的科学论证；二是旅游市场的宏观调控功能不足，在旅游客流的时间、空间分布指导上还存在一定的问题；三是旅游业发展区域不平衡的问题还没有很好地解决，东部发达地区与西部地区的旅游业发展水平还存在一定差距；四是对旅游企业的经营活动所进行的管理和引导不足，旅游市场上的"恶性竞争"还时有发生。

2. 旅游产品结构单调，服务质量存在问题。旅游业涉及行、游、住、食、购、娱等多个方面，几乎覆盖了从传统服务业到现代服务业的所有行业和门类，是一个综合性很强的产业。从总体上看，我国旅游业发展的各个环节，如交通、住宿、餐饮等虽然基本能满足旅游市场的需要，但也存在一些问题：一是旅游饭店结构不合理，从价格定位上很多饭店都将其目标消费群定位于国外游客和国内富裕阶层，而适应国内一般游客群体消费水平的、价格适中又具有令人满意服务水准的宾馆饭店则较少；二是旅游商品缺乏特色，没有创意。如在北京的街头随处可见上海的檀香扇、竹箸，而在其他城市也能很容易地买到北京的茯苓饼甚至烤鸭；三是旅游服务质量还有待提高。多数旅游企业的市场意识不强，经营管理落后，缺乏对旅游市场的调研，对旅游者的消费特点认识不足。此外，旅游服务人员的整体素质还有待提高，在服务态度、服务质量、服务技能等方面都还存在着一些问题。

3. 资源开发深度不够，旅游项目形式单一。在资源开发方面，不少地区都存在着只重视自然旅游资源而忽视人文旅游资源的现象。在人文旅游资源的开发中，又过于偏重于历史遗迹，而忽视民俗、民风的挖掘。这种资源开发状况，难以适应旅游者多层次、多方面的需求，也不利于扩大地区旅游规模、延长旅游者停留时间、增加旅游收入。

缺乏对旅游资源的深度开发，还导致旅游产品形式单一，旅游活动内容枯燥，旅游者的需求难以得到满足。目前，我国旅游市场还存在着观光型旅游产品多、参与、娱乐型旅游产品少的现象，已经不能适应国际旅游市场上旅游者追求个性化、多样化的总体需求趋势了。因此，必须花大力气开发出新的、符合市场要求的旅游产品。

4. 旅游法制建设滞后，旅游行业尚需规范。旅游立法是改善旅游业经营环境、建立市场秩序、保护旅游资源、保证旅游业可持续发展的关键。当前，我国旅游业的发展已经具有了相当的规模，但相应的旅游法律法规建设却明显滞后，"旅游法"以及其他与旅游相关的法律，如"饭店法"、"旅游安全法"、"旅游景区安全管理法"等至今未出台，与我国市场经济的法制体系日趋成熟形成了巨大的反差。法制建设的滞后使旅游业发展的许多问题无法确定，旅游业在国民经济中的地位得不到法律认定，旅游行业管理的范围、旅游管理职能的划分等问题得不到解决。

此外，由于法律制度不健全，旅游市场的许多问题也不能很好地解决，如窃取旅游商业秘密，盗用企业名称，推销假冒伪劣产品，侵犯旅游者合法权益，旅游服务质量低劣，"黑导"、"黑车"、"黑摄影"等扰乱旅游市场秩序的行为等，都缺乏处理时的法律依据。

5. 环境保护力度不够，可持续发展旅游任重道远。目前的旅游业开发中，一些地区还存在着旅游规划的短期行为，生态资源被破坏，严重影响了旅游业的可持续发展。这类问题的出现，一方面是由于认识上的不足，但更多的则是来自于单纯追求经济利益的短期行为。长期以来，旅游业一直被认为是"无烟工业"，这使一部分业内人员以及管理人员都认为旅游行业无污染，对环境无影响，不存在环境问题。因此，在修葺旅游景点或开辟新景点时常常对旅游环境进行破坏性建设。另一方面，旅游业所带来的巨大经济效益使得很多地区盲目上马旅游项目，盲目开发旅游资源，而对旅游业对环境的负面影响认识不足，当经济利益与环境效益发生冲突时，只顾经济利益而放弃环境效益，结果导致生态环境被破坏的严重后果。

6. 旅游人才建设不足，旅游企业管理落后。旅游人力资源的建设和培养事关旅游业发展大计，但这个问题直到近几年才得到有关部门的重视。目前，我国旅游从业人员中，精通旅游业务、懂得市场营销、熟悉法律法规和国际惯例的人员不多，企业员工的整体素质不高。旅游管理人才，特别是高层次的管理人才严重缺乏，制约了我国旅游业的进一步发展。因此，未来的旅游发展，要把旅游人才的培养放到旅游业可持续发展的高度来予以重视，加强旅游队伍的培训，提高管理人员和导游员的整体素质，全面提高我国旅游企业的管理水平和服务质量，为旅游业的发展创造良好条件。

(二)中国旅游业的发展前景

在1999年召开的全国旅游工作会议上,国家旅游局认真分析了世界旅游业和中国旅游业的发展情况及发展趋势,第一次明确提出了“到2020年把我国建设成为世界旅游强国”的宏伟目标。近年来,我国旅游业持续、快速、健康发展,使得我国旅游业在世界旅游业的排名发生了重大变化。中国作为世界上旅游资源最丰富的国家,旅游业不但能继续成为国民经济新的增长点,也一定能够实现到2020年把我国建成世界一流旅游强国的宏伟目标。

随着我国经济建设水平的不断提高,随着全面建设小康社会、构建和谐社会进程的加快,在旅游供需双向互动的作用下,我国旅游业将会迎来更加辉煌的明天。

国内旅游方面,人民富裕程度的提高,闲暇时间的增多,可支配收入的增多,将推动国内旅游需求以更高的速度增长。我国是世界上第一人口大国,有着世界上其他任何国家无与伦比的最大的国内旅游客源市场。同时,中国公民的消费结构正从温饱型转向小康型,消费方向正由生存型消费向享受型和发展型消费发展,恩格尔系数逐年下降,住房、购车、通讯等消费将逐渐得到满足,而以精神享受和物质享受相结合为特点的旅游需求,则会有更大的增长。根据国际经验,当一个国家的人均GDP达到800~1000美元时,旅游消费将呈现大众化、普遍化的态势。我国人均国内生产总值在2003年已超过1000美元,国民的消费结构开始升级,到2020年,我国将全面建成小康社会,如果按每人每年出游两次计算,届时每年国内旅游总量可高达30亿人次左右,国内旅游市场的潜力巨大。

入境旅游市场方面,我国加入WTO后,与世界各国的经济、政治联系越来越紧密,国际商务旅游客源将大大增加,我国的海外客源市场将进一步扩大。此外,随着我国近年经济持续稳定的增长以及国际形象和地位的提升,我国的国际旅游形象也逐步树立,将会带来更多的海外客源。

按照国家旅游局制定的旅游业发展远景规划的基本思路,到2020年,中国海外旅游总量将超过21 000万人次,旅游外汇收入将达到580亿美元以上。国内旅游人次将达到29亿以上,旅游收入将达20 400亿元人民币以上。旅游业总产出将达到2.5万亿元人民币以上,在国内生产总值的比重将提高到8%左右,中国将成为世界旅游强国。

包括世界旅游组织在内的一些国际权威组织均认定,2020年中国将成为全球旅游首位目的地国。世界旅游理事会则预测,到2020年,中国旅游业总产出将占国内生产总值的8.64%,旅游消费将占总消费的6.79%,旅游投资将占投资总额的8.61%,接近世界平均水平。

三、中国旅游业的发展趋势

21世纪以来，我国旅游业进入了一个新的发展阶段，对我国旅游业未来发展趋势的分析和预测也成为旅游研究领域的一个热点问题，许多专家和旅游业内人士纷纷发表了自己的看法。

（一）对中国旅游业发展趋势的认识

1. 旅游业危机管理成为重中之重。SARS危机使人们进一步认识到，旅游业是充满危机的行业，旅游业的发展就是要与危机共舞。经过2003年的"SARS"事件，无论是政府还是企业，都深刻认识到危机的存在和危机的影响，树立起危机意识，并着手建立健全危机管理机制。

2. 要大力倡导"洁净旅游"。受SARS的影响，我国旅游业在新形势下重新定位与调整。"洁净旅游"要求所有的旅游目的地尽最大的努力控制污染，减少破坏，提供清洁、卫生、安全的旅游环境；所有的旅游经营者都应当提供不危害旅游者健康的产品，进行公平、正当的经营，不欺诈、不设陷阱，自觉地以诚信为本；行业协会要真正能够发挥行业自律的功能，大力提倡"绿色经营"的观念；所有的旅游者在旅游过程中要对自己的行为负责，为了自己和东道主的共同利益而进行健康有益的旅游度假，提倡"绿色消费"、"公平旅游"。提倡洁净旅游绝非是仅仅为了在市场上重塑旅游业良好形象、振兴旅游业的权宜之计，而是实现旅游业的可持续发展，进而促进社会文明和整个社会经济的可持续发展的重要一环。

3. 企业改制寻求突破。在2002年之前，旅游企业的改制相对其他行业比较滞后，自2002年以来出现了一些突破，成为全行业关注的热点，其中颇具代表性的就是康辉旅行社集团采取管理层收购(MBO)方式的企业改制。同时一批大型旅游企业会进一步加速集中化的步伐，形成集团化、网络化的发展，尤其是现有的其他行业的大型企业集团进军旅游业，也会加速原有旅游企业的改革。

4. 旅游城市锦上添花。国家旅游局在世界旅游组织专家的帮助下，推出了新的最佳旅游城市标准，并公布了《中国最佳旅游城市创建指南》。这个新标准要求更高，内涵更丰富，针对性更强。可以预见，在今后新的一轮最佳旅游城市的创建中，各个城市将会表现出更大的积极性，使原有的优秀旅游城市锦上添花。

5. 工农业旅游将蓬勃发展。最近几年以来，中国农村旅游发展迅速，花样翻新，一些大中城市的郊区农村创造性地开展了许多独具特色的"农家乐"旅游和其他形式的"农业观光"和"乡村旅游"。与此同时，在一些城市开展都市旅游的时候，充分发挥工业企业的资源优势，开展了一些工业旅游项目。这些项目以大型企业为依托，以工业产品、生产过程、生产工艺、生产场地、工业遗产和企业文化等为资源，对不同行业、不同区域和不同年龄段的旅游者产生了新的吸引力。

6. 出境旅游转变观念。中国公民的出境旅游将再次呈现快速发展的新形势，而未来的发展不仅仅是出境旅游者数量的扩大，而且是旅游经历质量上的提升。针对这种新变化，政府和社会将对出境旅游的观念进行必要的调整。

7. 旅游发展呼唤法律建设。到目前为止，酝酿多年的《旅游基本法》仍然没有出台，《合同法》中也没有明确的旅游合同内容，没有必要的司法解释，使旅游者或旅游经营者的合法权益不能得到很好地保护。因此，根据中国旅游业发展的实际，借鉴国际经验，尽快健全和完善旅游立法是当务之急，这也必将引起政府管理部门、旅游业和旅游公众的极大关注。

8. 旅游研究再掀高潮。经过 20 多年的发展，中国的旅游业正在走向成熟，新的形势，新的实践，新的问题，都需要认真地研究和梳理，需要理论的诠释，这就要求旅游理论的发展与创新，因此，旅游研究将再次受到应有的重视。

(二)中国旅游业的发展趋势

上述对中国旅游业发展趋势的看法，由于视角不同，得出的结论也不尽相同。但从中还是可以看出专家学者对我国旅游业发展趋势的共识。考察我国旅游业发展的历史，结合专家学者的研究成果，我们基本可以认为，我国的旅游业在未来的发展中，将呈现以下趋势：

1. 旅游产业持续发展。未来中国旅游业将呈现持续增长的总体态势，在国民经济中占有越来越重要的地位。目前，旅游业每年创造的经济效益已经十分可观，是我国重要的创汇渠道和收入来源，并创造了众多的就业机会，发挥了良好的社会效益。未来，随着我国旅游市场的日益成熟，随着旅游管理体制改革的进一步深化，我国的旅游业必将取得更大的发展成就，在国民经济体系中占据越来越重要的地位。一方面，国际和国内旅游者人数不断增长，旅游业收入持续增加，旅游业在国民经济体系中的产业地位日益提高；另一方面，旅游活动与广大群众的生活联系日益紧密，旅游业的社会效益得到更好地体现。

2. 旅游产业更加开放。经过 20 多年的发展，目前我国旅游业的开放程度在不断加强。这表现在三个方面：一是我国公民出境旅游目的地在逐渐增加，到目前为止，已经达到了 132 个；二是外汇管理政策逐步放宽，国际旅游者在货币兑换等方面可以享受到更多的便利；三是越来越多的外资旅行社进入中国市场参与竞争。上述现象反映出我国旅游业在自身壮大的同时，也表现出更加开放的姿态。改革开放初期，我国发展旅游业的目的更大程度上是为了换取外汇、回笼货币，是为了吸引更多的外国旅游者到中国旅游。而到了今天，我国的旅游业发展则更多地考虑如何为中国人提供更加便利、更加丰富的旅游选择，满足他们走出国门的旅游需求。对外资企业开放国内旅游市场，表明了我国参与国际旅游竞争的勇气和信心。

3.旅游需求更加多样。经过20多年的发展，我国的旅游市场已日趋成熟，旅游者也越来越理性。在追求精神享受的过程中，多样化和个性化需求将成为总体趋势。一方面，人们的旅游需求更加多样化，除了传统的旅游吸引物，旅游者需要更多形式新颖、内容丰富、生动活泼的新产品；另一方面，旅游需求在总体上也将呈现多层次的分化。在旅游住宿方面，除了满足国内外高端消费的星级饭店外，随着国内旅游需求日盛，国内企业、尤其是中小企业商务往来的频繁，以及国际旅游者中自助旅游比例的上升，对提供有限服务并提供大众消费的旅游需求也日益增强。近年来经济型饭店的兴起就说明了这一点。

4.旅游市场划分更细。未来旅游业的发展过程中，网络技术的发展和其他新经济因素的介入，旅游需求的多样化，将导致旅游市场进一步细分，旅游企业的职能和决策将进一步专业化。旅游市场的细分，将改变目前我国规模不同的旅游企业职能趋同的不合理现象，有利于形成合理的市场分工协作体系，是未来我国旅游业发展的方向。

5.区域合作成为趋势。区域合作进行旅游开发在整合资源、发挥特色、开发市场、促进销售等方面都具有一定的优势，因此在我国未来旅游业的发展中也将成为新的行业趋势。目前，在珠江三角洲地区，粤港澳旅游合作已扩展到了“泛珠三角”的9省市和2个特别行政区；江浙沪三省市在构建“无障碍旅游区”的基础上，不断深化旅游合作内容；重庆、湖北以“长江三峡”旅游品牌为纽带，加强了旅游合作；云南、四川、西藏则合力推进“香格里拉”旅游品牌建设。可以说，旅游区域合作正以蓬勃之势向前发展。

6.特色旅游前景看好。未来旅游发展中，特色产品将会大量出现。特色化、专业化的旅游产品迎合了不同旅游者个性化的旅游需求，符合旅游市场发展的规律，也是争取客源的关键，拥有巨大的市场潜力。因此，未来旅游业的发展，特色旅游将成为新的热点。目前，我国很多地方已经在着手打造富有地方特色的旅游产品，努力争取客源。如浙江突出了“诗画江南，山水浙江”的主题形象，江西则重点打造“红色摇篮，绿色家园”的品牌，大连着力突显“浪漫之都”的形象，青海“中国夏都”的形象也发挥了很好的宣传效应。

第三节 中国旅游的发展战略

一、中国旅游业的发展环境

21世纪以来，我国旅游业进入了新的发展阶段，无论是国际旅游市场的空前活跃还是国内旅游市场的逐步成熟，无论是世界经济的一体化还是我国扩大对外开放的政策调整，都为我国旅游业的发展创造了良好的内部和外部环境，使我国的旅游业面临着前所未有的发展机遇。

(一)我国旅游业的发展环境

当前，正值我国旅游业发展的大好时机，国内经济形势、政策形势以及世界旅游业的大环境都为我国旅游业的发展提供了难得的历史机遇，我国旅游业的发展正面临着前所未有的大好形势。

1.国民经济持续快速健康地发展为旅游业的发展奠定了雄厚的物质基础。中国是同期全球经济增长最快的国家，经济持续快速地增长，显著地提高了国家的经济实力，极大地改善了居民生活。经济体制改革的深化，对外开放的发展，经济社会的全面进步，产业结构的升级，可支配收入的增加，闲暇时间的增多，都将推动旅游业有更大的发展。

2.全面建设小康社会给旅游业的发展带来新的机遇。我国现在达到的小康还是低水平的、不全面的、发展很不平衡的小康，但就是在这种小康水平下，已经形成了全世界规模最大的国内旅游市场和发展最快的出境旅游客源市场。全面建设小康社会，意味着我国十几亿人民将向更高水平的小康社会阔步迈进，旅游需求必然会随之不断增长，旅游消费成为小康的标志和特征之一。在坚持以人为本，全面、协调、可持续科学发展观的引领下，作为人本需求之一的旅游需求将得到更大的释放。我们有理由相信，在2020年到来之时，中国经济将更加发展，民主建设将更加健全，科教水平将更加进步，文化事业将更加繁荣，社会环境将更加和谐，人民生活将更加富足，旅游市场也将更加成熟。

3.加入WTO推动旅游市场机制的建立与完善。加入WTO以后，旅游业及其相关产业都将加快与国际接轨的步伐，发展环境将进一步优化。加入WTO，也有利于我国旅游业发展质量的提高，促进旅游业向更高等次的质量型和效益型转化。加入WTO，还可以扩大我国的海外客源市场，吸引更多的海外投资，并促进我国旅游行业深化改革，加快管理体制的完善，尽快形成与国际市场接轨的旅游管理体系。加入 WTO 还有利于我国旅游业市场机制的建立与完善。

4.我国国际形象的提升有利于旅游形象的树立。我国是世界上最具魅力的旅游目的地国和最具潜力的旅游投资地。我们吸取了"SARS"事件的经验教训，一个开放、透明、诚信的政府新形象使中国的旅游形象更加富有魅力。中国政治稳定、经济持续快速发展以及中国政府所实施的一系列重大举措，将强化中国作为最安全的旅游目的地和最具潜力投资地形象，为我国旅游业的发展创造良好的国际环境。

5.宏观政策的调整有利于旅游产业的发展。西部大开发和振兴东北老工业基地等战略的实施，将使西部和东北不少世界级的旅游资源得到开发，从资源优势转化为经济优势，从而不断提高我国旅游业的国际竞争力和发展后劲，形成我国旅游业新的增长极。

6.中国申奥成功促进旅游业腾飞。历经 10 余年、前后两次申办，我国终于成功地取得了 2008 年奥运会的主办权。申办奥运会树立了我国的国际形象，为我国的经济发展带来了巨大的推动力量，也为旅游业的发展提供了难得的历史机遇。在奥运会的历史上，洛杉矶、悉尼、雅典，每一次奥运会的召开都会给主办国家和地区带来大量的旅客流，形成旅游高峰。可以预计，2008 年北京奥运会的召开，将会对我国旅游业的发展产生极大的促进作用。

此外，上海成功申办世博会、杭州成功申办世界旅游大会和世界休闲博览大会、苏州成功举办世界遗产大会等，进一步表明了我国在国际上的地位和影响力日益增强，对推动我国旅游业的发展也将起到积极的作用。

(二)加入 WTO 后对我国旅游业的影响

随着世界经济一体化进程的加快，我国的经济发展也逐步与国际市场接轨。2001 年，我国正式加入了世界贸易组织(WTO)。加入 WTO 给我国旅游业带来了新的机遇，也带来了新的挑战。

加入 WTO 后，进一步的对外开放对旅游业产生的冲击首先出现在以前开放不足的行业和部门，特别是旅行社业。一方面，外资旅行社的进入，可能进一步加剧旅行社行业竞争，使已微利经营的旅行社行业"雪上加霜"，部分旅行社可能被挤出市场；另一方面，外方客源网络优势与管理优势，在一定程度上左右客源和支付渠道，进而影响行业发展。此外，加入 WTO 还可能加剧我国出境旅游面临的压力。WTO 要求国际贸易对等服务，在旅游方面，人员要有"进"有"出"。目前，我国公民出境旅游虽然正在逐步放开，但受现阶段国情的限制，采取的政策是有组织、有秩序、循序渐进的。外方可能借此施加压力，要求扩大这一市场的开放，获取更大的利益。

上述现象虽然可能对我国旅游业的发展造成一定的不利影响，但在一定程度上都是可以采用某种方式和手段进行控制的。我们完全可以参照其他国家的一些做法，制定相应政策，使旅游市场的开放分阶段、循序渐进地进行，为旅游企业提供一个缓冲阶段，有效地对加入 WTO 的负面影响加以控制，

旅游业是一个综合性行业，融劳动密集、资金密集和技术密集为一体，各个阶段同时并存，又以劳动密集为基础，所以，处于不同发展水平的国家和地区都可以在其中找到自身的位置和发展余地，参加竞争。我国旅游业经过 20 多年的发展，已具有相当的产业规模和一定的参与国际市场的竞争能力。因此，加入 WTO 给我国旅游业带来的更多是发展机遇，总体上利大于弊。

1. 有利于旅游业在进一步开放中深化改革、规范秩序。加入 WTO，意味着我国旅游业将在广度和深度上进一步扩大对外开放。进一步的开放，可以为旅游业的发展赢得更为有利的外部国际环境，而国际市场的进入，需要形成真正的市场主体，对于体制、管理、经营与国际先进水平相比尚有差距的我国旅游企业，将产生有益的冲击，促进其进行调整和完善，企业改革将在进一步开放中得到进一步的深化。同时，加入 WTO 也有利于我国建立比较完整的国际服务贸易秩序，将我国的国际旅游贸易与整个世界旅游贸易融为一体。

2. 有利于入境旅游市场的扩大，增大我国国际旅游的接待规模。加入 WTO 对提高国际地位、塑造大国形象有着特殊作用，有利于我国旅游业扩大对外影响，进一步开拓国际旅游市场。加入 WTO 将进一步推进我国与世界各国和地区的经贸往来，国际商务交往将更加频繁，从而带动商务旅游的发展。

3. 有利于吸引外商直接投资，加快我国旅游业的建设和发展步伐。随着外商投资“软”、“硬”环境的改善和我国旅游业市场前景更趋看好，投向旅游业的境外资金将进一步增加，从而加大我国旅游业饭店、景点等在布局、结构上进行调整的机会，推动各类旅游固定资产存量的流动和转换，促进各类旅游接待设施的更加完善，提高旅游业的综合接待能力。

4. 有利于促使旅游信息交换和管理模式有偿使用机制更趋完善。加入 WTO，可以通过旅行社、饭店和民航的进一步开放，借助国际知名网络，为旅行商和旅游者提供更多的旅游产品和旅游接待信息，为其提供更加完善的预订服务，创造更多的客源；通过有偿服务进一步引进国外先进的管理模式，提升旅游企业管理和经营水平。

为此，旅游业各部门应该抓住加入 WTO 所带来的机遇，推进和深化各方面的改革，充分利用好国内外的各种有利条件，加快发展自己，提高旅游经济增长的质量和效益，努力向世界旅游强国迈进。同时，旅游主管部门也应提供相应的政策环境，如：加快调整旅游业利用外资的相关政策；继续发挥政府在旅游业发

展中的主导作用；加紧制订和完善旅游行业管理的法规；加快国有旅游企业改革步伐和对内开放步伐，真正将允许非公有经济成分投资旅行社等行业的政策落实到位，鼓励整个民族旅游企业而不仅是国有企业的发展壮大。

二、中国旅游业的发展战略

旅游业是我国国民经济体系的一部分，是我国经济持续稳定增长的重要环节。旅游业的发展，必须以促进国家经济建设为前提，以推动社会发展为目的，为实现我国经济社会发展的总体战略目标服务。

（一）中国旅游业面临的新任务

当前，我国正处在经济体制转轨和产业结构战略性调整的关键时期，劳动力结构性供求矛盾突出，就业形势特别是国有企业下岗职工的再就业形势严峻，已经成为社会热点和焦点问题。新的历史时期，党中央国务院又发出了“建设和谐社会”的号召，这就给旅游业的发展提出了新的任务。

目前正是我国旅游业发展的重要时期，有关部门正在采取一系列的措施，壮大旅游产业规模、优化旅游产业结构、提高旅游产业质量，向世界旅游强国迈进。然而，旅游产业的大发展必须以人民生活水平的稳步提高、旅游市场需求的持续扩大为基础，建设和谐社会更要以安定团结的社会局面，稳定增长的经济发展作保障。因此，培育旅游就业能力，扩大旅游就业容量，扩大旅游就业规模，不仅是深化改革、保持稳定、促进构建和谐社会的宏观需要，也是建设世界旅游强国的内在要求。

为了适应建设世界旅游强国的需要，缓解当前乃至今后一段时间存在的我国劳动力总量性矛盾、结构性失调和国有企业下岗职工再就业等主要困难，必须确立旅游业扩大就业的指导思想，以建设世界旅游强国为目标，以广开就业渠道为手段，扩大旅游就业容量，降低旅游就业门槛，优化产业结构，强化就业政策，以旅游产业的发展推动旅游就业的发展，实现旅游业经济效益和社会效益的同步增长。

（二）中国旅游业的发展战略

旅游经济发展战略是涉及旅游全局性和长远性发展的根本问题，形成科学、明确的旅游发展战略就把握了发展的主动权，并可由此衍化出一系列的政策和工作部署，从而促使旅游业快速、持续、健康发展。

从 20 世纪 80 年代中期以来，我国旅游业发展的战略问题就已经被列入了重要的议事日程。1986 年，在国务院的主持下，“中国旅游经济发展战略”的研究课题被列为“七五”哲学和社会学研究的重点课题。之后，在我国著名经济学家、国务院发展研究中心孙尚清主任的主持下，这一课题的研究取得了丰硕的成果，并在实践中发挥了积极的指导作用。“中国旅游经济发展战略”课题的研究成果可以概括为三个方面：一是经济产业，这是首次在高层次上明确了旅游业的性质；二是朝阳产业，指出了旅游业广阔的发展前景；三是适度超前，明确了旅游业发展的总体方针。围绕着上述核心思想，形成了战略目标、战略重点、战略思路以及具体的对策。这一研究成果对我国“八五”、“九五”期间旅游业的发展实践起到了重要的指导作用。

进入 21 世纪以来，我国旅游业的发展呈现出了新的特点，旅游产业规模迅速扩大，在国民经济中的地位也越来越高。新的历史时期，需要针对旅游业的发展和变化提高并完善我国的旅游业发展战略，形成新的战略思路，保证我国旅游业持续、稳定、健康地发展。

2001 年 1 月，在北京召开的“全国旅游发展工作会议”上，提出了今后一个时期我国旅游业发展的总体思路是：以邓小平理论及其旅游经济思想为指导，按照“三个代表”的要求，依托我国丰富的旅游资源，立足日益增长的旅游市场需求，深化改革，扩大开放，加强指导，强化管理，加大扶持力度，把旅游业作为国民经济新的增长点进一步发展壮大。

针对新时期国际旅游市场的新变化和新趋势，结合我国旅游发展的新特点，必须以新思路、新模式来推动旅游业的新发展。为此，新时期我国旅游业的发展战略，可以概括为三个方面：动力产业、质量当先、全面创新。

1. 动力产业。动力产业的提出是对旅游业在新时期发展优势的新认识，即旅游业已经不仅仅是一个经济产业，而是在经济和社会发展过程中具有多功能、全方位的推动作用。

首先，旅游业的发展具有多方面的优势。在入境旅游方面，旅游就地出口风景、就地出口劳务、就地出口商品、就地出口文化，一方面可以使我们现有的各种资源得到优化组合，以较低的成本获得较高的效益；另一方面可以避免或减少国际贸易中的种种壁垒，谋求更大的发展。

在国内旅游方面，旅游业开发形成了“四个转化”：一是把现存的无效资源转化成有效资源；二是进一步把有效资源转化成高附加值的产品；三是把创新的旅游产品转化为市场需求；四是把有效的市场需求转化为旅游企业的经营效益。这四个转化是对各类社会资源的重新优化组合并不断提升完善的过程，也是旅游业的功能和作用全面体现的过程。

综合看来，旅游业的发展实现了四个层次的交流：一是国际间的交流，改变了国际间的财富分配；二是实现了产业间的交流，改变了产业结构；三是实现了城乡间的交流，实质上完成了又一次的国民收入再分配；四是实现了地区之间的交流，是货币与资源的再交换。

其次，旅游业的发展对经济和社会发展起到了多功能、全方位的推动作用。旅游活动的开展，以游客流为载体，形成了服务流和物资流，带动了资金流和人才流，拉动了信息流和商务流，创造了文化流和科技流。旅游活动的流动规模越大，流动频率就越高，就越能体现旅游业发展的意义和对各地经济发展的推动作用。

在旅游业发展过程中，与旅游业相关的其他行业和部门都得到了相应的发展机会，从而推进了我国全面现代化的格局。同时，旅游业也会形成社会发展、环境优化、区域协调、国际合作、文化促进等多方面的效益，对我国经济社会的全面发展起到推进和带动作用，成为我国经济社会建设中真正的动力产业。

2.质量当先。质量当先是新时期我国旅游业发展战略的核心。

首先，提高质量是旅游业发展目的的要求。旅游业发展的目的是为了不断适应广阔的海内外市场需求，推动社会经济的发展，使旅游活动成为人民的生活要素，提高广大人民群众的生活水平。旅游需求是综合性需求，范围广、层次多，不同层次的产品价格也会有所不同。但是，无论哪一层次的旅游产品都应当是高质量的，是具有高文化品位的。只有这样才能适应旅游者品位不断提高的市场需求，才能达到提高人民生活质量的目标。

其次，提高质量是旅游业市场竞争的要求。一方面，旅游业的市场机制已经全面建立，另一方面，国际旅游市场存在着激烈的市场竞争，我国旅游业要求得发展，必须提高旅游业发展的质量，增强参与国际市场竞争的实力，获得更大的发展空间。当前，国际旅游市场竞争已经从原始的价格竞争转向了高层次的质量竞争，我国旅游业只有突出质量建设的核心地位，通过政府主导和市场机制的基础性作用，把资源集中到更高质量的、更适应市场需求的产品和服务上来，才能在国际市场竞争中处于不败之地。

第三，提高质量是旅游产业地位提升的要求。从当前旅游业发展的总体情况来看，我国虽然在旅游接待人次数和国际旅游收入方面都已经位居世界前列，但旅游产业还处在粗放型增长阶段，与发达国家还存在一定的差距。新世纪我国提出了建设世界旅游强国的战略目标，而提高旅游业发展质量、提高旅游市场竞争能力是从旅游大国到旅游强国转化的必由之路。

“质量当先”在宏观上是要提升旅游产业所追求的各个方面的目标。在微观上，则要不断完善和提高各项产品和服务的质量，完善服务设施，增加服务项目，更新服务观念，提高服务效率。

3.全面创新。树立创新意识对旅游业的发展特别重要。旅游经济是特色经济，没有特色就无法在市场上树立影响，也不可能吸引客人。要形成特色，就需要具备充分的创新意识，做到人无我有，人有我精，人精我专。我国旅游业在长远发展过程中要实现跳跃式的发展，关键是要有新认识、新思路、新办法。在长期发展过程中，必须坚持全面创新的主导方针，只有这样，才能充分发挥我国的优势，做到事半功倍。

首先，要做到战略创新，在旅游产业发展战略上要有创新意识。只有战略上的创新，才能有旅游实践上的创新，才能指导我国旅游业朝着符合旅游市场规律的方向发展，推动我国旅游业资源开发、市场经营、宣传推销等各个环节的工作。

其次，要产品创新。现在全国各地发展旅游业的积极性很高，世界各国发展旅游业的积极性也很高，旅游竞争因而也很激烈。一个地区的旅游产品要赢得市场必须要有独到之处，必须要有精品，要做到这一点，就必须要有创新意识。产品创新要立足于本地资源，深入研究，精心策划，创造起点高、内涵深、吸引力强的旅游产品。从旅游市场的规律看，没有可观赏性，没有特殊性，没有参与性与文化内涵的旅游产品是难以吸引旅游客源的。旅游产品的开发必须重视策划环节，策划好了才能有高水平的建设，才能有全新的管理和服务，才能建立起一个完善的创新发展体系，才能最终赢得市场。

第三，要促销创新。发展旅游业有两个重要环节，一是要把旅游资源变成旅游产品，二是要把旅游产品变成商品推向市场，这两个环节缺一不可。因此，在旅游市场宣传上要全面创新，以新产品为基础，以新形式为手段，以新渠道为延伸，不断取得新的成效。

第四，要管理创新。一是宏观管理要创新，要通过政府管理职能的转变和机构的改革来实现，研究和创立在社会主义市场经济的条件下新的旅游管理方式和工作方式；二是微观管理要创新，要通过全面推行现代企业制度，构造微观运行基础，改进企业运行质量，提高企业效率，增强旅游企业的市场竞争能力。

第五，要做到知识创新。新兴产业需要新的知识体系，新的知识体系要通过不断的知识创新逐步形成。在新经济时代，传统的经营方式和管理方式已经不能完全适应旅游业发展的需要。因此，必须要构筑国家旅游知识创新体系，全面推动旅游业的增长。

第六，要人才创新。新兴的产业需要新型的人才，新型的人才一要有强烈的创新意识，二要有新的知识结构，三要具备敏锐的观察能力和学习能力，善于捕捉国际旅游市场的变化，能够及时掌握行业内外的新情况和新动态，并积极主动地开展各项工作。除此之外，还要形成人才创新的内在机制，发现和培养适应旅游业发展需求的人才资源。

总之，未来我国旅游业在发展过程中，应当贯彻执行动力产业、质量当先、全面创新的战略思想，开创旅游业发展的新局面。其中，动力产业是发展战略的基础，质量当先是发展战略的核心，全面创新是发展战略的主导。当前，我国已经进入了经济社会发展的新阶段，旅游业也进入了全面发展的新时期。全面实施新时期的旅游发展战略，将进一步实现旅游业发展的经济效益和社会效益，促进我国经济社会的发展与建设，并为世界旅游业的发展做出更大的贡献。

思考与练习

1. 世界旅游发展的新特点有哪些？
2. 世界旅游发展的新趋势如何？
3. 如何认识我国旅游业发展所面临的新机遇？
4. 未来我国旅游业的发展趋势是怎样的？
5. 加入 WTO 给我国旅游业的发展带来了哪些影响？
6. 谈谈你对新时期我国旅游业发展战略的认识。

参考文献

1. 李天元主编. 旅游学. 北京:高等教育出版社,2002

2. 王洪滨主编. 旅游学概论. 北京:中国旅游出版社,2004

3. 马勇主编. 旅游学概论. 北京:高等教育出版社,1998

4. 赵长华主编. 旅游概论. 北京:旅游教育出版社,2003

5. 杨美霞主编. 旅游环境管理. 长沙:湖南大学出版社,2007

6. 申葆嘉主编. 旅游学原理. 上海:学林出版社,1999

7. 李永文主编. 旅游地理学. 北京:科学出版社,2004

8. 谢彦君著. 基础旅游学. 北京:中国旅游出版社,2004

9. 刘伟,朱玉槐著. 旅游学. 广州:广东旅游出版社,1999

10. 吴必虎著. 地方旅游开发与管理. 北京:科学出版社,2002

11. 张广瑞,刘德谦,魏小安主编. 2003—2005 年中国旅游发展:分析与预测. 北京:社会科学文献出版社,2005

12. 张广瑞,刘德谦,魏小安主编. 2004—2006 年中国旅游发展:分析与预测. 北京:社会科学文献出版社,2006

13. 魏向东主编. 旅游概论. 北京:中国林业出版社,2000

14. 王兴中著. 旅游资源景观论. 西安:陕西科学技术出版社,1990

15. 王德刚编著. 现代旅游区开发与经营管理. 青岛:青岛出版社,2001

16. 孙文昌主编. 现代旅游开发学. 青岛:青岛出版社,2001

17. 集体编写组. 旅游概论. 天津:天津人民出版社,1983

18. 魏小安,韩健民著. 旅游强国之路——中国旅游产业政策体系研究. 北京:中国旅游出版社,2003

后　记

本书是21世纪全国高等院校旅游专业现代应用型系列教材之一，由叶骁军教授任总主编，马洪元负责全书大纲的编写和最后的统稿工作，陈建军负责和组织全书的校阅工作。各章编写的具体分工如下：

绪论，第二、五章，苏州科技学院马洪元；

第三章，苏州大学应用技术学院陈建军；

第一章，昆山登云科技职业学院高雯雯；

第四章，苏州苏苑饭店祁伟；

第六、七、八章，兰州大学王雅红。

本书在编写过程中参考了大量有关著作和其他文献，未能一一列出，谨此表示感谢和歉意。由于作者水平有限，书中尚有不足之处，敬请同仁和读者指正。

编者

2008.4